海南师范大学学术著作出版基金资助

高考地理教与学

GAOKAO DILI JIAO YU XUE

余中元 ◎ 编著

西南交通大学出版社
·成 都·

海南师范大学学术著作出版基金资助

图书在版编目（CIP）数据

高考地理教与学 / 余中元编著. —成都：西南交通大学出版社，2013.11

ISBN 978-7-5643-2399-8

Ⅰ. ①高… Ⅱ. ①余… Ⅲ. ①中学地理课－教学研究－高中 Ⅳ. ①G633.552

中国版本图书馆 CIP 数据核字（2013）第 139269 号

高考地理教与学

余中元 编著

责任编辑	牛 君
特邀编辑	张少华
封面设计	何东琳设计工作室
出版发行	西南交通大学出版社 （四川省成都市金牛区交大路 146 号）
发行部电话	028-87600564 028-87600533
邮政编码	610031
网址	http: //press.swjtu.edu.cn
印刷	四川森林印务有限责任公司
成品尺寸	185 mm × 230 mm
印张	16
插页	1
字数	354 千字
版次	2013 年 11 月第 1 版
印次	2013 年 11 月第 1 次
书号	ISBN 978-7-5643-2399-8
定价	32.00 元

前言

新中国成立60年来，地理作为高考科目之一经历了许多风雨和改革。随着基础教育和高考改革的深化，高考地理试题在结构、形式、特色和命题思路等方面都呈现出新的特点。新形势下，中学地理教学如何适应变化的形势、体现新一轮的课程改革、提高教学效益，成为日益困扰师生们尤其是中学地理教师和教育行政管理部门的问题。高等师范院校对中学地理教学起着示范和引领的作用，是培养中学地理教师的摇篮。加强高校教师对中学教学的研究和指导、加强对师范生中学地理考试素养的教育和地理教学技能的培养、加强与中学地理教学实践的结合是高师地理教育的职责和努力方向。如今急需在中学地理教学与大学地理师范教育之间构建一座桥梁，使地理师范生了解中学地理教学和高考地理，准确把握高考地理改革的脉搏，掌握高考地理出题的规律和趋势，将职后教育提前，缩短师范生成长的周期，使地理师范生能迅速成长为合格的中学地理教师，为将来科学地、有效地组织高考地理复习做好准备。

本书以新中国成立后60多年的所有高考地理试题和前人对高考地理的研究为素材，探寻地理高考演变的过程，探索地理教师专业成长和高考地理教与学的规律及方法。本书第一至第三章探讨高考地理科目设置演变、高考地理试题演变及发展趋势和高考地理研究演变；第四章分析地理教师专业成长的路径；第五章研究高考地理教学的理论与方法；第六章阐述高考地理复习应考的策略；第七章研究高考地理专题复习；第八章以课改区海南为例探讨新课标下高考地理基础教育及高师地理教育改革的途径。此外，本书还设立知识拓展、课标分析、考纲解读、出题规律及复习建议、经典试题解析、疑难试题点睛等栏目，并附有解析或参考答案。

本书所选题目均为历年高考真题，尤其是近几年的高考真题。典型试题和疑难试题均做了详尽的解析，指出了解题的思路。在专题复习中进行了相关知识的拓展，使学生知识面更为广阔。本书既有理论指导，也有经验介绍；既有经典解析，也有强化训练；既有规律探寻，也有趋势预测；既有知识拓展，也有方法解读。通过本书，师范生或中学地理教师可以迅速把握地理高考试题变化和高考地理改革的规律与趋势，形成高考地理备考思路，把握高考地理教与学的规律；学生通过本书的训练可以开阔高考地理试题解题的思路，见识地理真题，增强应考技巧，强化应考心理素质。

本书适合作为地理师范专业学生和中学地理教师了解中学地理教学和组织地理高考教学的教材，帮助师范生和年轻教师迅速成为高考一线教师；也是适合广大地理教师进行高考地理教学、科研人员进行高考研究、决策者进行高考改革和高考考生进行高考复习的参考书。

由于作者水平所限，书中疏漏及不妥之处在所难免，恳请广大读者批评指正！

著 者

2013.5.18

目录

第一章　中学地理课程及高考地理科目设置演变……1
第一节　中学地理课程改革……1
第二节　高考地理科目设置演变……4
思考题……9
第二章　高考地理试题的演变及发展趋势……10
第一节　高考地理试题特色的演变……10
第二节　高考地理试题发展趋势……16
思考题……22
第三章　高考地理研究演变……23
第一节　研究重心的演变……23
第二节　研究内容、研究主体的演变……29
思考题……34
第四章　地理教师的专业成长……35
第一节　地理教师的素质和专业能力要求……35
第二节、地理教育科研……45
第三节　地理教师备课资料的储备……52
思考题……58
第五章　高考地理教学的理论与方法……59
第一节　高考地理教学基础理论……59
第二节　高考地理教学策略……66

第三节　高考地理教学中学生能力的培养……70
第四节　地图技能的训练及信息技术的应用……72
第五节　区域地理试题特征及教学策略……79
第六节　地理高考热点问题……89
思考题……92

第六章　地理高考复习……93

第一节　地理高考备考方略……93
第二节　地理高考阶段复习法……97
第三节　地理高考试题答题技巧指南……102
思考题……106

第七章　地理高考专题讲解……107

第一节　地球概论知识……107
第二节　自然地理知识……127
第三节　人文地理知识……173
思考题……221

第八章　新课程、新高考下基础教育及高师地理教育改革案例研究……222

第一节　新课程、新高考下高师地理教育改革探索……222
第二节　新课程、新高考下农村中学地理教师继续教育研究……228
思考题……234

附　录　高考地理疑难试题点津……235

参考文献……245

第一章 中学地理课程及高考地理科目设置演变

第一节　中学地理课程改革

一、“文化大革命”前我国中学地理课程的改革

我国中学地理课程设置可追溯至1904年清末的“废科举，办学校，颁布《奏定学堂章程》”，至今已有百余年历史。在一百多年的时间里，我国中学地理课程随着不同历史时期的教育目的、社会现状和学科发展水平的不同而不断变化。

1949年9月下旬，中国共产党在北平市（现北京市）主持召开中国人民政治协商会议，通过了《中国人民政治协商会议共同纲领》（以下简称《共同纲领》），提出“人民政府应有计划有步骤地改革旧的教育制度、教育内容和教学法”。为贯彻《共同纲领》，教育部在1949年12月下旬召开第一次全国教育工作会议，确定 “以老解放区新教育经验为基础，吸收旧教育有用经验，借助苏联经验，建设新民主主义教育”的教育改革方针。新中国成立初期，我国中学地理课程基本上按照以前的旧体系，内容上删除了地理环境决定论等错误观点，去掉了某些反动观点和资产阶级学术论点，加强了马列主义、爱国主义教育。

1953—1957年，是我国地理教育的“兴旺时期”，颁布了新中国成立以后第一部《中学地理教学大纲》（1956年）和第一套全国统编地理教材。课程体系参照苏联的模式，初、高中从传统的中国地理、世界地理的两个循环，改为由自然地理到经济地理、由世界地理到中国地理的苏联模式，初一设普通自然地理，初二、初三设以自然地理为主的世界地理和中国地理，高一、高二设中国经济地理和外国经济地理。

1958—1965年，我国中学地理教育受当时“教育革命”的影响，地理教学内容和课程时数大量减少（见表1.1）。地理从高考科目中去除。

表 1.1 历年来我国中学地理课程设置

年	初一	初二	初三	高一	高二	高三	周课时合计
1942—1952	中国地理（2）	中国地理（2）	外国地理（2）	中国地理（2）自然地理（1950 年下半年）	中国地理（2）	外国地理（2）	12
1953—1957	自然地理（3）	世界地理（2/3）	中国地理（3/2）	外国经济地理（2）	中国经济地理（2）		12
1958	地理（3）	地理（2）			经济地理（3）		8
1959—1962	地理（3）	地理（2）					5
1963—1965	中国地理（3）			世界地理（3）			6
1966—1976	地理（0-2）						0-2
1977—1980	中国地理（3）	世界地理（2）					5
1981—1992	中国地理（3）	世界地理（2）			地理（2）	地理（文科班）（3）	7（不含选修）
1993	地理（3）	地理（2）		地理（3）		地理（选修）（4-6）	8（不含选修）

资料来源：张超，段玉山. 地理教育展望. 上海：华东师范大学出版社，2002：4-7.

二、“文化大革命”结束至 20 世纪末，我国中学地理课程的改革

1. 1978—1985 年

“文化大革命”后，我国中学地理课程的改革经历了前所未有的发展，地理教育开始全面振兴，地理课程逐步得到恢复。在课程设置、课程时数、教学内容、教材编写等方面都有很大的发展，并且日趋完善。先后在 1978 年、1986 年、1992 年、1996 年颁布执行了 4 部中学地理教学大纲。地理课程的改革也带动了地理教学方法、地理教学手段、地理考试方法的改革。

1978 年全国各地初中都开设以区域地理为主的地理课程，讲述中国地理和世界地理。1981 年高中恢复地理课，1982 年高中开始试用人民教育出版社出版的全国通用高中教材，采取系统的形式，以自然地理为基础、人地关系为主线组织教材。

2. 1985—2000 年

1985 年颁布的《中共中央关于教育体制改革的决定》指出，“教育体制改革的根本目的是提高民族素质，多出人才，出好人才。”20 世纪 90 年代以后，我国中学地理课程改革步伐加快，教学内容加强了资源、人口、民族、环境等方面的国情教育。1992 年，国家教委颁布了《九年义务教育初中地理教学大纲》，确定选择教学内容的原则为：从培养社会主义公民的需要出发；以环境、自然资源、人类活动为线索，正确阐明人地关系；广度和深度要适当；有利于启迪智能和开展社会实践活动。1993 年，人教社、北师大、四川、广东、上海等单位和地方编写的多种课本，经过审查供全国作为义务教育初中教材选用，改变了中学地理教材单一化的面貌，构筑了中学地理教材“一纲多本”和“多纲多本”的体系。1995 年，高中地理增设了人文地理、中国地理、区域研究、国土整治和区域发展选修课。1996 年 6 月，中共中央、国务院第三次全国教育工作会议作出《关于深化教育改革全面推进素质教育的决定》，强调全面实施素质教育应以提高国民素质为根本宗旨，以培养学生创新精神和实践能力为重点，赋予素质教育新的时代特征和新的内涵。同年国家教委制订了《全日制普通高级中学地理教学大纲（试用）》，确立可持续发展思想的核心地位，以培养合格的公民为基本目标，删除了部分偏、难、旧的内容，增加了联系实际和反映地理科学成果的内容。2000 年的实验修订版中，增加了研究性学习、合作性学习内容。

三、21 世纪我国中学地理课程的改革

2001 年，国务院颁布了《国务院关于基础教育改革与发展的决定》，教育部印发了《基础教育课程改革纲要（试行）》和《义务教育课程设置实验方案》两个重要通知，启动新一轮课程改革，全面推进素质教育。地理课程改革注重全面提高学生素质为核心的地理课程体系的改革；改变课程内容过分强调学科体系、脱离社会发展以及学生实际的状况；面向生活，培养未来公民必备的地理素养；突出地理课程的有用性、基础性、时代性、均衡性和选择性。2001 年 7 月，教育部颁布了《全日制义务教育地理课程标准（实验稿）》，依据这个课程标准，人民教育出版社出版的“人教版”、湖南教育出版社出版的“湖南版”、中国地图出版社出版的“新世纪版”先后进入实验阶段。2002 年完成了高中地理新老教材的过渡；2003 年 4 月，教育部又颁布了《普通高中地理课程标准（实验稿）》，规范高中地理课程改革。

四、国外中学地理课程改革借鉴

为适应社会发展的需求，各国政府结合当前人地关系的主要表现和本国文化教育的实际情况，对中学地理教育进行了一系列改革，从制订大纲、课程目标到编写教材，对课程设置、

教学目标、内容、技能水平和地理观的形成等方面提出了建设性的改进和要求，为我国中学地理教育的发展提供了借鉴。

1994 年，美国制定了《国家地理标准》，对地理教学的学科知识、地理技能和地理观点做出相关规定。英国《国家地理标准》，将中小学地理教育内容分为五大部分：地理技能、区域知识与理解、自然地理、人文地理、环境地理。日本 2003 年制定的《中学学习指导要领》是中学教材编写的依据。地理教育贯穿于小学至大学教育全过程，其中中学地理内容为：世界、日本、国际社会中的日本。德国教学大纲由文化部制定，但各联邦有“文化主权”；其教学大纲有两个倾向：一类是以普通地理学习内容为主，另一类偏重于区域地理内容。1998 年印度公布全国参照使用的课程大纲要求，初中以区域地理为主，突出本国自然地理、人文地理和地理观察观测；高中重点在基本原理、规律和地理学应用方面。新加坡地理教学中注重教给学生地理学科的基础知识和基本的再学能力，培养他们具有基本的社会态度和价值观念。

第二节　高考地理科目设置演变

地理作为高考科目之一，有着曲折的历史，有时作为必考科目出现，有时作为选考科目，有时则不考地理。随着政治、经济形势的变化和地理学科水平的发展，中学地理课程设置、教学内容、教学理念都发生了改变，高考地理在考试形式、考试内容、命题方式上都作出了调整。不同的时代背景导致高考地理具有不同的考试特色和侧重点，体现不同时段政府的考试意志。

一、新中国成立初期，地理作为文科考生必考科目

1905 年科举考试制度废除后，与新式学堂相应的自主招考方式被引入，并一直沿用到新中国成立初期。此后，我国对高校自主招生考试形式进行了改革，1952 年统一高考制度基本形成。

建国初期至 1959 年，随着新中国政权的不断巩固，国家开始了有计划的国民经济建设，基础教育得到不断发展，普通高等学校也实行了全国统一的招生考试制度。建国初期高考科目分文、理两大类，地理科被归入文科，与政治常识、语文、历史、外语等共同作为政治、财经、体育、艺术科等专业考生的考试科目。1955 年将考试科目分理工、农医、文史政治财经三大类，地理与语文、历史、政治一同被作为文史政治财经类的考试科目。

二、“教育革命”及“文化大革命”时，停止地理高考

1959—1965 年，我国中学地理教育受当时“教育革命”的影响，教学内容和课程时数大

量减少，地理未被列为高考科目。1966—1976 年，受“文化大革命”的影响，地理高考随全国高考的取消而被取消。

三、“文化大革命”后，恢复地理高考

1977 年 8 月，邓小平同志提出恢复高考制度，普通高等学校招生考试重新实施。根据邓小平的指示，教育部颁布了《关于 1977 年高等学校招生工作的意见》，在高校招生工作中恢复文化课的考试。省、市、自治区拟题，县（区）统一组织考试，高考科目分为理工农医和文科两大类，文科考试科目包括：政治、语文、数学、史地。地理在文科类考试科目中单独命题；理科考试科目包括：政治、语文、数学、理化，报考外语专业的加试外语。1978 年发布《教育部关于 1978 年高等学校和中等专业学校招生工作的意见》，实行全国统一命题，省、市、自治区组织考试、评卷，分文理两科进行考试。文科（含哲学、外语专业）包括：政治、语文、数学、历史、地理、外语；理工科（含医农专业）包括：政治、语文、数学、物理、化学、外语。在此后的十几年中，我国的高考地理命题逐渐向着标准化考试的目标迈进，高考地理的发展日渐完备，中学地理教育也得到了长足发展。

四、1980 年代末，地理作为会考后高考选考科目

由于一些地方政府和教育行政部门将高考升学率作为评估学校、教师和学生的唯一依据，各地出现“片面追求升学率”、高中毕业生知识结构不完备等问题。文科班不学理、化、生，理科班不学政、史、地现象严重，学生知识结构残缺。为了抑制教学中这种不正常现象，20 世纪 80 年代后期，原国家教委决定建立高中毕业会考制度。1985 年，国家教委核准上海市高中毕业会考与会考后高考改革的试验，1988 年上海、浙江开始试点。

经过全国不少省、市的高中毕业会考的试验，1990 年，国家教委召开高中毕业会考工作会议，决定在全国实行高中毕业会考。将作为选拔性考试的高考与作为水平性考试的高中毕业会考分开，高中毕业生通过九门必修课的毕业会考和思想品德课，英语课和理、化、生实验课的考核，才有资格参加高考。

1991 年，湖南、云南、海南三省进行在高中会考基础上减少高考科目的改革；上海决定语、数、外等为各类学校的必考科目，其他 6 门必修课（政治、历史、地理、物理、化学、生物）由招生学校（专业），任选 1 门，形成 6 个高考科目组。

五、1990 年代，地理在 3 + 2 高考模式中被舍弃

1987 年国家教委批准上海市试行“3 + 1”方案；1991 年，又在湖南、海南、云南三省进

行科目组改革试点，在总结经验的基础上，于1995年在除上海以外的全国其他地方全部实行文科考语文、数学、外语加历史、政治，理科考语文、数学、外语加物理、化学的“3+2”方案。即在高考科目中，文科取消了地理，理科取消了生物和政治。这种方案对我国中学甚至大学的地理教育产生一定的消极影响。广大中学地理教师以及地理工作者、专家、学者，纷纷通过各种渠道反映高考取消地理之后出现的各种问题。1995年初，在各方面的呼吁、努力之下，上海市决定恢复地理、生物这两门学科的高考。

六、世纪之交，地理作为综合科目的内容

1998年，教育部在部分省市进行保送生综合能力测试试点取得成功，为综合科目的命题积累了经验。在总结多年经验和大量调研的基础上，为了推进素质教育、培养创新人才，教育部提出在高考科目中设置综合科目的设想。1999年，教育部出台《关于进一步深化普通高等学校招生考试制度改革的意见》，正式启动新一轮的高考改革，强调新一轮高考改革要“在改革中要始终坚持有助于高等学校选拔人才、有助于中学实施素质教育、有助于高等学校扩大办学自主权的三项原则”，即通常所说的“三个有助于原则”。

新一轮的高考改革内容主要包括：高考科目设置、高考内容、高考形式和录取方式，推出了高考“3+X”改革方案。1999年，广东省首先开始试行“3+X”高考科目改革方案，地理科作为“X”中的一项被列入高考科目范围。2000年，山西、江苏、浙江和吉林4省进行了“3+X”的高考科目改革试点。2002年，“3+X”科目设置方案在全国全面实行，绝大部分省区把地理列入高考考试科目范围，对中学地理教育起到巨大的推动作用。

“3+X”改革方案要高校招生考试制度“主动适应时代的特点及其对人才素质能力结构的要求，着力引导人才全面素质的提高和创新人才的培养，使高考的作用进一步完善。”

“3+X”科目改革的实施，在客观上改变了以往全国一张试卷、一种高考模式的状态，对考试内容改革起到了前所未有的推动作用。

七、分省独立命题时期的地理高考

分省独立命题后，我国各省区的命题权限加大，在遵循地理科考试大纲的主体要求前提下，自主命制各地区的考试大纲。高考形式出现了多样化。地理科目有的和政治、历史合为文综考试；也有作为大综合的一部分，另外再单独考试的；还有单科考试的。考试形式和命题的多样化可以更好地反映各地的教育水平，打破了原来的全国统一试卷但不同分数线的局面，从某种意义上来说，更有利于高校选拔人才。

2003 年，教育部制定并颁布《普通高中课程方案（实验）》。2004 年高中新课程实验启动，海南、广东、山东、宁夏为首批实验区。2005 年，江苏开始实施新课改。2006 年，实验范围扩大到福建、辽宁、浙江、安徽、天津五省市。目前全国已有近 20 个省市自治区成为新课程实验区。

山东、广东、海南省等省区的新高考方案主要内容如下：

广东省实行“3 + 文科基础/理科基础 + X”方案。“3”为语文、数学和外语；“文科基础”、“理科基础”全部只考新课标的必修课内容，力求达到为考生减负的目的；“X”为专业选考科目，有物理、化学、生物、政治、历史、地理、音乐术科、美术术科、体育术科等 9 门学科，任选 1 科。

山东实行“3 + X + 1”方案。“3”指语文、数学（分文科/理科）和外语 3 个科目，是所有考生的必考科目。“X”指文科综合或理科综合；文科综合包括政治、历史、地理 3 个科目的必修内容和部分选修内容；理科综合包括物理、化学、生物 3 个科目的必修内容和部分选修内容。报考文史类、文科艺术类的考生须参加文科综合的考试，报考理工农医类、理科艺术类、体育类的考生须参加理科综合的考试。“1”指基本能力，内容涉及高中课程的技术、体育与健康、艺术、综合实践等以及运用所学知识解决生活和社会实际问题的能力。

海南实行“3 + 3 + 基础会考”方案。“3”指语文、数学（分文科/理科）、英语；另一“3”是指文科考政治、历史、地理，理科考物理、化学、生物；“基础会考”，文科生考物理、化学、生物、通用技术和信息技术，理科生考政治、历史、地理、通用技术和信息技术。

阅读材料：高考地理取消后

1. 社会各界反应强烈

1995 年 3 月 3 日《中国教育报》刊登了该报记者访问国家教委考试中心一位副主任，谈“为什么文科高考取消地理，理科高考取消生物”的问题（报纸的标题误为“为什么文科高考取消生物、地理”）。

八届全国人大代表、广东省教育厅地理教研员何化万从 1994 年八届全国人大第二次会议开始连续三年在全国人大会议上分别撰文《偏科教育还是素质教育》、《升学教育愈演愈烈》、《高考取消地理、生物和理科政治科目是对素质教育的冲击》，呼吁高考恢复地理、生物和理科政治的考试。

中国地理学会地理教育委员会委员、北京市特级地理教师、北京市特约教育督导员王树生、上海市地理学会教育委员会主任、上海市特级地理教师、上海市地理教学研究会副理事长陈国新以及许多科学家（包括中科院 32 位院士）、教育家和有识之士纷纷上书国家教委、党中央和国务院或通过其他方式大声疾呼要求慎重考虑这一决策。各界普遍认为取消高考地理反映人们对地理学科在基础教育中的作用认识不足,对当前世界科学发展的形势缺乏了解;取消高考地理将影响我国地理教育事业的发展，不是减轻学生负担的根本办法。

首都师范大学教授陈尔寿、课程教材研究所研究员褚亚平、北京师范大学教授邹诩光/北京市特级教师王树声、华东师范大学教授孙大文、天津市特级教师吕佩兰认为 21 世纪是生物科学、地理科学和信息社会的新世纪，取消地理和生物科目的考试不符合时代要求和国家意志。

此外还有众多学者撰文呼吁慎重实行取消高考地理这一决策。

2. 对地理重要性的再认识

高考地理取消以后，学术界对地理教学的重要性进行了再认识。学者们引经据典，指出国内外领导和国际组织都十分重视地理教学。冉学权撰文指出我国历届领导人都十分重视地理教育的作用。邓小平曾提出“教育要面向现代化、面向世界、面向未来”；江泽民强调加强“两史一情”教育；毛泽东同志也十分重视地理教育。毛泽东早年在广州农民运动讲习所，亲自教地理课；战争年代，他能运筹帷幄决胜千里；建国后，他规划的新中国建设蓝图及对苏美两个超级大国的斗争，无不得力于丰富的地理知识。王秀敏提出，先进国家对地理科学的研究都非常重视，采用现代科技装备地理实验室，研究地理数学模型。布什提出的 2000 年美国教育发展计划把地理作为青少年必须掌握的五大核心学科（语文、数学、科学、历史、地理）之一。我国钱学森先生提出建立地理科学体系的主张。

学者们还从地理教学对公民素质和领导者素质的影响来强调地理的重要性。国家培养高级管理人才和决策者，应该使他们具有国情知识，对人口、环境、资源和持续发展有较好素质和综合分析能力，这样才能在今后工作中，懂得如何因地制宜，避免瞎指挥，造成破坏环境生态系统、妨碍经济持续发展，贻害子孙后代的错误（褚亚平、许汉光等）。冉学权、许汉光等认为地理教学只能加强，不能削弱。如果没有正确的人口观、资源观、环境观、全球观、人地观等，就难以成为未来社会强有力的竞争者和建设者。一个不了解本国国情的民族，怎能建设有本国特色的事业？一个不了解世界的国家，如何走向世界？要想立于不败之地，既要知“天文”，也要懂“地理”。人类在开发、利用、改造、征服自然的过程中必须遵循科学常识和客观规律，否则会遭到无情的惩罚。由于人们对地理科学的无知，生态平衡被破坏，自然资源被浪费和践踏，危及人类生存的自然灾害不断发生，人类在自然环境报复性的打击面前显得苍白无力，环境恶化笼罩在人类的头顶（丁德潜与潘仲达）。

学者们还强调各行各业都需要加强地理素质教育。地理教育的目的是“为今日和未来的世界培养活跃而又负责的公民”，因此地理教育只能加强，不能削弱。诸如城市规划、资源开发、交通选线、农业尘产、工业布局、环境保护、水利建设、商业贸易、旅游、军事等，无一例外都要用到地理知识。要理解和发展当今及未来世界就不能离开地理学，人口增长、粮食与饥饿、城市化、社会经济差异、文盲、贫穷、失业、移民、动植物的灭绝、砍伐森林、土壤侵蚀、沙漠化、自然灾害、有毒废弃物和核废料、气候变化、大气污染、水污染、全球变暖、臭氧空洞、资源的有限性与增长的极限、战争、地区主义和民族主义、地球宇宙飞船的全球性等都与地理知识密切相关。

3. 高考取消后的负面影响

1）影响中学地理教师的稳定和中学地理教学

丁德潜与潘仲达等对临沂、沂南、苍山、费县等七县市，就高考取消地理对地理教学的冲击进行了专项调查，认为地理高考取消地理影响中学地理教师队伍的稳定和地理教学的地位。取消地理高考后地理教师流失严重，高中地理教师数量骤减，队伍分崩离析；地理学科地位下降，地理教师在职称评定、工资晋升等各方面的待遇降低，甚至在一定程度上被剥夺了业务进修、教学研讨等方面的工作权利。地理教学“惨淡经营”，各地方、各学校普遍不重视地理教学，课时开设不足或变相减少。

2）影响高校地理学人才的培养，导致地理环境类专业招生和就业难题

取消高考地理阻塞了地理学人才输送培养渠道，助长了中学生对地理的厌学思想，动摇了地理学人才的基础，对地理高级人才培养渠道的冲击。高考填报地理专业人数大减，地理专业招生困难，高师院校地理系纷纷改名为“资源和环境科学系”、“旅游系”等。在校地理专业大学生不安心学习，毕业生分配难，地理学人才教育出现危机。

思考题

1. 我国中学地理课程改革经历了哪些阶段？

2. 我国高考地理科目的设置经历了哪些阶段？影响高考地理科目设置的因素有哪些？

3. 访问家长和教育行政部门，调查地理高考的兴废对地理教育和地理人才培养有哪些影响？社会对此如何反应？

第二章 高考地理试题的演变及发展趋势

第一节　高考地理试题特色的演变

一、20世纪50年代：政治挂帅，区域地理比重高，讲求学科系统性，试题传统单一

此时的试题内容板块单一，以经济地理和区域地理为主，强调知识的系统性和学科结构。人文地理中强调经济地理成分，尤其是对区位论知识、生产布局评价、铁路运输路线、海洋运输路线等知识点；经济地理基本原理、区域地理考察的比重较大。试题政治色彩浓厚，强调两大阵营和世界政治格局，歌颂社会主义新中国和计划经济成分。地理信息系统、遥感等技术地理内容偏少，几乎缺失，人地关系知识涉及较少。从分值所占百分比来看，地球概论、技术地理、自然地理、人文地理、区域地理、人地关系分别为4.0%、1.0%、7.0%、36.5%、48.5%和3.0%（见表2.1）。

1952—1959年高考地理题独立成卷，分值除1952、1953年外都是100分，与其他学科分值相同，具有同等的地位（见表2.1）。题量不大，平均19.2题/100分。题型比较单一，以填空、读图填图、简答三种形式为主，各占分值的29.2%、23.3%和47.5%；选择题几乎不见踪迹。考查层次以简单的知识再现为主，应用性、操作性的较少，能力题少。试题容量较小，平均45.5字/题。试题中图形不多见，除读图填图题外其他题型均无图表出现，平均0.11图/题。1952—1953年没有任何图形出现，从1954年起开始每卷有2～4幅图形供读图和填图用，一般为中国地图或世界地图的简单读图和填图，1954年还出现了平面图和地球阳光照射图。

表 2.1　1952—1959 年高考地理试题结构

年	试题类型结构（分）									试题内容结构（%）					
	单选题	填空	填图	非选择题	题型种类	字数	题量（个）	图/表/资料（个）	总分	地球概论	技术地理	自然地理	人文地理	区域地理	人地关系
1952	10	10	0	30	3	905	23	0	50	6	0	24	36	14	20
1953	0	20	0	30	2	491	13	0	50	8	0	24	48	20	0
1954	0	40	20	40	3	881	23	4	100	13	5	2	30	50	0
1955	0	25	30	45	3	608	16	2	100	0	0	0	61	39	0
1956	0	20	30	50	3	729	16	2	100	0	0	0	12	88	0
1957	0	20	30	50	3	666	10	2	100	0	0	0	22	78	0
1959	0	30	30	40	3	958	14	2	100	0	0	0	49	51	0
平均	2.9%	27.9%	20.0%	49.3%	3.0	45.5/题	19.2	0.11/题		4.0	1.0	7.0	36.5	48.5	3.0

二、恢复高考后：试题多样均衡，向综合化、智能化、标准化方向发展

1. 试题类型标准化、均衡化

题型趋多，由以前的填空、填图、简答题增加到单选题、填空、图形、解释、判断、改错、简答、综合等多种题型。以 1982 年为例，除了解释题以外，其他各种题型都具备。试题类型比较均匀，图形和简答综合题占的比重稍大。1978、1980 和 1981 年都出现过判断形式的选择题，分值 5 ~ 15 分不等，以知识性题为主。1982 年以后，题型逐步减少，摈弃了填空、解释词语、改错、判断等知识性命题，出现正规的选择题，题型走向单一化。1984 年以后，开始出现综合题，选择题和综合题的比重不断增大，简答题逐步向综合题过渡。综合题综合了读图、填图、简答、问答等多种题型的功能，以考查学生的能力和技能为主，考查学生思维能力，难度增大。选择题占到 50 ~ 60 分，综合题 50 分左右，1989 年仅有选择、读图分析和综合题三种题型（见表 2.2）。

2. 试题内容人文化、综合化、智能化

以区域地理和经济地理一统天下的格局被打破。随着高中系统地理的开展和我国人文地理的复兴，系统地理中自然地理和人文地理考察内容逐渐增多，区域地理知识大大减少。随

着能力考察的重视和地理信息技术的发展，地球概论和技术地理知识逐渐增加。人文地理、自然地理、区域地理三分天下，各约占 23%、27% 和 34%。随着对环境的重视和可持续发展的深入探讨，人地关系知识也逐渐增多，最高时达到 10% 左右（1984 年）。政治地理内容大大减少，题目向综合化、智能化方向发展。

表 2.2 1978—1989 年试题内容结构

年	试题类型结构（分）												试题内容结构（%）					
	选择题	填空	读图/填图/分析	解释	判断	改错	简答/综合	题型种类	字数	题量	图/表/资料	总分	地球概论	技术地理	自然地理	人文地理	区域地理	人地关系
1978	0	10	25	15	10	0	40	5	1 084	25	2	100	15	3	24	2	56	0
1979	0	10	20	0	20	10	40	5	1 110	16	2	100	15	10	20	0	55	0
1980	0	15	20	0	15	10	40	5	1 869	40	3	100	7	3.5	26	26	35.5	2
1981	0	15	20	10	5	10	40	6	1 482	32	4	100	3	11	45	18	23	0
1982	10	10	20	0	10	10	40	5	2 305	46	3	100	1	6	25	17	51	0
1983	20	15	25	0	10	0	30	5	2 856	48	5	100	3	1	20	8	67	1
1984	16	10	20	0	4	0	20	5	2 001	34	6	100	1	6	14	52	17	10
1985	15	17	30	0	0	0	38	4	2 602	30	10	100	11	4	30	31	21	3
1986	20	10	34	0	0	0	36	4	3 032	32	9	100	9	4	28	30	27	2
1987	30	10	30	0	0	0	30	4	3 930	47	15	100	8	7	39	27	12	7
1988	40	10	25	0	0	0	25	4	3 955	46	11	100	18	1	25	25	26	5
1989	50	0	26	0	0	0	24	3	3 678	37	18	100	7	4	26	40	14	9
平均	16.8	11.0	24.6	2.1	6.2	3.3	33.6	4.6	69.1/题	36.1	0.2/题		8.0	5.0	27.0	23.0	34.0	3.0

3. 试题容量增大、信息呈现多元化

试题容量迅猛增长。图量由 1978 年的 0.08 图表/题缓慢增加到 1989 年的 0.49 图/题（或约 1 图/2 题）；字数由 43.4 字/题增加到 110.0 字/题。1987 年试题总字数达到 3 930 字，达到历年最高。图表主要出现在读图分析和综合题里。1981 年后基本是 1 题 1 图。图表类型

逐渐增加，以前以传统的区域地图、等值线图、气温降水直方图、地球太阳光照图、昼弧夜弧图、平面图、剖面图为主，逐步增加景观照片、示意图、联系框图、漫画或宣传画、多要素复合图、规划图等多种类型。信息呈现由以前简单的图形呈现发展为图像、照片、景观图、统计资料、材料、文献、古诗文、歌曲、传说、故事、统计资料、时事报道等多种方式。

三、会考时期：题型单一化，人文地理比重上升，区域地理比重下降

会考时期地理高考趋向题型单一化。选择题占到 50% 的分值，读图分析题逐渐融入综合题里。1991 年后，仅剩选择题和综合题型，各占 50%。试题内容中人文地理有所上升，区域地理比重下降；重视图和表格在信息呈现中的作用。出现了城市化过程、生态系统景观图、生态系统框图、规划图、人口构成、南极、人口迁移、人口粮食增长、人口分布、石油运输等具有时代特色的内容。1993 年达到 0.50 图表/题（或 1 图表/2 题）（见表 2.3）。

表 2.3　1990—1993 年试题内容结构

年	试题类型结构（分）								试题内容结构（%）					
	选择题	读图、填图、分析	简答/综合	题型种类	字数	题量	图/表/资料（个）	总分	地球概论	技术地理	自然地理	人文地理	区域地理	人地关系
1990	50	27	23	3	3 520	42	13	100	16	2	28	24	30	0
1991	50	22	28	3	3 497	36	17	100	6	6	31	30	21	6
1992	50	0	50	2	3 436	36	18	100	8	2	28	31	29	2
1993	50	0	50	3	3 626	36	18	100	6	5	26	36	21	6
平均	50.0	12.3	37.8	2.8	93.9/题	38	0.4/题		9.0	4.0	28.0	30.0	25.0	4.0

四、3＋X 试验期：可持续发展、人地关系的题型增加，凸显时代特色

题型较单一，分值稳定，总分为 150 分，地理试题单独成卷。从考试内容来看，人文地理和人地关系的题型增长迅速，自然地理和区域地理减少较多，地球概论和技术地理试题保持稳定略有减少，形成了以人文地理、自然地理和人地关系为主的试题结构。人文地理、自

然地理、人地关系分别占到总分的 41.0%、23.0%、15.0%（见表 2.4）。从题型来看有单项选择、多项选择和非选择题三种，分别占到总分的 27%、20% 和 53%。题的容量大，平均达到 0.40 图表/题、96.7 字/题。图表以非选择题中出现为主，达到 0.9 图/题，几乎是每个小题有一图表。选择题中图出现的频率也高达 0.22 图/题（或 1 图/4.5 题）。出现了多要素复合图、散点图、国情资料表、城郊农业变化、产业结构升级示意、环境恶化示意图、据表和公式计算、规划图、极区科研考察、跨国公司布点等内容复杂、联系生产生活实际、可持续发展等具有时代特色、强调操作的图形题。

表 2.4　1999—2001 年试题内容结构

年	试题类型结构（分）								试题内容结构（%）					
	单选题	多选题	非选择题	题型种类	字数	题量	图/表/资料（个）	总分	地球概论	技术地理	自然地理	人文地理	区域地理	人地关系
1999	40	30	80	3	3528	40	18	150	10	1	21	33	24	10
2000	40	30	80	3	3796	40	15	150	6	3	26	40	5	18
2001	40	30	80	3	4278	40	14	150	7	0	23	49	2	17
平均	40.0	30.0	80.0	3.0	96.7/题	40.0	0.4/题		8.0	1.0	23.0	41.0	10.0	15.0

五、文综时期（2002—2004 年）：一题多图和一图多题，注重从不同角度考察地理问题，考查学生动手能力和知识迁移能力

试题以选择题和非选择题为主，分别占到 41.8% 和 58.2%。单选题 11 题左右，每个占地理总分的 4%，非选择题 2～3 题，共 60 分。题型结构单一，数量减少，分量和容量有所增加。但由于是三科合卷时间和空间有限，题的内涵更加精炼，思路更加奇巧。试题呈现图形化，采用文献记载、描述或照片景观、复合图、规划图等新型资料呈现形式。出现一题多图和一图多题的现象，注重从不同角度去考察地理问题，强调地理事物之间的联系及地理区域整体性和差异性的考察。试题难度相对加大，学生需具有多侧面、多层次的地理知识才能简答这些题目。从考试内容来看，自然地理、人文地理和地球概论是主要内容，分别占 46.8%、32.9%、9.4%（见表 2.5）。重视地理能力的考察，据表和公式计算考查学生动手能力和知识迁移能力。考察人口分布、规划、极区科学研究、跨国公司布点、流动人口地区构成、降水雪线高度复合、流动人口地区构成等时代化地理问题。

表 2.5 2002—2004 年试题结构

年	试题类型结构（分）							试题内容结构（%）					
	单选题	非选择题	题型种类	字数	题量	图/表/资料（个）	总分	地球概论	技术地理	自然地理	人文地理	区域地理	人地关系
2002	40	57	2	3 804	13	5	97	8.3	0	48.5	18.6	16.5	8.3
2003	40	60	2	3 886	14	6	100	12	0	44	44	0	0
2004	44	56	2	3 713	13	4	100	8	8	48	36	0	0
平均	41.3	57.7	2.0	285/题	13.0	0.4/题		9.4	2.7	46.8	32.9	5.5	2.8

六、分省命题新课程时期（2005—2009 年）：内容分布均衡稳定、题的容量大大增加、多新颖的图形

试题风格、试题内容、分值都出现了多元化，选作题有逐年增加的趋势。选择题和综合题各占 44.8% 和 55.2% 左右。江苏、上海、广东等地地理单独成卷，总分为 150 分，选择题和综合题分别占 33% 和 67%；上海地理题则出现单选题（27%）、综合题（60%）和选作题（13%）。2007 年海南省、山东省开始分省命题，地理独立成卷，总分仍是 100 分，单选题、非选择题、选作题分别占 60%、30% 和 10%；山东省文科综合单选题、非选择题、选作题分别占 15%、46% 和 39%。2008 年，江苏地理试题总分改为 120 分，单选题、多选题、非选择题、选作题分别占 30%、20%、33%、17%。福建文科综合单选题、非选择题、选作题分别占 48%、37%、15%（见表 2.6）。

表 2.6 2005—2009 年试题内容结构

年	试题类型结构（分）							试题内容结构（%）					
	单选题	非选择题	题型种类	字数	题量	图/表/资料（个）	总分	地球概论	技术地理	自然地理	人文地理	区域地理	人地关系
2005	11×4	56	2	1 466	13	5	100	7	5	20	32	24	11
2006	11×4	56	2	1 901	13	8	100	8	2	18	34	26	12
2007	11×4	56	2	1 305	13	7	100	10	5	18	32	27	8
2008	12×4	52	2	1 663	14	8	100	9	3	27	35	19	11
2009	11×4	56	2	1 825	13	9	100	6	3	21	31	26	14
平均	44.8	55.2	2	123.7/题	13.2	0.6/题		8	3.6	20.8	32.8	24.4	11.2

从考试内容来看，地球概论、技术地理、自然地理、人文地理、区域地理、人地关系各

占 8%、3.6%、20.8%、32.8%、24.4%、11.2%。内容分布较为均衡，题型较为稳定。图表使用和材料信息呈现大大增加，以全国文综 1 卷为例，2005—2009 年平均 0.59 图/题。2006 和 2009 年分别达到 0.62 图/题和 0.69 图/题，2009 年试题共 13 小题出现了 6 图 3 材料 2 表。题的容量平均 124 字/题，2006 年达到 146 字/题。图形也出现了三角坐标厂址布局（雷达图）、能源消费情况表、沙尘暴、规划、出生率死亡率散点图、土地类型构成资料表等新颖的图形。

第二节 高考地理试题发展趋势

一、从现实材料入手，创造新的命题情境

随着地理教育改革的深入发展，“学习身边的地理”、“学习对生活有用的地理”等素质教育理念已经被越来越多的人所接受，近年来地理高考把考查学生的能力放在首位，根据不同的考核目标和要求，选择教材之外的“新材料”，创设“新情境”，提出“新问题”。以景观图片、照片、报道、知识链接、问题探究等形式展示问题情境，以热点区域与热点信息（时事热点和长效热点）为载体，通过案例考查地理学科的主干知识以及对知识的理解与实际应用能力。

二、能力立意，注重知识的综合应用

内容、方法和原理广泛串联，“以能力测试为主导”，考查学生“多角度、创造性地思考和解决问题”的能力和对解决问题思路的宏观运筹和把握能力。近年来地理高考抛弃死记硬背，对一些历史事件、地理事物的考察重在理解其发生、发展、变化的规律和过程。试题开放性强，情境设置丰富多彩，通过图、表和文字资料提供相关信息，全面检测学生获取信息、调动课本相关知识来分析、解决问题的能力。相比之下，20 世纪 50 年代的考题多是知识再现类试题，图表较少，以名词解释、填空、判断、简答等形式呈现；考试内容相对单一。

三、命题结构呈波状起伏，逐渐趋于平衡和稳定

试题题型由单一到多样，1980 年代最多时一套试题达到 8 种题型或更多。80 年代中后期，由于标准化试题的推广和能力立意的确立，选择题和综合题的比例大大增加，试题开始走向单一。从题量来看，一直呈持续增加的趋势，试题图表量和字数都持续增长。近几年试题结构、题型、难易度、题量趋于稳定；以后为体现学生的创新和个性，有可能再次恢复问答题

或出现地理规划题之类的题；试题有可能走向多元化、综合化，选择题将会减少，以减少学生侥幸答题的心理，作图、规划、测量、量算等操作题将会增多（见图 2.1、表 2.7）。

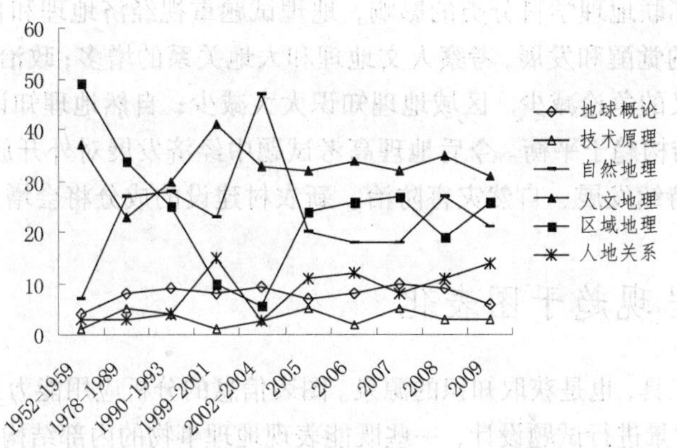

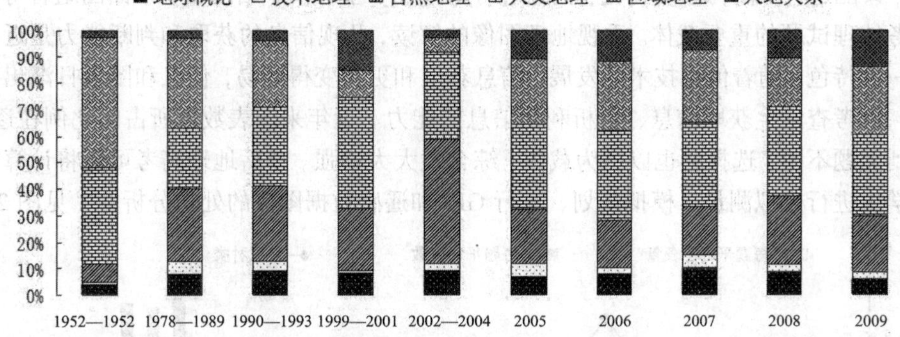

图 2.1　历年考试内容结构演变图

表 2.7　历年考试内容结构表

	1952—1959	1978—1989	1990—1993	1999—2001	2002—2004	2005	2006	2007	2008	2009
地球概论	4	8	9	8	9.42	7	8	10	9	6
技术地理	1	5	4	1	2.67	5	2	5	3	3
自然地理	7	27	28	23	46.82	20	18	18	27	21
人文地理	37	23	30	41	32.85	32	34	32	35	31
区域地理	49	34	25	10	5.50	24	26	27	19	26
人地关系	3	3	4	15	2.75	11	12	8	11	14

四、充分联系生活和生产，更加注意知识迁移能力的考查

解放初期，受苏联地理学科分类的影响，地理试题重视经济地理和自然地理。恢复高考后随着我国人文地理的觉醒和发展，考察人文地理和人地关系的增多；政治内涵的地理试题减少，社会主义、资本主义的争论减少。区域地理知识大大减少；自然地理知识和人文地理知识趋于稳定，考试的内容结构趋于平衡。今后地理高考试题中经济发展对外开放、全球化、区域规划、城市规划、区域可持续发展、自然灾害防治、新农村建设的成分将会增多。

五、试题呈现趋于图表化

地图是学习的工具，也是获取知识的源泉。图表信息的分析应用能力日益成为地理高考的重点。以最新资料为背景进行试题设计，一些既能表现地理事物的内部结构、空间分布、规律与动态变化，又能进行“图与数的转化”的地理等值线图、坐标图、结构图、平面图组合等，已成为近年高考地理试题的重要载体。重视地理图像的解读，凸现信息的获取和判断能力是近几年高考试题的一大特色。随着信息技术的发展，信息获取和更新变得容易，信息和图表日渐出现在高考试题里，以考查学生获取信息、分析利用信息的能力。近年来图表数据所占的比例在逐年增大，几乎达到无题不图。选择题也以图为载体，综合性大大增强。今后地理高考可能将计算机引入考场，让学生进行模拟测量、模拟规划、进行 GIS 和遥感数据图像的处理分析等（见图 2.2）。

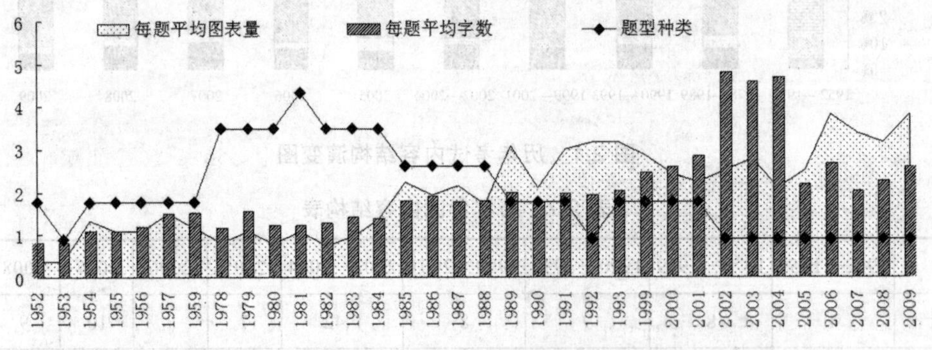

图 2.2 历年平均试题容量

六、时代感增强，紧扣时代脉搏，不回避热点、焦点，试题关注人类社会和国家的发展

20 世纪 50 年代的题更多的体现歌颂新中国社会主义建设的伟大成就和关注两大阵营的斗争；“文化大革命”后体现了改革开放、经济建设的题型增多；20 世纪 80 年代后期对可

持续发展的考察增多，如人口的过度增长与人口迁移、城市化、水土流失、沙漠化、大气与水污染、环境资源和区域发展等问题；20 世纪末至本世纪初，体现学生个性化发展的增多，选作题开始流行。随着计算机技术的运用发展，地理信息系统、遥感等现代技术频繁出现在考题中，未来可能出现天文基础知识、探月知识、火星知识、生态知识的考察，考察学生的科学探究能力、创新能力、动手能力和实际操作能力（见表 2.8 和表 2.9）。

表 2.8　各年考点分布表

单位：%

年	地球概论						技术地理			自然地理							人地关系		
	地球的宇宙环境	地球结构、海陆分布	地球运动	时间日期的计算	太阳高度、昼夜长短变化	日相、月相变化、潮汐现象	地图剖面图	地形等高线图	遥感、GIS应用	水文知识	气象与气候	土壤地理	生物地理	地质地貌	海洋地理	综合自然地理	自然灾害与防治	环境保护、环境演变	国土整治、可持续发展
	0	2	2	0	2	0	0	0	0	2	20	0	0	0	2	0	20	0	0
1953	0	0	4	0	0	4	0	0	0	0	20	4	0	0	0	0	0	0	0
1954	0	4	0	2	7	0	0	5	0	0	2	0	0	0	0	0	0	0	0
1955	0	0	0	0	0	0	0	0	0	0	0	0	0	0	0	0	0	0	0
1956	0	0	0	0	0	0	0	0	0	0	0	0	0	0	0	0	0	0	0
1957	0	0	0	0	0	0	0	0	0	0	0	0	0	0	0	0	0	0	0
1959	0	0	0	0	0	0	0	0	0	0	0	0	0	0	0	0	0	0	0
1978	0	0	0	0	15	0	0	3	0	0	21	0	0	3	0	0	0	0	0
1979	0	0	0	0	15	0	0	10	0	0	20	0	0	0	0	0	0	0	0
1980	1	0	5	1	0	0	0	3.5	0	0	18.5	0	0	2.5	0	5	1	0	1
1981	0	2	0	1	0	0	3	8	0	12	11	1	0	0	6	15	0	0	0
1982	0	0	0	1	0	0	0	6	0	16	4	1	0	2	2	0	0	0	0
1983	0	0	0	2	1	0	0	1	0	0	8	1	1	0	4	6	0	1	0
1984	0	0	0	1	0	0	0	6	0	0	10	2	0	2	0	0	0	3	7
1985	4	1	0	1	5	0	3	1	0	4	14	1	4	2	1	4	2	0	1
1986	3	0	4	1	1	0	0	4	0	1	9	0	7	8	3	0	0	1	1
1987	1	0	1	1	5	0	0	7	0	8	9	0	6	8	7	1	0	3	4
1988	3	1	8	5	1	0	0	1	0	3	4	0	4	4	10	0	0	5	0
1989	0	0	2	2	3	0	0	4	0	7	3	0	5	4	5	2	2	7	0
1990	2	2	6	4	2	0	0	2	0	5	4	0	2	6	4	7	0	0	0
1991	0	0	2	2	2	0	0	6	0	4	16	0	0	2	9	0	0	6	0

续表 2.8

年	地球概论						技术地理			自然地理							人地关系		
	地球的宇宙环境	地球结构、海陆分布	地球运动	时间日期的计算	太阳高度、昼夜长短变化	日相、月相变化、潮汐现象	地图剖面图	地形等高线图	遥感、GIS应用	水文知识	气象与气候	土壤地理	生物地理	地质地貌	海洋地理	综合自然地理	自然灾害与防治	环境保护、环境演变	国土整治、可持续发展
1992	0	2	2	0	4	0	0	2	0	0	19	0	7	0	2	0	2	0	0
1993	0	2	0	2	2	0	0	5	0	0	15	0	2	2	7	0	2	4	0
2005	1	0	0	3	3	0	2	3	0	1	9	1	0	5	4	1	7	2	3
2006	0	0	0	5	2	1	0	2	0	0	8	2	0	1	4	5	5	4	4
2007	0	1	0	3	6	0	0	3	1	2	10	0	0	3	1	2	1	4	3
2008	0	0	0	1	7	1	0	2	1	6	11	0	4	1	2	1	1	6	4
2009	0	0	1	1	3	1	2	1	0	3	11	1	0	3	3	1	1	11	2

表 2.9 历年考试内容结构表 单位：%

年	人文地理													区域地理			
	政治与全球政治地理格局	企业、产业布局、	产业转移、结构调整	全球化、外商投资	聚落地理、城市化	资源、能源利用	区域分析与规划、土地利用	人口地理	商业地理、运输地理	农业地理	旅游地理	文化地理	人类行为-科学考察	中国地理	世界地理	区域比较、区域联系	区域开发、区域发展
1952	32	0	0	0	0	2	0	0	2	0	0	0	0	4	10	0	0
1953	4	20	0	0	0	0	20	0	4	0	0	0	0	4	16	0	0
1954	20	10	0	0	0	0	0	0	0	0	0	0	0	40	10	0	0
1955	30	0	0	0	0	0	15	0	16	0	0	0	0	25	14	0	0
1956	2	0	0	0	0	0	0	0	10	0	0	0	0	30	38	20	0
1957	0	0	0	0	0	0	0	0	18	4	0	0	0	33	10	35	0
1959	5	0	0	0	0	4	0	0	35	5	0	0	0	26	5	10	10
1978	0	0	0	0	0	0	0	0	1.5	0	0.5	0	0	29	27	0	0
1979	0	0	0	0	0	0	0	0	0	0	0	0	0	39	6	10	0
1980	1.5	2.5	0	0	0	0	2.5	1.5	16.5	1.5	0	0	0	6	14.5	15	0
1981	0	0	0	0	0	0	0	3	0	15	0	0	0	16	7	0	0

续表 2.9

年	人文地理													区域地理			
	政治与全球政治地理格局	企业、产业布局、	产业转移、结构调整	全球化、外商投资	聚落地理、城市化	资源、能源利用	区域分析与规划、土地利用	人口地理	商业地理、运输地理	农业地理	旅游地理	文化地理	人类行为-科学考察	中国地理	世界地理	区域比较、区域联系	区域开发、区域发展
1982	0	7	0	0	0	1	8	0	0	1	0	0	0	32	19	0	0
1983	1	0	0	0	0	2	0	0	3	2	0	0	0	29	14	24	0
1984	0	17	0	0	10	10	0	4	9	1	1	0	0	9	8	0	0
1985	2	0	0	0	15	5	0	1	0	0	8	0	0	12	9	0	0
1986	0	10	0	0	2	11	1	2	2	2	0	0	0	8	19	0	0
1987	0	1	0	0	0	11	0	2	0	5	8	0	0	5	7	0	0
1988	0	6	0	0	2	4	2	7	0	2	0	2	0	16	6	4	0
1989	0	10	0	0	6	11	0	2	0	4	7	0	0	9	5	0	0
1990	2	4	0	0	0	6	0	6	6	0	0	0	0	17	13	0	0
1991	0	4	0	0	5	6	0	5	2	6	0	2	0	10	11	0	0
1992	0	6	0	0	5	2	0	0	12	4	0	2	0	5	24	0	0
1993	5	0	0	4	12	4	0	2	6	2	0	1	0	12	9	0	0
2005	0	5	0	2	3	4	2	3	3	1	6	1	3	6	6	7	5
2006	3	8	0	1	2	2	1	4	8	3	1	2	0	16	1	10	0
2007	0	7	1	2	6	4	5	2	1	2	1	1	0	9	6	13	0
2008	0	4	1	2	4	4	5	4	5	4	2	1	0	5	10	4	0
2009	0	5	0	3	5	3	6	2	1	3	3	0	0	9	8	7	2

七、试题趋向于成组化，选择题多成组出现

组内题之间的联系紧密。往往以同一组图、一组材料或一组表格为共同的信息背景，从不同角度或从不同的深度考察对该问题的理解。综合题以“一题多问”有机结合多学科，呈现学科的交叉和渗透逐渐由外显的“拼盘式”的设问（其特点是以某一知识的情境为“发生点”，用并列或分叉的形式指向具体的学科知识）向隐藏式的“内涵式”设问（即在同一问题中有机和谐的交叉渗透）过渡，融汇了不同学科的知识内容。

思考题

1. 简述我国高考地理试题内容结构和题型演变的过程和特点。
2. 阐述我国地理高考试题发展趋势及应对策略。

第三章

高考地理研究演变

我国高考历经了多次停止与恢复的磨难和数次规模宏大的改革，地理作为高考科目更历经了多次阵痛。地理高考科目的设置和地理高考改革牵动着莘莘学子、一线教师、学生家长、教学单位和教育行政部门的心，引起社会各界的广泛关注。作为重要表述渠道的地理高考研究文献反映出了不同历史时期、不同地域、不同阶层人们对地理高考的认识看法、研究水平，反映出当时当地的考试制度、考试文化和改革进程。由于地理、历史、文化和考试制度及地方教育政策等多种原因，各地地理高考研究水平参差不齐，不同历史时期研究水平和地域分布格局有较大的变化。在时间和空间尺度上我国地理高考学术研究的中心和重心都存在着波动游移和渐趋稳定的发展趋势。

第一节　研究重心的演变

地理高考学术研究随着地理高考科目的兴废和地理高考改革而变化。在不同时期，研究的强度、深度、方向、重心、主体和区域分布存在很大变化，不同区域地理高考学术研究形成了不同的特色。对文献作者单位所在地进行分类，根据文献所在刊物的级别，赋予一定的分值，可以获取各省各年的文献分值。在 Spss 和 ArcGIS 平台下，根据各省各年文献分值求得各省各年地理高考研究的权重，根据公式计算各年的地理高考学术研究重心的经纬度坐标，可以分析恢复高考以来我国地理高考研究重心的时空演变特征和发展趋势。

一、我国地理高考学术研究时空特征

1. 研究文献呈现迅猛增长的态势，已近顶峰达到拐点

我国地理高考学术研究增长迅速，尤其是最近几年研究文献几呈指数增长（见表 3.1）。通过计算可以得出各省每年的学术分值和每年全国的学术总分值及研究水平指数，并据此判断每年学术研究的主要地区和每个省学术研究水平随时间的变化趋势。

通过计算得出每年学术分值的标准差分析，各省学术研究水平的差异程度有逐渐缩小的趋势（见图 3.1 和书后附表 1）。1987 年以前标准差很大，学术研究仅集中在少数地区。1985 年和 1982 年差异最大，之后迅速下降，1995 年至 1998 年高考停止期间有所回升。1999 年"3 + X"实行后开始下降，2006 年以后差异变得非常小，可谓地理高考研究遍地开花。这与高考分省命题改革有很大关系，大家都十分关心本省的地理高考学术研究，同时也可能与中学或大学评职称与发表论文挂钩有关。

表 3.1　各年发表的地理高考研究文献　　单位：篇

年	1979	1980	1981	1982	1983	1984	1985	1986	1987	1988	1989	1990	1991	1992	1993	1994	1995
核心刊物	3	1	3	1	1	3	1	5	4	8	10	8	5	9	16	10	4
地理专业一般刊物	0	0	0	0	0	0	0	0	0	0	0	0	0	2	2	0	1
教育类/学报一般刊物	0	1	0	0	1	0	0	0	0	0	0	3	1	0	0	6	1
非教育类一般刊物	0	0	0	0	0	0	0	0	1	0	1	0	0	0	1	0	0

年	1996	1997	1998	1999	2000	2001	2002	2003	2004	2005	2006	2007	2008	2009	2010	合计
核心刊物	4	2	6	15	11	15	9	19	24	24	1	14	35	20	22	313
地理专业一般刊物	0	0	1	0	0	3	10	12	15	24	22	21	24	28	36	201
教育类/学报一般刊物	1	2	0	5	3	8	14	20	17	24	54	71	76	80	48	436
非教育类一般刊物	0	0	0	0	0	1	2	1	2	12	8	16	13	20	16	94

2. 地域差异明显，黄河中下游和长江中下游是我国主要的地理高考研究中心

我国地理高考学术研究东强西弱；地域分布不均。集中在少数省市区，绝大多数省市研究能力低下（见表 3.2）。尤其省少数民族地区、边疆地区和西部经济文化落后地区。学术总分从宁夏的 23 分到江苏的 989 分不等（见表 3.3）。东部沿海省市除福建、天津等外，学术分值都很高，在 460 分以上，是我国地理高考学术研究核心地区；中部的河南和湖北和东部的福建研究水平也较高，是地理高考研究强盛地区；四川、陕西、山西、湖南、安徽等中西部省份也有相当研究实力；其余西部和少数民族地区研究能力相对较弱。黄河中下游、长江中下游地区、东南沿海各省是我国主要的地理高考学术研究集中区域，江苏、北京、广东、浙江、河北、山东是我国主要研究中心。

表 3.2 地理高考学术研究水平等级

等级	标准	按省份	按年份
很高	R≥1	江苏、北京、广东、浙江、河北、山东	2008、2009、2010、2007、2005
较高	0≤R＜1	河南、福建、湖北、四川	2006、2004、2003、2002
较低	−0.5≤R＜0	山西、湖南、安徽、陕西	1989、1992、1994、2000、1993、1999、2001
很低	R≤−0.5	宁夏、吉林、新疆、云南、青海、黑龙江、内蒙古、贵州、江西、海南、上海、辽宁、甘肃、重庆、天津、广西	1982、1985、1980、1983、1996、1997、1979、1981、1984、1987、1995、1991、1986、1998、1988、1990

表 3.3 地理高考研究学术分值分布

省市区	核心刊物		地理专业一般刊物		教育类/学报一般刊物		非教育类一般刊物		合计		学术水平分区	
	文献数目	学术分值	文献数目	学术分值	文献数目	学术分值	文献数目	学术分值	文献总数	学术总分值	学术排序	等级划分
江苏省	35	315	26	182	72	432	12	60	145	989	1	核心地区
北京市	38	342	5	35	31	186	4	20	78	583	2	
广东省	37	333	15	105	23	138	1	5	76	581	3	
浙江省	22	198	13	91	37	222	2	10	74	521	4	
河北省	16	144	9	63	38	228	10	50	73	485	5	
山东省	18	162	23	161	20	120	5	25	66	468	6	
河南省	18	162	10	70	30	180	8	40	66	452	7	强盛地区
福建省	14	126	17	119	27	162	1	5	59	412	8	
湖北省	16	144	5	35	11	66	10	50	42	295	9	

续表 3.3

省市区	核心刊物		地理专业一般刊物		教育类/学报一般刊物		非教育类一般刊物		合计		学术水平分区	
	文献数目	学术分值	文献数目	学术分值	文献数目	学术分值	文献数目	学术分值	文献总数	学术总分值	学术排序	等级划分
四川省	9	81	14	98	6	36	4	20	33	235	10	较强地区
陕西省	20	180	0	0	8	48	1	5	29	233	11	
安徽省	7	63	9	63	14	84	2	10	32	220	12	
湖南省	6	54	10	70	8	48	4	20	28	192	13	
山西省	8	72	5	35	7	42	2	10	22	159	14	
广西区	1	9	2	14	16	96	0	0	19	119	15	薄弱地区
天津省	7	63	6	42	1	6	0	0	14	111	16	
重庆省	3	27	10	70	1	6	1	5	15	108	17	
甘肃省	0	0	0	0	15	90	3	15	18	105	18	
辽宁省	4	36	1	7	5	30	5	25	15	98	19	
上海市	3	27	8	56	2	12	0	0	13	95	20	
海南省	3	27	2	14	8	48	1	5	14	94	21	
江西省	2	18	2	14	3	18	7	35	14	85	22	
贵州省	2	18	1	7	8	48	1	5	12	78	23	
黑龙江省	2	18	3	21	2	12	3	15	10	66	24	
内蒙古区	0	0	0	0	11	66	0	0	11	66	25	
青海省	1	9	0	0	7	42	0	0	8	51	26	
云南省	0	0	1	7	7	42	0	0	8	49	27	
新疆区	1	9	1	7	3	18	0	0	5	34	28	
吉林省	3	27	0	0	0	0	1	5	4	32	29	
宁夏区	1	9	2	14	0	0	0	0	3	23	30	
其他	16	144	1	7	15	90	6	30	38	271		
合计	313	2 817	201	1 407	436	2 616	94	470	1 044	7 310		

（说明：表中其他类指没有确切单位或学术性不强的文献）

3. 研究重心游移波动，大体趋势偏东偏南，渐趋稳定

不同时期学术研究重心游移波动，渐趋稳定，大体趋势偏东偏南；研究中心由高度集中走向逐渐分散，各地区研究能力趋向平均。早期波动十分剧烈，介于东经 106 度至东经 121 度之间，到 2001 年以后基本维持在东经 115 度左右，并向东偏移；纬度来看在北纬 29 ~ 39 之间来回摆动，在 1990 年之后迅速北移至北纬 37 度左右，1995—1999 年期间研究重心明显南移，达北纬 25 度左右以后北移，逐步稳定在北纬 32 度的位置。总体来看研究重心有由北向南移动并渐趋稳定的趋势。

我国恢复高考以后，各地地理高考研究踊跃，研究中心游移不定，1979—1989 年期间，西北、华北地区等是研究的主要地区。陕西、天津、重庆、陕西、北京、湖南、湖北、上海都相继成为过全国地理高考研究的中心，研究重心由黄河中下游地区东西剧烈摆动，偏南移动，止于长江流域中游长江以南地区。高中会考时期（1990—1993）湖北、四川、福建、安徽是主要的研究中心，研究重心从长江中游地区北移再明显东移，止于淮河流域的安徽河南一带。北京、陕西仍然是此时期重要的研究中心，但地位明显下降。高考停止时期（1994—1998）研究重心北移西偏至陕西，再北上东偏至黄河中下游地区，再南移至长江中下游湖北省，再北上至黄河流域河南南部，再迅速南下，止于东南沿海地区福建等省市。此时期总体趋势是向东南方向移动，北京、陕西、福建、广东是这个时期的主要研究中心。3 + X 试验期（1999—2001）研究中心北移至长江流域中下游湖北、安徽等地区并东西徘徊，东南沿海省市是主要的研究地区，广东、北京、江苏、浙江、山东、福建为主要研究中心，江苏的研究能力迅速崛起。文综时期（2002—2004）研究重心从长江中下游地区北移至淮河流域下游地区。广东、山东、北京、江苏、浙江、福建是此时期主要的研究中心。分省独立命题时期（2005—2010）研究重心逐步稳定至长江淮河地区，江苏研究能力跃居第一，河北的研究能力迅速崛起，北京、福建、河北、江苏、广东是此时期主要研究中心。陕西的研究能力明显后退。地理高考学术研究重心演变见表 3.4 和表 3.5，地理高考研究文献分值、研究水平指数及研究重心空间位置见书后附表 1。

表 3.4 地理高考学术研究重心演变 单位：度

年份	1979	1980	1981	1982	1983	1984	1985	1986	1987	1988	1989	1990	1991	1992	1993	1994
经度	115.0	111.4	115.6	106.5	108.0	112.6	121.5	114.9	117.9	114.8	114.6	111.1	113.1	117.3	114.8	109.6
纬度	35.2	33.5	38.7	29.5	31.2	37.3	31.2	37.8	28.5	32.7	29.0	33.4	32.6	32.9	33.1	34.0
年份	1995	1996	1997	1998	1999	2000	2001	2002	2003	2004	2005	2006	2007	2008	2009	2010
经度	113.7	112.4	114.7	117.2	114.7	117.6	115.4	115.4	115.9	115.3	115.8	115.4	114.7	114.8	114.7	115.3
纬度	36.2	31.5	32.6	26.1	29.7	31.5	29.8	30.9	33.6	33.9	32.9	31.4	32.9	32.7	33.6	31.5

表 3.5 地理高考学术研究重心演变

时 期	研究地域
恢复高考以后	各地地理高考研究踊跃，但研究中心游移不定，1979—1989 年期间，西北华北地区等是研究的主要地区。陕西、天津、重庆、陕西、北京、湖南、湖北、上海都相继成为过全国地理高考研究的中心。
高中会考时期	湖北、四川、福建、安徽是主要的研究中心，研究重心从长江中游地区北移东移，止于淮河流域的安徽河南一带。北京陕西是重要的研究中心，陕西的研究地位明显下降。
高考停止时期	研究重心向东南方向移动，北京、陕西、福建、广东是主要研究中心。
3+X 时期	研究中心北移至长江流域中下游湖北、安徽等地区并东西徘徊。东南沿海省市是主要的研究地区，广东、北京、江苏、浙江、山东、福建为主要研究中心，江苏的研究能力迅速崛起。
文综时期	研究重心从长江中下游地区北移至淮河流域下游地区。广东、山东、北京、江苏、浙江、福建是主要的研究中心。
分省命题时期	研究重心逐步稳定至长江淮河地区，江苏研究能力跃居第一，河北的研究能力迅速崛起，北京、福建、河北、江苏、广东是此时期主要研究中心。陕西的研究能力明显后退。

4. 我国地理高考学术研究区域由高度集中走向逐渐分散，研究能力趋向平均

1979—1987 年高考恢复以后和 1995—1998 年高考停止时期，参加地理高考学术研究的省份很少，一般只有 3 个省份，1982 年和 1985 年达到极致，分别只有重庆和上海两个省。这段时期地理高考学术水平差异最大，学术分值标准差处于高位，陕西、天津、重庆、北京、湖南是主要的研究中心。1999 年以后参加学术研究的省份逐渐增多，2001 年即达 10 省以上，2001 年以后达到 20 多省，至 2008 年达 28 省区的高峰。各省之间学术分值的差异也逐渐变小，标准差 2001 年在 6 以下，在 2010 达到最低仅 3.6（见图 3.1）。

图 3.1 历年地理高考学术研究各省学术分值标准差曲线

5. 地理高考学术水平研究指数与区域经济文化教育不完全呈正相关

江苏、北京、广东、浙江、河北、山东地理高考学术研究能力最高，同时这些地区也是我国经济文化教育最发达的地区，分别位于我国的京畿地区、长三角和珠三角地区或笼统地称我国的东部沿海地区。宁夏回族自治区、吉林、新疆维吾尔自治区、云南、青海、黑龙江、内蒙古自治区、贵州、江西、海南、上海、辽宁、甘肃、重庆、天津、广西壮族自治区等省市自治区是我国地理高考学术水平较低的地区。这其中大部分是我国的老、少、边、穷地区。上海、重庆、天津三个直辖市学术研究能力较低，这与其经济文化教育发达的现状极不相称。

第二节　研究内容、研究主体的演变

不同时期地理高考学术研究的内容有很大的变化，参与地理高考学术研究的主体也有所不同，研究内容、研究主体的演变反映了地理高考改革形势的变化。

一、研究内容的变化

1. 日益强调方法论及实战操作研究，应试指导和答题分析日益受到重视

研究主题主要有成人高考、高考答题研究、高考改革研究、高考影响研究、高考教学研究、考点考纲分析、高考理论研究、高考命题研究、模拟题、高考试题研究、试题训练、专题研究、境外试题及其他内容等，日益重视方法论及实战操作研究，应试指导和答题分析日益受到重视。高考试题研究、高考教学研究、模拟题是研究的主要内容，在恢复高考以后、高中会考时期、3 + X 试验期、文综时期、分省独立命题时期这方面的文献分别占到当期地理高考研究文献总数的 71.1%、64%、65.6%、69.7%、70.2%（见表 3.6、图 3.2）。

2. 研究内容受高考科目设置和高考改革的影响

高考理论研究和高考改革研究出现较早，在高考恢复时期占有较大份额。恢复高考以后研究单位和文献数量开始增多，以高考理论研究和高考改革研究为主，其次为命题研究；研究文献多带有一定的学术指导性和政策研究性质，学术水平较高，具有很大影响力，主要在国内核心刊物上发表这些文献。北京、西安等华北、西北地区，文化底蕴深厚，地理学科基础扎实，地理学传统久远，或是政策策源地，主要做一些与地理高考大政方针有关

的宏观研究和理论研究。高考停止时期，地理高考研究文献骤降，对地理高考影响的研究文献飙升。

3 + X 时期，高考改革研究、考点考纲复习、高考理论研究迅速增加，命题规律、模拟题及试题研究逐渐恢复；随着综合题型的出现，专题研究的文献开始盛行。文综时期，文献总数持续增长，成人高考研究文献比重增多，高考改革研究、高考理论研究、考点考纲研究、模拟题、高考试题研究、试题训练、专题研究等文献大量增加。分省命题时期，高考答题研究、专题研究、模拟题、高考研究、考点考纲复习、高考试题研究、试题训练等文献盛行，命题研究、模拟题、高考改革研究等文献也占较大比例，成人高考研究几乎绝迹。

3. 研究内容不断拓展，理论研究日益增多

1977 年以后，伴随着地理高考的恢复与“文化大革命”后地理教育事业的兴旺，地理考试命题，尤其是地理高考命题成为地理教育研究的方向。此时地理高考研究的内容偏重于试卷本身，研究方法多基于统计学基础，研究的视角集中在地理高考、地理教科书及地理高考与教学的关系。研究者多从地理高考试题的特点出发，通过分析试题特点，借以指导日常的地理教学工作。地理高考的研究开始被纳入到地理教育学的学科体系中。

1993 年，北京市开始试行高考改革，取消了高考科目中的地理和生物。很多地理教育工作者在《地理教学》、《中学地理教学参考》等杂志上撰写文章呼吁高考不能取消地理科目（见本书第一章第二节阅读材料）。阐述了地理高考的意义、同时也阐述了地理高考与地理教学的关系、地理高考内容的确定、高考与会考的关系等诸多问题。

“1999 年，广东省开始试行“3 + X”高考科目改革方案，地理科作为“X”中的一项由高校自主选择。至此，地理科目重又出现在高考科目的队列中。”随着地理高考在各省的恢复，地理高考的研究又开始增多。研究内容不仅涉及高考试题及地理高考与地理教科书的关系，地理高考与地理教学的关系本身外，而且还扩展到与地理高考相关的其他研究，例如对地理高考历史演变的研究、地理高考所反映的地理教育的价值及地理思想、地理高考的目标、地理高考命题的特点、变化趋势、地理高考与新课程改革的关系、地理高考与综合考试的关系、地理高考与地理教育改革的关系等。近年来，地理高考以能力为立意，在过去考查地理知识的基础上，越来越注重考查学生地理思维能力、地理素养等方面的内容。地理高考研究文献着手分析地理高考中能力考查及教学中能力的培养，出现专题研究热潮。

这一时期涌现一批与地理高考相关的专著。如张亚南主编的《中外地理测试》、《高考能力测试与试题设计》和陈昌文主编的《地理教育测量与评价》等。

表 3.6　文献内容结构演变

时期		成人高考	答题技巧	高考改革	高考影响	高考教学	考点考纲	高考理论	高考命题	模拟题	高考试题	试题训练	专题研究	境外试题	合计
恢复高考以后	文献数目/篇	1	3	1	0	10	1	2	4	0	22	1	0	0	45
	百分比/%	2.2	6.7	2.2	0.0	22.2	2.2	4.4	8.9	0.0	48.9	2.2	0.0	0.0	100.0
	文献累计/%	7.7	4.3	20.0	0.0	3.8	2.6	25.0	9.3	0.0	7.6	5.9	0.0		
高中会考时期	文献数目/篇	0	2	0	6	5	0	0	7	9	18	2	0	0	49
	百分比/%	0.0	4.0	0.0	12.0	10.0	0.0	0.0	14.0	18.0	36.0	4.0	0.0	0.0	100.0
	文献累计/%	7.7	7.2	20.0	26.1	5.7	2.6	25.0	25.6	6.7	13.7	17.6	0.0		
高考停止时期	文献数目/篇	5	1	0	12	4	0	0	3	1	8	1	0	1	36
	百分比/%	13.9	2.8	0.0	33.3	11.1	0.0	0.0	8.3	2.8	22.2	2.8	0.0	2.8	100.0
	文献累计/%	46.2	8.7	20.0	78.3	7.2	2.6	25.0	32.6	7.4	16.5	23.5	0.0		
3＋X试验期	文献数目/篇	3	0	1	2	20	5	1	3	7	15	0	7	0	64
	百分比/%	4.7	0.0	1.6	3.1	31.3	7.8	1.6	4.7	10.9	23.4	0.0	10.9	0.0	100.0
	文献累计/%	69.2	8.7	40.0	87.0	14.8	15.8	37.5	39.5	12.6	21.6	23.5	7.1		
文综时期	文献数目/篇	4	4	1	1	34	9	2	2	16	49	4	14	0	140
	百分比/%	2.8	2.8	0.7	0.7	23.9	6.3	1.4	1.4	11.3	34.5	2.8	9.9	0.0	100.0
	文献累计/%	100.0	14.5	60.0	91.3	27.8	39.5	62.5	44.2	24.4	38.5	47.1	21.2		
独立命题时期	文献数目/篇	0	59	2	2	190	23	3	24	102	179	9	78	0	671
	百分比/%	0.0	8.8	0.3	0.3	28.3	3.4	0.4	3.6	15.2	26.7	1.3	11.6	0.0	100.0
	文献累计/%	100	100	100	100	100	100	100	100	100	100	100	100		
合计	文献数目/篇	13	69	5	23	263	38	8	43	135	291	17	99	1	1005
	百分比/%	1.3	6.9	0.5	2.3	26.2	3.8	0.8	4.3	13.4	29.0	1.7	9.9	0.1	100.0

（说明：表中百分比指一个时期文献内容结构比例；舍去了没有明确主题或学术研究性不强的文献39篇。）

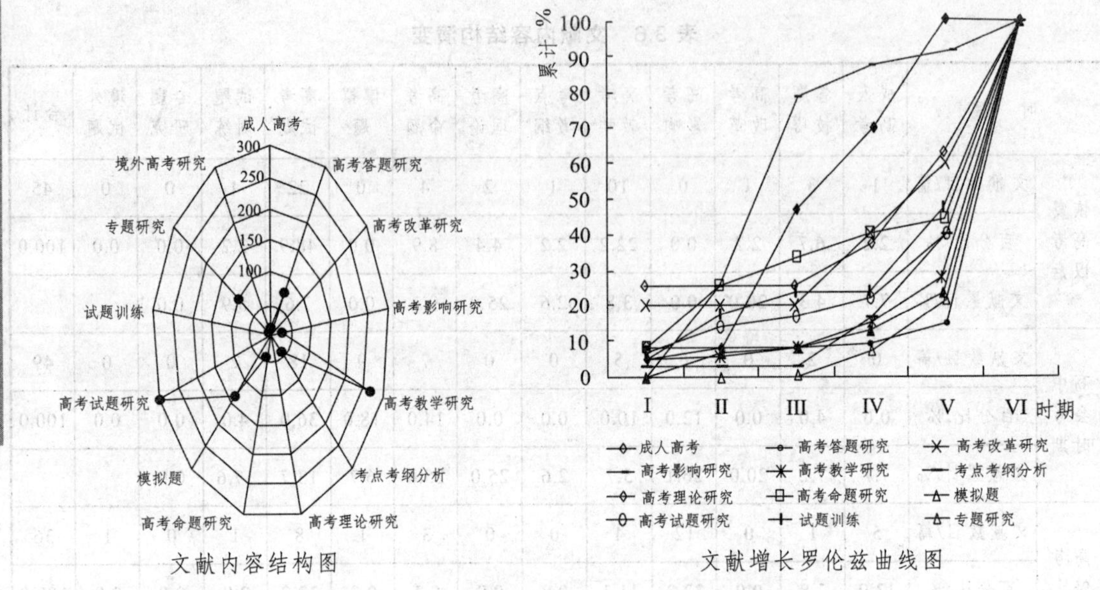

图 3.2 文献内容结构及文献增长罗伦兹曲线

Ⅰ—恢复高考以后；Ⅱ—高中会考时期；Ⅲ—高考停止时期；Ⅳ—3 + X 试验期；Ⅴ—文综时期；Ⅵ—分省独立命题时期

二、研究主体的变化

1. 中学、省市教科研究机构、高校地理教育专业是地理高考研究的主要机构

地理高考研究的机构包括中学、杂志社、、评卷组、考试中心、教科院、高校专业、高考课题组、大学附中等科研单位和教学机构，在不同高考历史阶段此起彼伏。中学、教科院、高校专业院系发表了所有文献的 90% 左右（分别占 67.7%、13.5%、8.1%）。恢复高考以来，中学共发表了文献 699 篇（见表 3.7 和表 3.8），是地理高考研究的主力军。中学文献近年来迅猛增长，一般刊物是主要阵地；大学地理专业、教科院、大学附中等机构地理高考研究文献则增长平稳，核心刊物和地理专业类刊物是其主要阵地。

2. 评卷组、考试中心、高考课题组、期刊社学术研究活跃，近年来有减少的趋势

在恢复高考时期国家考试中心、高校地理专业、高考评卷组和中学对地理高考研究十分活跃。3 + X 后，评卷组和考试中心的研究活动大大减少，随着分省命题阶段的到来甚至绝迹；高中会考时期，中学、教科院是主要研究机构；高考停止时期，中学研究文献减少，此时国

家考试中心、高校地理专业和杂志社学术研究活动较活跃；分省命题时期，高考课题组活动大大减少；高校地理或教育专业、大学附中等的研究活动增长平稳。

3. 高校专业、教科院、大学附中学术研究活动增长平稳

表 3.7　文献研究机构构成

	刊物类别				时期						总数	
	核心刊物(篇)	地理专业一般刊物	教育类/学报一般刊物	非教育类一般刊物	恢复高考以后	高中会考时期	高考停止时期	3+X试验期	文综时期	分省独立命题时期	文献总数	百分比%
中　学	142	138	319	62	22	27	22	42	71	515	699	67.7
杂志社	10		6	1	3	3	3	1	3	4	13	1.3
评卷组	7	1			5	2	1				10	1.0
考试中心	11		5	1	9	5	6	5	1		17	1.6
教科院	52	39	38	10		7	2	11	24	86	139	13.5
高校专业	26	20	36	2	6	2	4	6	15	51	84	8.1
高考课题组	16					0			13	3	16	1.5
大学附中	17	8	19	4		3			17	28	48	4.6
其他机构		3		4		0				4	7	0.7
合　计	281	209	423	84	45	49	38	65	144	691	1033	100

（说明：此次除去11篇没有确切作者研究单位的文献）

表 3.8　“地理高考研究”研究机构的特色演变

时　期	研究机构
恢复高考以后	国家考试中心、高校地理专业、高考评卷组和中学对地理高考研究十分活跃，是研究的主力。
高中会考时期	中学、教科院是主要研究机构，国家考试中心也起重要作用。
高考停止时期	中学研究文献下降，此时国家考试中心、高校地理专业和杂志社仍较活跃。
3+X 时期	中学和教科院增长迅速，高校地理专业文献稳步增长，评卷组和考试中心的研究活动减少，随着分省命题阶段的到来甚至绝迹。
文综时期	文科综合时期，中学和教科院是研究的主体，高考课题组、高校专业、大学附中教科院研究活跃。
分省命题时期	分省命题时期，高考课题组大大减少，中学文献呈直线上升。高校专业和教科院呈稳步增长态势。中学和教科院的文献数目占绝对优势。

思 考 题

1. 简述我国地理高考学术研究的时空特征，并分析原因。
2. 简述我国地理高考学术研究内容和研究主体的变化特征，阐明其影响因素。

第四章

地理教师的专业成长

第一节　地理教师的素质和专业能力要求

教师素质是教师稳固的职业品质，是以人的先天禀赋为基础，通过科学教育和自我提高而形成的具有一定时代特点的思想、知识、能力等方面的身心特征和职业修养。北京师范大学崇德教授等认为“教师素质，就是教师在教育教学活动中表现出来的，决定其教育教学效果，对学生身心发展有直接而显著影响的思想和心理品质的总和。”地理教师的素质和专业能力是影响高考地理教学质量和效益的重要因素。

一、优秀高考地理教师的素质要求

1. 敬业爱岗，勇于创新

优秀的地理教师具备高度的敬业精神，热爱地理教学，以满腔的热情来从事地理教学。地理特级教师王新诚说：“我是一名教师，我更是一名地理教师，我眷恋珍惜我的教师生活，我更眷恋珍惜我的地理教学生活。”地理课“领导不重视”，“学生不喜欢”，地理课时被削减，乃至被取消。优秀的地理教师“通过自己的教学，使学生喜欢地理课，使学生爱上地理课”，认真对待地理教学，努力改进地理教学，提高地理教学质量。

优秀的地理教师勇于创新，不断尝试新知识、新技能、新方法。刁传芳从20世纪80年代开始就在其教学实践中开始“导学法”的实验，并总结教育经验，以系统理论为指导，提炼出教材分析与教学方法设计的规律。何万化老师开展“读图启发式”的教学实验，并建立地理园，取得了可喜的成绩。

2. 良好的知识结构，高超的教学能力

地理教师应该拥有比较完整的知识系统：① 扎实的地理学科专业知识，熟悉地理学科知识，掌握地理基本技能：② 广博的与地理学科有联系的其他学科的基础知识，如物理、数学、化学、生物、历史、哲学、经济、文学等：③ 精湛的思想教育工作的知识与教育艺术。④ 宽厚的教育科学的知识，懂得教育规律，会用教育学、心理学、地理教学法等有关知识武装自己。

地理教师的教学能力在一定程度决定着他的工作水平。优秀的地理教师应具备良好的地理语言表达能力、分析和组织地理教材的能力、运用地图进行教学的能力、速绘、设计和运用地理略图、板画及各种常见地理图表的能力、选择、运用和制作地理直观教具的能力、组织地理活动的能力、指导学生学习地理的能力、进行地理学科科学研究的能力。

3. 各具特色的教学风格，先进的教学思想和方法

优秀的地理教师不固守陈旧的教学思想，教学方法随着教育、社会及自身教学实践的发展而改变，并且参与研究新的教学思想。在教学中不断摸索，不因循守旧，勇于改革，采用不同的教方法及手段，以培养学生个性发展。善于根据自己的特点，扬长避短，发扬自己的优点，在教学中不断内化现代地理教育思想，形成自己独具特色的教学风格。杨岳生老师在地理教学中擅长图示直观教学，善于运用多种方式培养学生的地理学习兴趣；曹康绥老师善于运用分析各类地图、图表组织教学内容，并组织学生开展课外活；黄得繇老师讲究讲课的艺术性，善于调剂课堂气氛，联系实际采用板图教学等。

4. 长于科研，勤于笔耕

优秀的地理教师是具有较高科研素质的学者型教师，在教学之余，热衷于进行教学科研活动，撰写教学科研论文，结合地理教学对地理学科前沿、对现实地理环境、对先进地理教学理论和进行模式进行研究；通过科研拓展知识视野，提高学术水平和教学水平。

5. 关心时事、经济，参与当地经济建设服务

优秀地理教师关注理论与实践结合，教学服务于地方经济建设。把地理在区域规划、资源利用方面的优势发挥出来，指导地方规划发展经济建设、资源利用和环境保护，为学生树立学以致用的榜样。通过对乡土地理的研究报务社会，形成丰富的教学案例，为校本研究提供丰富的素材。

二、地理教师的专业能力要求

“能力是指顺利完成某种活动所需的个性心理特征。”教师的专业能力是教师开展有效教育活动的重要条件。现代地理教师至少应具备三方面的能力：基础能力、职业能力和自我完善能力。其中基础能力包括思维能力、信息技术能力、交往能力、语言表达能力、审美能力、处理人际关系的能力等；职业能力包括教学设计能力、课堂教学组织管理能力、教学评价能力、运用地图进行教学的能力、组织地理活动的能力、教育技术能力等；自我完善的能力包括自学能力、教育科研能力、自我反思能力等，如图 4.1 所示。

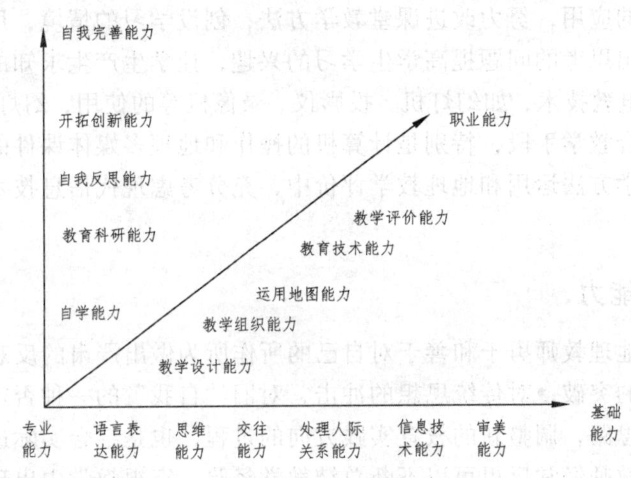

图 4.1　优秀地理教师素质能力结构

1. 教学设计能力

教学设计要求地理教师能针对地理高考的特点，从教学目标出发，结合学科的特点，充分考虑学生的认知特点、教学资源等因素，重新组织教材内容，设计教材教学程序。教学课程设计要体现适切性、逻辑性，启发性；根据教学要求，选择运用黑板、模型、图片、幻灯、投影、音像设备、计算机、地理实验、野外实习等地理教学媒体和地理环节，加强课堂教学中的课堂教学的表现力及师生互动交流，提高高考地理教学的效率。

2. 教育科研能力

较强的科研意识、科研能力，是高质量教学和自身能力不断发展的必要条件。地理教师要对自己的教育实践不断地进行积累，对自己周围发生的地理现象和教学中出现的问题经常性地进行反思，运用现代教育科学、心理科学的理论和方法，采用现代化的教育技术和手段，积极探索，寻求答案。地理教师要不断总结经验，把经验由感性上升到理性；以科学研究的精神和方法去教学，在教研中发现新问题，寻求提高地理教学质量的有效途径和方法，使自己成为学者型、专家型、创新型的人民教师。

3. 使用现代教育技术的能力

现代化的教学设备具有多媒体展示的集成性、超文本链接的选择性、大容量存储的丰富性、动态形象模拟的生动性、高速传输的便捷性、人机交互的操作性、超时空交流的共享性，声情并茂、图文兼顾、视听兼备。运用现代教育技术能够营造良好的地理学习氛围，培养学生学习地理的兴趣；营造有利于学生形成地理信息意识和能力的教学环境。地理教师要熟练掌握现代信息技术的应用，努力改进课堂教学方法，创设学习的情境，用多媒体的形式，提供学习的材料，提出思考的问题提高学生学习的兴趣，让学生产生求知的愿望，增强学习的动力。掌握常用的电教技术，如幻灯机、投影仪、录像机等的使用，幻灯机、投影片的制作，学会利用多媒体综合教学手段，特别是计算机的操作和地理多媒体课件的制作。在地理课程内容选择、地理教学方法运用和地理教学评价中，充分考虑现代信息技术的应用信息技术的应用。

4. 自我反思能力

自我反思要求地理教师勇于和善于对自己的所作所为做出严肃的反观与内省。自我反思意味着对思维定势的突破，对传统思想的冲击，对旧“自我”的一种否定与超越。自我反思既是孕育新的教育思路，调整新的教育实践方向的过程，也是结合实际进行理论学习、开展教育科研的过程。教师经常反思可以不断总结教学经验，审视教学中出现的问题，提升教学理论水平和教学效率。

5. 开拓创新能力

教师的开拓创新能力由创新意识、创造思维能力和创造技能等方面组成。姆林斯基曾说，教师的教育教学劳动“天然地带有创造的特点，教师完全有可能，也完全应该在这种创造性劳动中创造出具有个人风格的教学方法，创造出新的教育学知识”。科学技术的进步，社会和经济的发展，都要求教育必须进行彻底的改革。地理教师要敢于对已有的界定、理解、诠释提出质疑，用新知识、新观念、新方法代替旧知识、旧观念、旧方法；改革已经落后的教育教学模式，营造出发挥创造力的教学环境。

6. 课程资源的开发能力和教材组织能力

地理教师要结合学校的实际和学生的学习需要，充分利用学校已有资源、地方文化特色以及学生的个性差异和需求，积极开发校本课程。通过资料收集和软件和教具开发建设学校地理课程资源库，扩大地理课程资源库的容量，提高资源库的质量，充分开发利用地理课程资源开展形式多样而有效的地理教学，提高教学的感染力和效率；鼓励和指导学生组织兴趣小组，组织学生走进大自然，走进社会开展野外观察、社会调查等活动，理论与实践结合，课内与课外结合；指导学生编辑地理小报、墙报、板报，布置地理橱窗，加强校际地理课程资源的共建共享，合理开发利用校外地理课程资源；加强与社会各界的沟通与联系，邀请有关人员演讲、座谈，拓展学生的地理视野，激发学生探究地理问题的兴趣。

7. 设计运用地理图表教学的能力

图表是地理学的第二语言，是地理知识的重要载体，将空间概念或可量化的地理事物用直观的形式表现出来，使地理知识形象化、具体化。地理教师要应用多种地图、图表、照片、图片来表达空间的概念和地理事物的空间结构联系及其发展变化的过程，培养学生观察阅读分析各种图表的能力。要能根据教学内容与学生的特点正确选择各种地理教学挂图，掌握规范的指图技巧，熟悉各种类型地图的识读方法；能够用地图灵活地讲解和提出地理问题，引导学生运用地图探究地理知识；能够掌握地理统计图表与联系图表的设计与绘制方法，能够根据教学内容特点、学生已有地理知识水平与认识水平设计地理略图、板画与图表，并运用它们准确形象地阐述和分析地理教学问题，培养学生识图、图图转换、图表分析判别和用地理术语进行描述的技能。

8. 指导学生进行实践活动的能力

地理教师要组织和指导学生到自然界、社会生产、生活领域去实践，进行地理实践活动和开展研究性学习活动，帮助学生形成科学的人口观资源观、环境观及可持续发展的观念，对人类与环境之间的问题作出正确的判断和评价，鼓励学生积极参与协调人类与环境关系的活动，使学生获得实践知识，丰富情感，发展能力，完善独立的人格。地理教师要能够制订实践活动计划，确定实践活动的场所、活动的内容和活动的具体方式；正确指导和组织学生的实践活动。

三、地理教师的成长的阶段

1. 适应阶段

地理教师刚从师范院校进入中学地理教育岗位，在学科专业知识方面具有一定的优势，掌握一些时代性强、应用性强的前沿学科知识（如 3S），掌握一定的教育学科知识，但与实践结合较少，应用少，认识不深刻。通过一段时间的学习、听课、讲课等教学实践，地理教师逐步基本熟悉所任课程内容，能独立地完成备、教、改、辅、考等各个环节的教学工作。此阶段的中学地理教师应努力提高教育教学基本技能，以适应中学地理教学的要求：学会分析教材内容，确定明确的教学目标，制定课堂教学方案；课堂讲授要达到科学性、系统性和针对性相结合，教学语言要达到准确流畅，突出重点；会利用板图板画教学，会画一些简单的轮廓图结构图，会利用各种教学媒体，包括投影仪录像机电脑等进行教学。

2. 成长阶段

此阶段地理教师所掌握的文化知识与教学逐渐融合，教学技能与技术应用有较大进步；处理教材编写教案能力进一步增强；课堂讲授技能在科学性、明确性、系统性的基础上达到针对性、启发性的要求；具有初步调控课堂氛围的能力；课堂教学语言能注意到音量语调语气语速节奏的作用并加以运用，并能利用一般的体态语辅助有声语言教学；板图板画技能进一步提高，能熟练地运用各种媒体进行辅助教学，并能制作一些课件。此阶段教师应注意补充学习新的专业知识、拓展教育学科的知识，进一步提高教学技能，逐步进行理论提升。

3. 骨干教师阶段

具有比较丰富的成功教育教学经验，熟练运用教育理论及规律开展教育教学工作，具备辅导新教师提高教学能力，能撰写一定水平的学术论文。

能运用教育科学知识指导教育与科研，也能将教学实践加以总结，对地理教学规律的把握也日益到位，对地理教学中的问题也认识日益深刻。能准确把握重点难点，具备针对各种课型富于变化的教学技巧，具有娴熟的板书板画技能，具备开发多媒体课件及网络教学的能力。能够进行一定校本课程开发，重组教材，建立新型教学模式。在各级教育培训机构接受过各种继续教育，成为本校和本地区地理学科方面具有创新意识和自己教学风格的骨干教师或学科带头人。此阶段教师需紧跟教育教学的最新观念与理论，并应用于教学实践，防止知识和技能的老化。

4. 专家阶段

具有广博的普通文化知识、精深的学科专业知识，能把握学科的发展方向；具有深厚的教育理论基础，形成自己的地理教育思想和独具特色的教学艺术。通过较高层次的业务培训和接受继续教育后，了解国内外地理教育教学和其他学科的最新成果，参与国内外的地理教育交流，提高理论水平和科研能力，熟练运用现代化教育教学手段，具有领导教研活动和课题研究的能力、开展教改实验的能力和培养辅导新教师的能力等，能撰写较高水平的教育科研论文，并将所学知识和科研成果成功服务于社会，可以成长为具有理论与实践、教育与科研、带头与辐射相结合的观念新、业务精、能思考、善创新的教育家。

四、地理教师成长的途径

地理教师的成长需要地理教师本身、学校、教育行政部门和社会各界的共同努力。地理教师的成长途径如图 4.2 所示。

1. 地理教师的个人奋斗

1）善于学习，增强文化素养

随着知识经济时代的到来，知识更新周期愈来愈短。教育家托夫勒说："未来的文盲不再是不识字的人，而是没有学会学习的人"。学会学习是迈向知识经济时代的通行证。人的一生是不断工作和接受教育交替进行的过程。社会的不断发展，科技的迅猛前进，教育本身也在不断发生变化。面对教育和专业知识的加速老化和地理新课程改革及地理高考的综合化倾向，教师必须进行终身学习，提高自身文化修养和专业素质，更新教育理念。

（1）积极参加职业培训。培训方法可以采用"师徒结对"（与高校教师或与中学名师）、脱产或在职培训（顶岗支教、函授学习、远程学习）、短期培训（如现代教育理论培训、现代教育技术培训、地理教学论、地理课程论培训等）等形式。

（2）参加高考研讨会和学术交流会议。学术会议和高考研讨会是传递最新科研信息和高考信息的重要渠道。地理教师尤其是高考地理教师要经常关注和参加类似的会议，跟上信息传递的步伐，在会上向专家请教并进行积极的交流，会后将这些信息传递给其他同事并将它应用于地理高考教学中。

（3）向同事学习。地理新课程改革的推进与现代信息技术的整合等，都要求教师间彼此合作，优势互补。在教研活动中，集思广益、合作交流，共同合作设计教学，实现资源共享。在课程开发设计和集体备课备考中发挥各自的长处，分工合作，互相学习。

（4）向网络、向书本学习。教师要带着教学中涌现的问题或激发出来的想法去图书馆博览群书、阅读有关杂志、报纸，如中学地理教学参考、地理教学、地理教育、大自然等，也可以经常浏览国内关于教学、科普的知名网站、论坛或名师的博客等渠道获取有关知识及理念。同时研究课本、教参、课外参考书、试题调研报告等，学习理论和专业新知识，更新教学观念、提高教学和教育科研能力。

2）参与地理科研、教学研究，提升科研能力

科研能力是当代优秀中学教师的重要体现。树立教研意识、以研促教培养专家型教师已成为世界教育发展的共同趋势。"教师即研究者"是国际教师专业发展的重要理念。专家型地理教师"不是只停留在经验型的知识传递者角色上，而是教育教学中的研究者、探索者"。他们除了具备一般地理教师所具有的素养之外，还具备一定的问题意识、教研意识和教育科研素养。地理教师要善于在纷繁复杂的教育实践活动中发现值得深思的问题作为课题进行研究。地理教学实践中的案例研究、教学笔记、反思记录等是教师科研活动的重要载体。通过研究探讨，能

解决地理教育教学上的种种困惑，减少无效的重复劳动，将科研成果转化为教育效益。

教研和科研是促进教师专业化成长的有效途径。地理教师要依托课题研究、教研活动、学术会议、高考经验交流会议加强教师际、校际间、区域间、国际间的合作、交流。通过相互听课、评课、举行公开课，共同学习、共同探讨。不断总结教学经验，探索地理教学规律，多留心、多观察、多思考、勤动笔、写教学总结、教学论文，实现教学相长、教研相促。

3）勤于反思、善于总结

波斯纳曾提出了一个教师成长的公式："经验+反思=成长"。地理教师善于从自己工作中的问题着手。不断反思，把感性问题变成理性问题。如课后评价总结、记录教学过程中产生的灵感、重视学生的见解，加强与同事交流。

高三地理教师应该对自己的教学不断地进行反思，进行记录，在反思和记录中成长。收集丰富而鲜活的教育案例，记载、整理和思考自己的教育案例，对每年的复习教育案例和对高考地理试题进行深入研究，把握好考生情况和高考动向，对高考教学策略进行科学设计，把平时的教学经验通过反思上升到教学理念、教学模式、教学改革或高考改革的层面，从"经验型"教师向"反思型"、"科研型"专家型教师的转变。

4）精心设计教案、练就教学基本功

地理教师应当认真做好教学设计，钻研教材，选择适宜的教学方法。练就"三板"（板书、板图、板画）、地理信息技术、多媒体技术等教学基本功，撰写地理教研论文。通过教育和科研的结合，提高地理教师理论素养、专业知识水平，构建完善的综合型素养结构。高考地理教师要在备考策略、课堂教学、高考技能训练、跨学科综合、学生地理能力培养等方面精细设计。

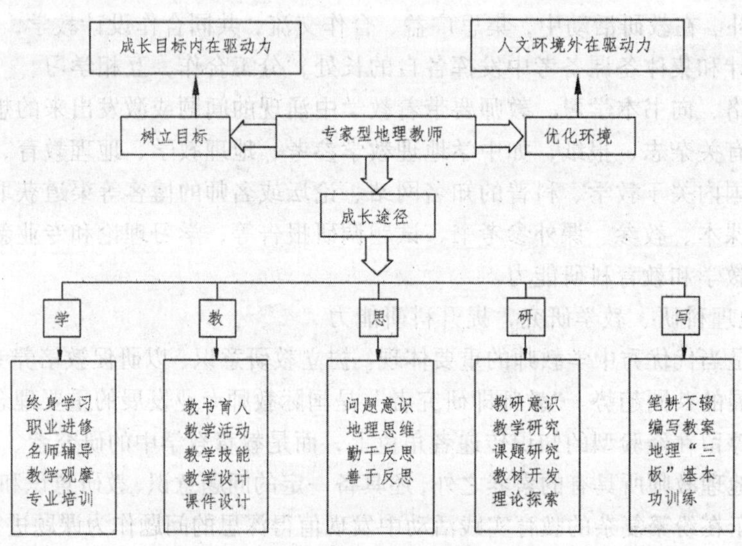

图 4.2 地理教师的成长途径

2. 教育行政部门和学校为教师成长搭建平台，创造条件

1）创设平台，与高校合作，寻求学术引领

长期以来，高师地理教育与中小学基础教育脱节。高校专家掌握较精深的理论和一些前瞻性的东西，中小学一线老师掌握更多的实践经验。中学教学实践需要高校理论的指导，高校理论来自实践，需要实践验证和案例的丰富。中学教师需要进行知识和理念的更新、学术氛围的熏陶，需要得到方法论的指导和技术设备的支持，需要不断地接受高校的哺育。地方教育部门要搭建平台，邀请来自师范或相关高等院校地理课程教学、教育、心理等方面的专家、教授、地理学科方面的权威，举办讲座或进行培训，或参加中学听课、评课与教改跟踪，寻求高校学术引领，促进中学地理教师的专业成长。

2）优化专家型教师的成长环境

教育主管部门要尊重教师对创造和成就的需要，增强教师职业的主体性和使命感，建立优化管理和评价机制，对具有突出成绩和事迹的老师进行表彰并广泛宣传、报道，充分发挥他们的示范作用。学校主管领导要营造健康和谐的校园环境和良好的教研氛围，在保证完成课堂教学任务的前提下，多给教师，尤其是地理高考一线教师，参加培训、课题研究的机会和在时间上、经济上、物质上、精神上的支持；教师之间应构建融洽的同事关系，互相学习、交流和合作成长。

3）开展学历补偿教育，完善继续教育机制

地理教师可以脱产、半脱产或利用业余时间到师范院校参加学习进修。可以是学历达标训练；也可以是水平提升进修。培训方式可以是函授（或脱产）本科专科教育、合格性培训、提高性短期培训（省骨干教师培训、国家级骨干教师培训）、研究生课程进修等形式。函授教育是目前我国中学地理教师继续教育的一种主要形式，它以培训在职中等学校地理教师为主要任务。岗位培训是学历达标后的主要培训方式，是提高地理教师素质的重要途径。学校和当地教育管理机构要提高认识创造条件，让所有地理教师都有机会受到短期的、喘气间隔性的培训或较长时间的脱产进修，以全面提高地理教师整体素质。今后可以考虑让中学教师到高校访学或到国外进行考察，提高教师的教育视野，更新他们的教育观念。

3. 高校要改革人才培养模式，培养创新型人才

高校师范生培养单位应努力为教师成长打好前期基础，适当超前教育，做好教育实践教育和职前岗位培训，改革师范生培养模式，培养创新型人才：师范教育是基础教育的工作母机，高等学校地理教育专业是专门培养学校地理学科师资的场所。目前高师院校培养的学生与优秀中学地理教师相比还存在很大差距：敬业精神不够，团队精神欠缺；独立编制教学课件的能力不强；教育理论素养与教育科研能力较差；心理承受能力弱。“素质教育”需要全面发展又有个性特长的“一专多能”的创新型人才，高师地理系应调整课程结构和教学内容，

围绕提升师范生专业素养和职业技能养成对高师地理教育进行深化改革，培养适应于中学基础教育改革的素质教育的创新型人才。

1）调整课程结构，优化教学内容

拓宽基础课，压缩专业课，增加公共基础课与专业课的比例，增开一些文理渗透类、职业道德类、教育教学管理类、教育技术类和教师技能类课程和通识文化课程，加强师范生的通识教育和人文知识的教育。增设教育心理学，教育科研方法，地理学习论等内容，丰富高师学生的教育科学理论知识，提高基础文化修养和职业道德修养，培养他们的专业精神和从教的基本技能。增设地理前沿概论，环境地理等与地理科学发展前沿领域相关的选修课程，扩大学生的新知识领域，适应基础教育改革发展的需要。

2）加强对师范生的实践和创新能力的培养

增强区域地理教学，尤其是加强乡土地理的教育，在高师地理教育中增强热点知识的渗透。加强实践环节和实践技能的培养，包括区域地理综合考察技能、乡土地理研究技能、各种地图和常用地理计量测量仪表的正确使用等，使学生学到终身发展有用的地理，对生活有用的地理，对教学有用的地理。教会师范生怎样学习，同时培养他们的创新精神，以适应将来的地理教师终身学习的职业生涯。

3）增加见习、实习机会，丰富专业理解与教育体验

教育实习是高师生积累教育实践知识，初步形成教育技能的重要保证，是师范教育的重要环节。目前的师范教育实习时间太短，教育实习缺乏规划和设计或流于形式，学生实习效果不好。

改革实习模式，提高实习效果。增加教育实习的时间，变集中实习为分散实习；重视高师生组织班级活动、培养团队活动能力的培养。加强实习或见习班主任工作，让师范生多与学生接触、交流，以了解、熟悉中学生的心理特点，掌握班主任工作的一般方法，为今后的教育工作打好坚实的基础。

深化顶岗支教形式，让师范生与中学教学直接对接。通过学生自由申报和高校考核选拔优秀学生充实到顶岗支教的队伍。对师范生课程进行调整，将实习提前到大学三年级下学期，由两位师范生轮流顶替一位中学教师来学校脱产学习。师范生到中学去与被顶替教师在实习前和实习后各有一周的交接过渡时间，以便中学教师对师范生的工作进行指导和生活作出安排并对实习心得进行总结交流和升华。在师范生顶岗期间，高校专业教师和当地现教研部门或联合教研组要对师范生的实习进行指导和考核。

地理教师的素质要经过长期的实践锻炼，通过刻苦学习与探索，依据自己的特长和自身素质状况，在潜移默化中逐步形成和完善。实践是认识的动力，地理教师要勇于参加教学实践，在教学实践中发现自己的不足，在实践中学，向老教师学，善于取人之长，补己之短。通过自身的修炼和不懈努力争取成为一个重德行、慎操守、严律己、勤治学的教学名师、教育专家。

第二节　地理教育科研

一、中学科研的内容

中学地理科研是指地理教育工作者，按照地理科学和中学地理教育发展的规律，为实现既定目标，使用正确地观点和方法，有意识地探求中学地理学科的知识体系及中学地理教学的客观规律性，从而使人们获得新的地理学科知识及地理教学法则的认识活动。中学地理科研是涉及地理科学、中学地理学科、教育学、心理学、科学研究方法论等多门学科的科学研究行为，可以是对地理科学进行研究、对地理学科进行研究、对地理教育教学进行研究，也可以是地理教育基础理论研究和地理教育应用开发研究。地理教育科研是地理教师总结升华地理教学经验、探索地理教育问题、提高地理教学效益、提升地理教师综合素质的重要环节。

1. 地理教育教学

（1）地理教育理论研究。是地理教育最高层次的研究活动，旨在通过理论上的分析研究，解决中学地理教育中的重大理论问题；对促进地理教育理论的发展、强化地理教育学的科学体系、推动地理教育改革具有重要的促进作用。

（2）地理教学实践研究。探索地理课堂教学与课外活动中各种教学活动，教学过程的特点、方法、规律，以提高地理教学实践的效益。

（3）地理教育技术研究。是对地理教育的技术手段进行研究，旨在根据科技发展的现状及需要，结合当地、本校、本人特长，设计、制作、运用有关地理教学设备，充分利用现代科技进行地理教学的优势，或因地制宜，因陋就简自行设计有关地理教学用具，是提高地理教学效果强有力的途径。

（4）地理教育评价研究。包括地理课堂教学的目标评价和地理课堂教学的过程评价，探讨地理教育与教学评价的关系、地理考试命题的科学化、地理试题的设计、地理试题库的建设以及如何通过教育评价提高地理教学质量等。

（5）地理教育心理探索。结合地理学科特点与地理教学特点对中学生学习地理的心理特点、差异、规律及中学地理教师教学心理所进行的探索性研究，使地理教学更适合学生的心智认识特点与规律。

（6）地理教育实验研究。是以教育实验的方法对中学地理教学规律所作的探索性研究，从定量的角度使地理教育中定性分析与定量分析相结合，增加地理教育研究的科学性。

（7）地理教育比较研究。是为了了解国外地理教育的特点、我国古今地理教育发展状况、全国各地地理教育差异而进行的比较性研究，对了解地理教育发展轨迹，借鉴国内外先进的地理教育经验，改革课程、教材、教法，促进我国地理教育事业的发展具有深远的历史意义。

2. 地理学科研究

（1）学科性质、功能及学科发展研展。对地理科学的学科性质（研究对象、研究核心、学科视角、学科地位）、地理学科功能、学科改革、学科发展未来的战略方向进行研究等。

（2）地理课程、教材改革研究。结合地理科学特性与学生认识规律探讨地理课程、教材的改革问题；从地理学科、课程论、教材论、中学地理教育实践特点出发来探讨中学地理课程的设置，教材内容的选择，教材编写的指导思想、原则和方法，教材编写与使用中存在的问题及改进意见。

3. 地理科学研究

中学地理学科研究主要是关于乡土或区域的自然环境、地方文化风俗、经济社会发展有关问题、资源环境问题、气候变化问题等与地理密切相关的区域问题进行研究并把题目纳入课堂教学或野外实习的材料。地理教师可以结合当地的自然地理特征和社会经济发展现状，并结合教学的需要展开地理科学研究，扩大地理教师的知识视野，使中学地理教学及时补充新的有关的地理知识，增强地理教学的联系性、实践性、乡土性、时事性与趣味性，提高课堂教学效果。

二、中学地理科研的地位和作用

（1）中学地理科研是地理教学法研究的重要组成部分，是提高中学地理教师教育素质和创新能力的培养的重要途径，是促进提高中学地理教师的地理理论水平，向专家型学者型教师迈进的基本途径。通过地理科研，中学地理教师能够全面地把握国内外地理学科发展的趋势，准确地认识到地理课程和其他课程之间的相互联系，从而把现代科学技术的新成就、科研前沿动态、科研实践鲜活案例，及时、有效、生动地运用到中学地理教学中来，解决课堂教学中出现的问题。

（2）中学地理科研是提高教育管理效益的重要途径。通过探索中学地理教学的宏观规律，教育管理部门可以科学制定地理教师在中学地理教学活动中应符合的标准要求，对中学地理教育进行科学的、有效的管理和引导。

（3）中学地理教育科研是推动和促进教育改革的重要动力。通过教育科研，教师及教育管理者、决策者能够清楚地认识到改革的必要性、弄清改革的切入点，有利于教育改革的推进和实施，和新课程理念的落实。

（4）中学地理科研是市场经济和知识经济对地理教育的要求。学校或教育部门和教师社会服务的重要渠道。

知识经济需要地理科研为其提供必要的研究成果。中学地理科研与社会、经济发展联系更直接、更密切。地理教师对乡土或区域的自然环境、地方文化风俗、经济社会发展有关问题、资源环境问题、气候变化问题等与地理密切相关的区域问题进行研究可以直接为地方区域发展、城市规划、经济建设服务，也有利于提高培养人才的质量和促进科学技术的发展。

（5）中学地理科研是提高教学质量的重要途径，是体现科学发展观的重要渠道。

地理教育科研能够养成教师科学研究态度和科学追求的价值观，有利于在教学中践行和传播科学发展观、可持续和谐发展观，提高课堂教学效益；对地方经济发展和未来建设者的科学发展观念、科学决策观念有重要影响。

三、中学地理科研存在的问题

中学地理教师科研活动开展得比较普遍，但水平不高。一方面，中学地理教师对中学地理教学投入的精力、时间及对中学地理教学的重视程度不够；另一方面，中学地理教师科研的水平及方法亟待提高。

1. 认识不到位，教研意识淡薄

（1）对教研和教学的关系认识不到位，对教研相长的道理缺乏清晰理解。

（2）思想保守，自我防范，不愿真诚交流。

（3）学校领导支持不够。对地理教研活动的认识存在着偏差，认为地理是副科，不重视地理教学教研情况，不深入督导教研组工作。不愿意派老师费时费资外出考察、调查和学习；不认同地理教师研究的成果，挫伤地理教师科研的积极性、主动性和创造性。

2. 缺乏制度，管理欠力度

（1）规章制度不健全。学校的教研活动无章可循，随意性大；制度不健全、不规范，可操作性差；执行力度弱，教研活动流于形式。

（2）教研组设置不合理。多数学校设置的是政史地（或史地）教研组，少数学校将地理设置于中学文科教研组，这些都不利于开展富有实效的地理教研活动。

（3）教研组长履行职责较差，对教研缺乏热情和信心，地理教研活动就很难落到实处。

3. 活动形式单一，内容不丰富

中学地理教研活动，一般有讨论教研工作计划，检查教案和作业批改，听课和评课等。较少开展学习大纲和现代教育教学理论、讨论教法和学法、磋商教材重难点、集体备课备考、研究“乡土型”教研课题、地理基本功训练、“走出去，请进来”等活动；更少对乡土自然地理、社会经济热点问题进行专题研究；也较少将科研成果服务于教学或社会。

4. 教师缺乏必要的科研素质

地理教师大多从高等师范院校本科毕业，多数未经过专业的科研训练，缺乏从事科研的基本素质、基本技能，对科研规范和规律掌握不够，对科学问题研究往往无从下手或效率低下。

5. 缺乏必要的科研条件和经费

中学地理科研没有充足的资金来源、课题申报渠道和必要的实验条件，往往缺乏支撑难以进行或只局限于纸上谈兵，不能深入。

四、中学地理教师教育科研的途径

1. 以地理课堂为科研主阵地，借助校本研究平台，开展科学研究

校本教研是以学校自身条件为基础，以校长和教师为主力军，针对学校现实存在的教育教学问题而开展的有计划的教学研究活动，是教育教学科学研究的重要组成部分。校本教研既是教学改革可持续发展的内在动力，又是教师专业化成长的根本有效途径。地理教师应充分利用课堂阵地，借助校本研究平台，开展应用研究、微观研究，改善和提高学校教育教学质量，促进师生共同发展。

2. 勤于反思，在实践中开展行动研究

行动研究是不脱离教师的教学实际并为解决教学中的问题而进行的研究，通过教师思考、反省、探索和解决教育教学过程中存在的问题，不断地更新教学观念，改善教学行为，提升教学水平，同时形成自己对教学现象、教学问题的独立思考和创造性见解，提高教学的自主性和目的性、创新能力和教学效益。地理教师在实践中有意识、有计划地开展行动研究，把教学和研究进行有机地结合，针对教育活动和教育实践中的问题，在行动研究中不断探索、改进和解决教育实际问题。在反思和行动研究中提升地理教师科研探索的能力、理论升华和付诸实践的能力。

3. 主动获取相关信息，自觉开展自我学习

1）阅览期刊

学术期刊的信息定时、系统、全面、针对性强。教师应当学会使用学术期刊，如《地理教学》、《地理教育》、《中学地理教学参考》、《大自然》、《国家地理》等专业相关期刊。在阅读期刊的过程中，学会索引、查找参考文献、阅读相关论文等方法，学会选择研究方法、处理搜集到的资料、撰写成文等具体技巧，学会进行学术研究和学术交流。

2）收听观看广播电视和浏览互联网

广播电视和互联网的教育频道和专栏能及时地反映当前的教育教学改革、教育教学研究的最新动态。地理教师通过互联网和电视节目可以阅读相关文章，收集相关资料，扩大地理教师视野，提升自身素质；还可以通过互联网“聊天”、“博客”、“论坛”等方式，将教学疑难问题或科学问题与同行、专家进行交流、讨论，提高地理教师的教学能力和研究能力。

4. 注重科研能力的职前培养

大多数的师范院校师范生培养目标只重视未来教师教学素质的培养，而忽视对其教育科研素质的培养。师范生缺乏对问题探究的积极性，缺乏发现问题、解决问题的能力，科研意识比较淡薄。当他们成为教师后，探究意识的缺乏在很大程度上阻碍了教育科研活动的开展。

1）改革课程设置，完善培养目标

以必修课的方式增设教育科学研究方法的课程或加大其教学时数，力求使每个学生不仅提高教育科研意识，而且都能掌握一些最基本的教育科学研究方法，学会开展相应的教育科研活动。

2）积极鼓励并创造条件，促使师范生从事一定的教育科学研究

高师院校应创造条件把某些地理实践性课程安排到中学去，在教学实践中反思教育问题；有计划、有组织地安排学生参加一些实际的科研活动，提供一些经费，让学生对某个问题进行调查研究或实验，并撰写科研论文等。让学生在活动中去思考，去发现，使他们在从事教师工作之前就具有一定的科研意识和一定的科研能力；安排和鼓励学生参加社会实践或到相关单位见习实习，在实践中发现问题及解决途径。

5. 改革教育科研成果评价制度与教师评价制度

教师评价体系中，应加强教育科研的导向。坚持定量评价和定性评价、过程评价和终结评价、外在评价和自我评价等多方面结合的原则。对学校、教育机构和教育行政部门的评价应改变以应试教育为目的、以学生考分为依据的评价方式，建立中学地理科研的评价机制和激励机制。

6. 改善科研条件，创造开展教育科研的良好环境

学校要营造浓厚的教育科研氛围，使广大中学地理教师认识到从事教育科研是培养科研型、专家型教师，促进自身专业化发展和提高学校教育教学质量的内在需要。

（1）减轻中学地理教师的负担。为了让教师有时间从事科研工作，学校应减轻教师尤其是科研骨干上课的课时数、所带班级数量和班容量等，消减考试次数、减少学生作业量、杜绝节假日补课、保证教师寒暑假的时间等，有条件的学校还应安排教师必要的学术休假。

（2）加大科研投入，加强硬件建设。应加快图书馆、资料室的建设，丰富藏书及学术期

刊，购买网上期刊资料，使教师能及时了解最新的学术动态，获取需要的资料信息。

（3）加强科研制度建设。学校应制定相应政策，增加资金投入，对教师从事教育科研提供政策和经费上的保证；鼓励教师积极参加国内外各种学术会议及学术活动，以加强信息交流，开阔教师的视野；建立“教研组长职责”、“教研活动基本要求”、“教研组工作考核条例”、“教研成果奖励办法”等一系列具有科学性和可操作性的规章制度，做到有章可循，奖惩激励；合理设置教研组，并对组长进行定期培训；学校领导要蹲组参与、指导检查教研活动；规范教研活动过程，实施教研过程规范化。

7. 改革中学地理教师录用标准和录用渠道

在中学地理教师录用中，把地理科研素质或科研成果作为重要条件。广开教师录用渠道，引进是有理工科背景的相关专业的毕业生，再进行教育学、心理学、教师技能等方面的培训，充实中学地理科研队伍，带动中学地理科研的进行。

8. 与高校或科研院所合作，整合各方力量，促进科研效益

教育行政部门或学校应建立平台，把各方面的教研力量（如市教院、专家等）都发动起来，市县进修校要作为纽带，把原来教研基础较好，教研气氛较浓厚已取得一定成绩的学校调动起来，成为乡镇（或教研片）的教研龙头学校，带动教研片学校，甚至全市县的地理教研活动的开展。加强与高校合作，进行教师继续教育，提升中学地理教师的科研素质。创建平台让高校教师带领中学教师结合中学地理教学进行科研活动，训练和熏陶中学教师的科研素质。

9. 加强互联网建设，开启网上教研

运用现代教育技术发展中学地理教研信息化，开展中学网络教研。由于校园网络的不断完善，教育信息化发展从单机发展到网络，中小学教研信息化是发展的必然趋势。网络教研实现了教研的互动性，从根本上改变了传统教研的单向性，网络教研突出了学校教师的主体性和自主性，中学教师从被动听讲接受指导，转变为主动参与的平等主体，网络教研真正实现了因人（校）施研的原则。

1）网上教学观摩和在线交流

教研员使用数码摄像机拍摄地理优秀课堂教学，连接电脑传输到市计算机中心，通过网站向本市各校地理教师实施播放，组织教师通过网络进行课堂同步观摩教学和教学视频点播。收集本市中学地理教师参加的各种教学竞赛获奖的优秀课堂教学录像、各地各种地理教学光盘，制作成视频、音频文件，放置在网站供中学地理教师随时点播观看。通过网络展开在线讨论，交流教学经验，交换教学信息，不断改进教学方法，提高教学质量。

2）网上资源共享

教研部门内却各学科资源共享是在教育计算机数据中心集中资源存储模式下，网络互联互通，教学资源将得到高度共享和合理使用，可以推动市级教研室各学科之间教研和管理经验的交流、交换。设立中学地理网络课程库、课件库、课件制作素材库、仿真实验演示库、试题库等，供中学地理教师网上备课、网上自动组卷等，并链接网上数字图书馆、数字期刊数据库，让中学地理教师能便利地对网上存贮的资料，根据教学需要进行裁剪、粘贴和合成，制作成课件或教案。通过网络选取多媒体资料库的课件元素，调整播放顺序，设置各课件元素播放时间，剪切视频片断，组合成适合老师上课需要的多媒体课件供教学使用，支撑地理教师教学。

五、教研活动开展的有效形式

1．专题研讨型

专题研讨型主要是针对课改中遇到的疑难或重要的问题进行专题研究。如怎样构建一个好的地理课、农村中学怎样发挥传统教学手段的作用，同时又逐步采用现代化教学手段，等等。让大家用自己的亲身体会畅所欲言，各抒己见，共同探究促进了地理教学研究，推动了地理教学工作的开展。专题研讨有利于解决一些教学难题，发挥众大所长，培养教学团队的合作精神。

2．教学反思型

地理教师教学中要进行阶段性的教学总结，对自己的教学进行反思。扣紧新课改理念，既要总结成功的经验，又要吸取应有的教训。可以是集体阶段性的地理教学回顾总结、带有前瞻性的教学对策研讨，也可以是教师自身的教学反思行为。教学反思的成果可以用于教学经验交流、教学策略制订、教学计划或规划的修订等。

3．案例研究型

案例研究型是教师在新课改理念下，选择自己一个具有典型代表性的教学案例进行研讨。案例研究是课题研究的突破口，能促进课题研究和课程改革的进行。地理教师密切联系课改实际进行案例研究，最好能一个学期（或学年）至少撰写一个典型案例。学校或教育主管部门要对教师进行案例研究培训，让教师基本掌握撰写案例的模式与操作技巧。

4．学术论坛型

学术论坛型是定期不定期召开以教师为主的研究心得体会的演讲活动，为广大教师构建交流经验、探讨课改、发表教研成果、互相促进、共同提高的教师教研平台。通过学术论坛提高教师科研的积极性和学术交能、论文撰写的能力，提高中学地理科研的氛围。教师要注意收集有关学术论坛的信息，有选择有重点地参与。学校要选派地理教师参与，并要求其传达论坛信息或对其他教师进行培训。

5. 开放合作型

地理校本教研要真正搞好还得坚持开放合作，共同发展”的方针，加强校本教研与校际合作有机结合。开展校际听课与评课、教研展示、专家讲座、开设教师论坛等系列活动，改进和完善教研制度和工作方式，探索教学规律，总结和推广教学经验，帮助地理教师不断提高教学水平、新课程建设和管理能力。

第三节　地理教师备课资料的储备

一、充分利用网络

地理学的内容非常丰富，它包含了许多方面，网络的支持使地理教师能够获得巨大的信息支持，筛选、处理这些信息是现代教师尤其是高中地理教师必须具备的素质。

1. 信息来量大，信息丰富

互联网信息从教学资源上、从知识补充上、从最新的考试信息等方面，使教师和信息社会有机结合，在视野上和教学内容的选取上走在时代的前沿，从动态上紧跟不断变化的世界，特别是人文地理世界。

互联网信息一类是资源型的，提供地理教学内容中各类知识点相关的信息网站，另一类是教学型的提供有关教科书、教学参考、习题练习、教案设计等地理教学内容。地理教学网站多包括地理时事新闻报道、教案、资源库、试题课件、本地科研课题及成果展示。

2. 获取方便，更新快

网上资源的储藏，可以及时更新信息和节省资源空间。更新和获取信息、方便快捷，克服纸质的信息资源常常容易被丢失和丢弃的现象。比如在高考之后的高考试题及相关讨论会迅速地在网络中出现和传播。

3. 具有导向性和预测性

网上资源中有许多是名家之言，教师也可以经常从网络中关注地理教学改革、高考改革和课程改革等政策信息和最新的考试纲要、考试动向和学习指导等，对于学生的学习和教师教学具有导向和指导作用。

阅读材料：中学地理教学网站概述

我国大中城市有许多教学科研机构、教育报刊集团和大中小学开办了中学地理教学网站，许多地理教师还制作了有地理学科内容的个人主页。支持网站的服务器平台多数属于教育系统，包括学会组织、地方教研中心、出版社、学校一级单位，还有部分是网络上提供的免费空间。免费空间为有志于使用多媒体和网络教学的教师提供了展示的平台。

地理教学网站可以分为综合性网站和专题性网站两类。综合性网站的内容包括全部教学内容和要素，专题性网站只展示教学中的某一个环节或要素。地方教研室开发的网站是为本地地理教学提供一个教学展示平台，报道全国地理教学科研动态和发展动态，这类型的网站往往是一个交互性的平台，授权用户可以上传和下载资源。以学校为单位开发的网站是介绍学校的教研、科研成果。个人开发的网站则是展示本人地理教学中的部分成果。

地理教学网站的内容包括地理时事新闻报道、教案、资源库、试题课件、本地科研课题及成果展示。有的按照知识点，分为天文、地质、环境、人文、旅游等；有的按照资源的存储格式分为图片、视频、音频、文本、软件等；有的按照资源使用对象的类别按年级归类。也有部分网站开始建设教育理论、教育方法、教学思想等专栏，居多的是支持信息技术教学的建构主义教学理论和学习理论。有些网站会有课程改革信息展示。

（1）中国基础教育网（www.cbe21.com）地理主页。中国基础教育网是由教育部基础教育课程教材发展中心与北京师范大学共同主办，面向全国基础教育工作者、学生及其家长的专业服务网，是基础教育领域的综合性网站。设有多媒体资源、备课素材、教案精选、教学习题、教研教改、环保纵横、环球索异等栏目。每个栏目都包含有丰富的内容。

（2）中国基础教育 21 世纪（www.cfe21.com）《中学地理教学参考》主页。“中国基础教育 21 世纪”网站由陕西师范大学杂志社主办是一个中学多学科综合性教学服务网，开辟有教学参考、教育书店、教育论坛、课件展示、高考信息、园丁俱乐部等栏目，及时发布全国中学最新的教学信息和成果，该刊主页，开辟有本期目录、华章先睹、编读往来、在线投稿等栏目，读者在网上可迅速投递稿件、咨询问题，与编辑进行交流，了解最新一期《中学地理教学参考》杂志的内容，并可查阅、下载最近一年该刊前期的内容。

（3）科普博览（中国科学院 http：//www.kepu.com.cn）是以传播地理知识为主要内容的大型科普网站，增设有“南极考察”、“大峡谷考察”、“冰雪世界”、“大气科学”、“动物家园”、“地震灾害”、“天文探索”、“湖泊保护”、“植物知识”、“酸雨专题”以及“海洋馆”、“草原馆”、“矿物馆”等众多栏目，其中“南极馆”资料非常翔实，对企鹅、磷虾、南极光、南极站及南极洲各种自然要素都进行了探讨，“动物家园——高寒草原地带”中的图文资料特别珍贵，尤其是举世瞩目的“雅鲁藏布大峡谷考察”更是精彩纷呈……“中国科普博览”是一个难得的获取地理信息的优秀网站。

（4）网大百科-天文地理（青年团青少年计算机信息网 http：//www.cyc-net.com/encyclopedia/astro）包含有大量与地理学科相关的科普类短文和图片，如“星云和河外星系”、“宇宙自然选择学说”、“河外星系”和“西双版纳”等引人入胜、图文并茂的文章，为在地理教学中开展科普教育，开拓教师和学生的视野，提供了一个全新的窗口。

（5）青少年可持续发展教育资源库（首都师大地理系 http：//sq.k12.com.cn/-kchxfzh），在“文献资料”中提供了丰富的关于环境、人口、资源、自然灾害等方面的文章，其中最有特色的是“实验教学资源”，如认识矿物、认识土壤和天气实验等，对于开展学生课外活动和野外考察等活动课程很有帮助，尤其是“环境问题观测实例”可使学生直接认识和掌握环保知识，培养增强学生的环境意识，符合教育的未来发展方向。

（6）中国环境保护网（国家环保总局 http：//www.zhb.gov.cn）是我国权威性政府网站，国家环保总局每年都根据《中华人民共和国环境保护法》的规定，向社会发布过去一年的环境状况，这是综合全面了解我国环境的整体状况、污染治理与制止等工作进展的窗口。网站开设有“环境政务”、“环境公报”、“环境质量”、“环境教育”、“污染防治”和“环保知识”等栏目。近几年中学地理教学中特别关注的三峡工程可能带来的环境问题，可以在“环境公报”中查询长江三峡工程生态与环境监测公报。“全球环境站点”中全面介绍了国内外环境保护的行政部门、科研院所和民间机构等，其中最有特色的是全国绿色学校，这些资料对于地理教师参与建设绿色学校是很有帮助的。

（7）中国自然网（国家级自然保护区 http：//www.nre.com.cn）。建立自然保护区是保护自然资源和自然环境的一项根本性措施，类型多样的自然保护区不仅可以改善生态环境，而且还是人类认识自然、拯救濒危物种、开展科学研究的基地，是进行保护大自然教育的大课堂。中国自然网对我国自然保护区进行了全面系统的分析研究，其首页的“全国保护区新闻”全面、及时、准确。

（8）中华行知网（西安行知资讯传播有限公司 http：//www.sotrip.com）是一个以国内旅游为主题的大型网站。其中多数栏目对地理教学有重要的参考价值，如在“目的地指南”中，当点击全国地图中的新疆时，新疆的全貌就会展示出来。“出行推荐”通过旅游景点、旅游路线和旅游文化等多角度图文并茂地描述了我国的名川大山。而最值得推崇的是“栏目导航”中的“生态旅游”，“生态旅游”栏目由“环保生态游”、“森林公园”和“大自然的呼唤”组成。中华行知网提供的信息远远超出了地理课本的范围，从而成为地理教学的好帮手。

二、关注期刊

多关注地理类教学期刊如《中学地理教学参考》、《地理教学》、《地理教育》、《试题与研究》、《中学政治历史地理》、《中国考试》等杂志。关注期刊中其他地理大家或教学名师的教学思想和研究动态，从那里获取资源和思想的火花。通过期刊文献的阅读可以了解全国其他地理同行的研究领域、研究特色，把握地理科研的趋势；了解和学习其他同行先进的教学方法和教学理论；启迪科研思路和教学思路，提高科研和教学能力。从全国来看，我国地理教学期刊主要有中学地理教学参考、地理教育、地理教学等。

阅读材料：中学地理主要教学期刊

1.《中学地理教学参考》

创刊于 1979 年，《中学地理教学参考》杂志是由国家教育部主管、国家“211 工程”重点建设院校——陕西师范大学主办的历史最悠久的、发行量最大的地理教育期刊。中学地理教学参考被国家权威部门连续三次认定为全国中等教育类核心期刊、全国优秀地理期刊，也是全国地理教育类唯一的“全国中等教育核心期刊”。

《中学地理教学参考》杂志秉承“为中学地理教学服务、为提高中学地理教师专业化水平服务”的办刊宗旨，坚持科学性、导向性、知识性和实用性的方针。创刊至今，拥有最持久、最权威的专家支持和最广泛的读者和作者群，坚持积极倡导现代教育理念，着力体现最新教研成果，提供最有效、最权威、最持久的交流平台，努力为地理教育改革和发展提供优质的内容和服务。

2.《地理教育》

创刊于 1980 年，重庆师范大学主办。在国内地理教育界享有较高的声誉，是全国国内外公开发行的三大中学地理教育类期刊之一，系全国优秀地理期刊。《地理教育》杂志始终以“最好地为中学地理教学与教研服务”为办刊宗旨。致力于培养与时俱进的创新型中学地理教学、教研队伍，始终以清新、平实的风格及时传播地理科学知识，传递最新改革信息，提供实用教学参考，交流教学教研成果，拓展创新教育、素质教育新思路、新方法。主要栏目有“本刊专稿”“教改时空”（包括“热点话题”、“教研放谈”等小栏目）“高初中地理”（包括“教材新析、教学设计、知识窗口、智能点拨、同步训练、问题作答”等小栏目）“高考聚集”（包括“3 + 综合”指南、试题研究、复习指导等小栏目）“教海探航”（包括“研究性学习、多媒体教学、青年论谈、教材研读”等小栏目）“地理广角”（包括“旅游文化、海外传真、信息网页”等小栏目）。

3.《地理教学》

创刊于 1959 年，华东师范大学主办，隶属于教育科学。它是一门研究地理教学现象和问题，揭示地理教学规律，并用于指导地理教学实践的学科。揭示地理学科的教学目的，研究地理教学在使学生掌握必要的知识、技能方面，在发展学生智力、培养能力方面，在进行德育教育方面应达到的基本目的。主要栏目：卷首语、纪念褚绍唐先生100周年诞辰、地理纵横、名师视野、教学研究、课程评价、长江水学校专栏、高中地理、教学经验、专题复习、读书书评、研究性学习。

三、注重与名师交流

地理大家或教学名师对地理教学和地理学科具有独到的理解。多关注期刊论文、名师博客或通过email交流、论坛、学术会议、讲座等形式从名师那里获取资源和思想的火花。通过与名师交流可以获取一些网络上难以获取的资源和信息，可以释疑解惑、启迪思路、开阔视野。扩大学术交流的范围，结识学术同行，坚定追求和奋斗的决心，获取名师的智力和心理支持。

从全国来看，我国地地理名师和领军人物多集中在江苏、北京、广东等经济文化发达的地区。由于地域文化、科研条件的不同，各地又有不同的特色。

阅读材料：著名地理教育工作者

1. 江苏地理著名地理工作者

江苏在地理教育研究中在全国处于领先地位。在中学地理教学参考40周年庆祝活动中，被选作优秀作者的有41人，占全国的四分之一。其中被中国人民大学《复印报刊资料》全文转载的作者（第一作者）共5人，文章2次以上入选中国知网本刊下载量每年排名前20名的作者共3人。作者群体中主要为中学一线教师和教育科研工作者。比较有影响的有朱雪梅（江苏省扬州市教育局教研室）、于蓉（江苏省中小学教学研究室）、彭琰清（江苏宜兴市中小学教学研究室）、单咏（江苏省徐州市贾汪区教研室）、王晨光（江苏省昆山市国际学校高中部）、周静（江苏省横林高级中学）、陆静（江苏南京市教研室）、朱利青（江苏省苏州市第五中学）等。

2. 北京著名地理工作者

北京在全国地理教育研究中起着领头羊的作用。在中学地理教学参考40周年庆祝活动中，被选作优秀作者的有30人，占全国的五分之一。其中被中国人民大学《复印报刊资料》全文转载的作者（第一作者）共8人，文章2次以上入选中国知网本刊下载量每年排名前20名的作者共3人。作者群体中主要为大学教师、教科院科研工作者、期刊杂志社、出版社等。长于理论方面的研究，引领中国地理基础教育研究潮流。其中比较有影响的有张亚南（北京国家教育部考试管理中心）、张素娟（北京教育学院数理学院）、杨爱玲（北京人民教育出版社）、韦志榕（北京人民教育出版社）、陈尔寿（北京人民教育出版社课程教材研究所）、王树声（北京师范大学附属中学）、王民（北京师范大学资环系）、林培英（北京首都师范大学资环学院）、史培军（北京师范大学资环学院）等。

3. 广东著名地理工作者

广东在全国地理教育研究中起着重要作用。在中学地理教学参考40周年庆祝活动中，被选作优秀作者的有20人，占全国的八分之一。其中被中国人民大学《复印报刊资料》全文转载的作者（第一作者）共3人，文章2次以上入选中国知网本刊下载量每年排名前20名的作者共3人。作者群体主要为中学教师和教科院教研员，主要对教学实战进行研究。其中较有影响的有曾玮（广东华南师范大学地理系）、夏志芳（广东华南师范大学课程与教学研究所）、周慧（广东省广州市越秀区教育中心）、杨金燕（广东省珠海市第一中学）、罗亚明（广东省深圳高级中学）等。

表4.1为优秀作者表：2001—2011年，发表在《中学地理教学参考》上的文章2次以上被中国人民大学《复印报刊资料》全文转载的作者（第一作者）（排名以姓名拼音为序，单位为原文署名）。

表4.1　中学地理教学参考优秀作者表

姓　名	工作单位	姓　名	工作单位
白文新	陕西师范大学旅游与环境学院	崔　准	北京师范大学附属中学
戴资星	湖南省娄底市教科所	宫作民	天津师范大学地理系
韩　梅	东北师范大学教育科学学院	黄京鸿	西南师范大学资源学院
黄勤雁	黑龙江省教育学院	雷　鸣	陕西师范大学杂志社
李家清	湖北华中师范大学地理系	李慎中	山东省平邑一中
李文田	信阳师范学院城环学院	林培英	首都师范大学资环学院
陆　静	江苏南京市教研室	潘化兵	北京市东城区教师研修中心
庞艳辉	内蒙古呼和浩特市第14中学	彭琰清	江苏宜兴市中小学教学研究室
汤国荣	浙江省绍兴市教育教学研究院	王　民	北京师范大学资环系
王晨光	江苏省昆山市国际学校高中部	王树声	北京师范大学附属中学
王文涛	山东省肥城市教学研究室	韦志榕	人民教育出版社
吴岱峰	安徽省蚌埠市教育科学研究所	相　炜	山东省临沂市教研室
杨爱玲	人民教育出版社	杨金燕	广东省珠海市第一中学
杨士军	上海复旦大学附属中学	于　蓉	江苏省中小学教学研究室
曾　玮	华东师范大学地理系	张素娟	北京教育学院数理学院
周　慧	广东省广州市越秀区教育中心	朱雪梅	江苏省扬州市教育局教研室

四、关心时事，关注生活和地方社会经济发展

时事、生活和地方社会经济发展与地理知识紧密相连。时事、生活和地方社会经济发展均发生于特定的地域空间和时间，具有明显的地域差异和人文特点，蕴藏着丰富的地理原理。地理教师要善于捕捉时事、生活和地方社会经济发展与地理知识之间的联系，引导学生从时事、生活和地方社会经济发展中学习地理并应用地理知识去解释生活和时事，去理解和促进地方社会经济发展，把时事、生活和社会经济发展作为鲜活的材料和案例融入地理教学中，作为探究性学习、理论联系实际的切入点。

五、注重储备，勤于整理

地理教师要有敏感的触角，从不同渠道收集备课资料，勤于整理，形成资料储备系统，随时备用。同时也可以从这些素材中启迪思路，形成科研研究主题，解决教学、学科以及地方社会经济发展中的问题，进一步丰富备课资料，形成良性循环。

思 考 题

1. 阐述高考地理教师应具备的基本素质和能力。

2. 结合当地实际情况进行调查研究，阐述当地地理教师的专业成长路径，并为自己设计一个合适的成长计划。

3. 为当地教育部门写一个加强中学教师教育科研的建议。为当地一所中学设计校本教研（科研）的方案。

4. 以中学地理教师的身份建立一个中学地理教学网站作为与学生沟通的模拟平台，并在网上发布。

第五章

高考地理教学的理论与方法

第一节　高考地理教学基础理论

一、多元智能理论

美国哈佛大学发展心理学家加德纳（Howard Gardner）1983年在《多元智能理论》(《The theory of multiple intelligence》) 一书中提出了多元智能理论。加德纳教授提出人类的智能是多元化的，每一个人都拥有8种基本智能，即语言文字智能（有效运用口头语言或书写文字的能力）、逻辑——数学智能（理解事件的根本法则，能进行数理运算，逻辑推理和科学分析的能力）、视觉——空间智能（在脑中形成一个外部空间世界的模式并能运用和操作这一模式的能力）、身体——动觉智能（运用整个身体或身体的一部分解决问题或制造产品的能力）、音乐——节奏智能（感受，辨别，记忆和创造音乐的能力）、人际关系智能（理解他人并作出适宜反应的能力）、自省智能（也称进入内心的智能，它是建立准确而真实的自我模式并在实际生活中有效地运用这一模式的智能）、自然观察者智力（对植物，动物，矿物进行认知和分类的能力，以及对自然世界的特征的敏感性）。多元智能理论要求地理教师在地理教学中注重学生多方面智能的培养，充分挖掘地理材料的智能培养因素，提高学生综合素质。

二、教育目标分类理论

教学目标是在教学之前，预期教学活动结束之后，学生从教学活动中学到的知识与技能、态度与观念。布鲁姆（B. S. Bloom）等人的教育目标分类理论，在我国地理教学和考试上应用最为广泛。布鲁姆等人首先把教育目标分为认知、情感和动作技能三个领域。又将认知领域的目标分为知识、领会、运用、分析、综合和评价六个层次，包括了对学生知识、理智能力和理智技能发展的要求，按照由低到高的难易程度形成一种递进的等级关系。布鲁姆的目标分类体系有利于教育测验的进行。

知识（knowledge）——是对具体事物和普遍原理的回忆，对方法和过程的回忆，或者对一种模式、结构或框架的回忆，包括具体的知识、处理具体事物的方式方法知识、学科领域中的普遍原理和抽象概念的知识。其行为特点是强调记忆的心理过程，是回忆与再认先前遇到过的信息等。

领会（comprehension）——是最低层次的理解，是指个人不必把某种材料和其他材料联系起来，也不必弄清它是最充分的含义，便知道正在交流的是什么，并能够运用正在交流的这种材料和观点。其行为特点是解释和阐述概念与原理，而不是根据记忆进行背诵。这类目标包括转化、解释、推断三个维度。

运用（application）——是指在某些特定和具体的情景里使用抽象概念。这些概念可能是以一般的观念、程序的规则或概括化的方法等形式表现出来，也可能是那些必须记住和能够运用的专门性的原理、观念和理论。它要求在没有说明问题解决模式的情况下，学会正确地把抽象概念运用于适当的情况。其行为特点是将抽象的概念用于特殊的背景。

分析（analysis）——是指将材料分解成各种组成要素或组成部分，从而使各概念之间的相互关系更加明确，材料的组织结构更为清晰，详细地阐明基本理论和基本原理。这类目标包括要素分析、关系分析和组织原理分析三个维度。其行为特点是将对象分解成组成部分，并指出它们之间的联系。

综合（synthesis）——是指以分析为基础，把各要素和组成部分组合成一个整体。它涉及具有特色的表达，制定合理的计划和可实施的步骤，根据基本材料推出某种规律等活动，以便综合地创造性地解决问题。它强调独特性与首创性，是高层次的要求，其行为特点是将各个部分或元素整合成一个新的整体。这类目标包括进行独特的交流、制订计划或操作步骤、推导出一套抽象关系三个维度。

评价（evaluation）——是指为了特定的目的对材料和方法的价值作出判断。这个层次的要求是理性地深刻地对事物本质的价值作出有说服力的判读。它综合内在与外在的资料、信息，作出符合客观事实的推断。其行为特点是对他人的工作、结论以及得出结论的方法进行比较，并在价值判断的基础上进行评论、批判等，是认知领域里教育目标的最高层次。这类目标包括依据内在证据来判断和依据外部准则来判断两个维度。

布鲁姆的教学目标理论可以帮助教师分析和分解教学目标，便于教师对教学环节的把握和对教学反馈的掌控，也使教师教学容易抓住重点。

三、建构主义理论

1. 建构主义（Constructivism）的源起

建构主义是认知主义的进一步发展。在皮亚杰（J. Piaget）和早期布鲁纳（J. S. Bruner）的思想中虽然已经有了建构的思想，但相对而言，他们的认知学习观主要在于解释如何使客观的知识结构通过个体与之交互作用而内化为认知结构。自从 20 世纪 70 年代末，以布鲁纳为首的美国心理学家将前苏联教育心理学家维果斯基的思想介绍到美国以后，对建构主义思想的发展起了极大的推动作用。维果斯基在心理发展上强调社会文化历史的作用，特别是强调活动和社会交往在人的高级心理机能发展中的突出作用。他认为，高级的心理机能来源于外部动作的内化，这种内化不仅通过教学，也通过日常生活、游戏和劳动等来实现。另一方面，内在的智力动作也外化为实际动作，内化和外化的桥梁便是人的活动。另外，维果斯基的“最近发展区”的理论，对正确理解教育与发展的关系有极重要的意义。所有这些都对当今的建构主义者有很大的影响。

2. 建构主义对教学的指导作用

建构主义者认为世界是客观存在的，但是对于世界的理解和赋予意义却由每个人自己决定。人们是以自己的经验为基础来建构或解释现实，人们的个人世界是用自己的头脑创建的，由于各自的经验以及对经验的信念不同，于是人们对外部世界的理解也不同。建构主义关注如何以原有的经验、心理结构和信念为基础来建构知识，强调学习的主动性、社会性和情境性。

建构主义强调学习者的认知主体作用，又不忽视教师的指导作用，教师是意义建构的帮助者、促进者，而不仅是知识的传授者与灌输者。学生是信息加工的主体、是意义的主动建构者，而不是外部刺激的被动接受者和被灌输的对象。为了使意义建构更有效，教师应在可能的条件下组织协作学习（开展讨论与交流），并对协作学习过程进行引导使之朝有利于意义建构的方向发展。引导学生自己去发现规律、自己去纠正和补充错误的或片面的认识。学习的质量是学习者建构意义能力的函数，而不是学习者重现教师思维过程能力的函数。人们是以自己的经验为基础来建构或解释现实，人们的个人世界是用自己的头脑创建的，由于各自的经验以及对经验的信念不同，于是人们对外部世界的理解也不同。建构主义关注如何以原有的经验、心理结构和信念为基础来建构知识，强调学习的主动性、社会性和情境性，对学习和教学提出了新的见解。

3. 建构主义与教学评价

建构主义关于学习如何发生、理想的学习环境应如何创设等方面的独到见解，为教育测量评价提供了许多富有启发意义的线索。建构主义认为，学习评价的目标应是自由的，因为目标自由的评价可以克服根据特殊设计的目标进行评价时所产生的偏见。因此，不要根据预定目标来进行评价，而要利用需求评价法去确定教育的目标。乔纳森认为，经证实的需求可提供用以评价任何过程、结果的最客观的评价标准。建构主义认为，诊断性和反思性是学习的核心特征之一。学习者必须从事自我监控、自我测试、自我检查等活动，以诊断和反思判断他们在学习中所追求的是否是自己设置的目标。因此，学习评价应该较少使用强化和行为控制工具，而应较多使用学习者的自我分析和元认知工具。这样，学习者能根据需要和不断变化的情况修改和提炼自己的策略，以便使自己通过建构的方式获得持续不断的进步。建构主义注重评价学生的高级技能、问题解决能力、反思能力、元认知能力和自我控制能力。

四、教育测评理论

1. 教育评价

是根据一定的教育价值观或教育目标，通过系统地搜集信息、资料和分析整理，运用可行的科学手段，对教育活动满足预期需要的程度做出判断，为不断自我完善和教育决策提供依据，并期望达到教育增殖的过程。是连接“教”与“学”的指南针，是对教育活动满足个体与社会所需要的程度进行的判断，它包括学生评价、教师评价、课程评价、教学评价等。教育评价，是教育工作中十分重要的一个方面，在我国，教育评价不仅有助于推进教育改革，也有助于提高教育质量。地理学科教育评价的对象，包含了地理教学的各个领域，如地理学科的教学内容、教学方法，教师水平、学生学习质量等诸多方面。地理教学的各个领域都是地理学科教育评价的对象，例如：地理教学内容、教学目标、教学形式、学生学习质量、教师专业化等。地理考试是“测量和评估学生地理学习质量的主要手段”。

1）对中学地理教师的评价

教师是教育活动中的主导者、组织者，作为教学活动中的个体，和学生是处于平等地位，但是从教育活动过程来看，教师的主导组织作用怎样发挥，直接影响到一节课的教学效果和质量。对教师的评价，主要是对教师课堂组织能力、科学素质、教学思想、教学质量、教学方式、教学态度等方面进行评价，包括检查性听课、问卷调查、座谈会和自我评价等方式。通过评价可以反映教师在教学活动过程中的优势和不足，有利于教师队伍素质的提高和教学质量的提高。

2）对学生地理学习的评价

对学生地理学习的评价，既要了解学生对理论知识的掌握程度和运用，还要关注其智力和能力的发展，通过评价活动，了解和促进学生情感、态度、价值观等个性特征的形成和发展。评价方式可采用书面测验、口试、作业检查、调查报告、地理实验、野外观测（如晚上观测星座、气象观测、地质、植物等观测）和社会调查（如某工厂的调查、环境污染调查等）、小论文写作、绘制地理图表并分析等常用的形式，对学生的地理知识、地理技能、地理观念、实际操作能力、组织能力、社交能力予以评价。学生地理学习评价的主体可以是多方面的，学生自己、同学（或学习小组）、家长、教师、社会，都可以是评价的主体。不同主体从多角度对学生的评价能够较全面、合理反映学生的实际状态。高考是中学基础教育的一种重要的评价形式。

2. 教育测量理论

就是对学生的学习能力、学业成绩、兴趣爱好、思想品德以及教育措施上许多问题的数量化测定。教育测量的两种重要手段是测验和考试。

考试既是对知识与技能的考查，又是对能力的一种测量。“考试的本质是对教育现象进行数量化的认识，是一种事实判断，教育评价则是按照社会的价值标准，对受教育者的诸种要素进行价值估计，其本质是一种价值判断。考试为教育评价提供量化资料，对教学过程仍具有很大的反馈作用。作为中国的第一大考——高考，导向作用就更为明显。

高考是考试的重要形式之一，是在为高等学校选拔新生设置的一种教育评价，具有鉴定与选拔的功能。同时具有巨大的导向与激励功能，新课改下高考所显示的教育评价注重对内容、过程和结果三个方面的评价，评价内涵丰富，为学生的全面、全程发展提供具体的可操作性导向。高考是中学基础教育终结性测试的一种重要形式。教育测量学的理论涉及高考试题的编制、试题的题目和知识内容分析和试题质量的评价等方方面面，教育测量学的基本理论和方法对新课程下高考教学和地理试题的分析研究提供了强有力的方法论支持。

五、奥苏贝尔（David P. Ausubel）的认知同化学习理论

奥苏贝尔是现代认知心理学的著名代表之一，他根据学习的方式把学习分为接受学习和发现学习，认为学生的学习应当以意义学习为主，课堂教学适合于接受的方式为主.但关于学习的动机，奥苏贝尔认为它主要有三个方面的内驱力组成：认知内驱力、自我振高内驱力和附属内驱力。认知内驱力是指学生渴望认知、理解和掌握知识，以及陈述和解决问题的倾向。它是一种内部动机是意义学习中最重要的一种动机，它发端于学生好奇的倾向，以及探究、操作、理解和应付环境的心理倾向。自我提高内驱力反映了学生要求凭自己的才能和成就获得相应的社会地位的愿望。学习是学生主动认知的过程，是学生内驱力发生作用的过程，学生在学习的过程中，关键要激发学生的内驱力，诱导学生主动地学习，不是被动接受；学生没有动脑，外在的知识和技能是不能转化的，这就要求我们教师要改变教学方式，设计学案，通过学生自主探索，不断发现新问题，解决新问题的过程，充分发挥学生自身的主动性和创造性，引导学生最大限度的“参与”学习过程。使学生在教师或教材提供内容和材料的基础上，在教师的组织指导下自己去开的脑筋，发现问题，自己去寻找解决问题的途径和方法。教师在设计学案时要选择能够激发学生探究地理学科奥妙的兴趣和好奇心，以形成持久的学习动机，鼓励和引导学生用所学的地理知识分析和解决实际问题，对学生的评价要以鼓励为主，充分发挥内驱力的作用。

六、信息加工学习理论

信息加工学习理论把信息论、系统论、控制论和计算机科学等当代最新理论和科技成果的精华吸收到理论中。信息加工学习理论认为学生进行地理学习的过程也是对地理信息进行加工的认知过程，是运用序化、编码、重组、储存、提取等方法，对地理知识进行加工，揭示地理知识间的内在联系，使之系统化、体系化的过程。信息加工学习理论为我们揭示了具有心理意义和操作意义的学习模型，它揭示了有效学习的主要工作原理，由输入转换至输出的心理加工过程。懂得信息加工学习理论，教师可以帮助学生将地理信息化、重组、编码、同化和迁移。

七、人本主义（Anthropologismus）学习理论

人本主义学习理论的基本观点是强调人的价值，强调人都有发展的潜能，而且都有发挥潜能的内在倾向，即自我实现，外部条件的作用在于创设有利条件使得潜能得以发挥，而不是阻碍潜能的发挥。主张教学应该从人的主观意识本身出发，从整体上理解并充分重视人的意识、动机、人格的主观性和主动性，重视人的创造性，发挥人的潜力，促进人的自我实现。在罗杰斯看来，学生主动地、负责任的参与学习过程时，就会促进学习，学习者全身心的投入的学习是最持久深刻的学习，而且当学生以自我评价为主、他人评价为辅时，其独立性、创造性和自主性都会得到促进。人本主义学习理论有利于地理教师在教学中充分尊重学生的主体地位以学生为本进行教学，充分考虑学生的知识基础、行为特点，以提高学生的综合素质为目标进行教学。

八、新课程改革理论

1. 新课程改革

2000年，中国开始了第八次基础教育课程改革。2001年教育部就正式启动了普通高中新课程改革方案和新课程标准的研制工作。2003年3月31日，教育部印发了《普通高中课程方案（实验）》和学科课程标准（实验）。2004年高中新课程改革实验正式启动，广东、山东、宁夏和海南作为首批实验区，2005年又增加了6个省，到2007年已有15个省、市、自治区成为新课程实验省份，约占全国高中总数的50%。

新一轮的基础教育改革是学习方法和教学方式的改变，改变课程过于注重知识传授，强调形成积极主动的学习态度，使获得知识与技能的过程成为学习与形成正确价值观的过程，即由“被动性、依赖性、统一性、虚拟性、认同性”的传统学习方式向“主动性、独立性、独特性、体验性与问题性”的现代学习方式的转变过程。

2. 地理新课程的课程目标

地理新课程的总体目标是要求学生初步掌握地理基本知识和原理；获得地理基本技能，发展地理思维能力，初步掌握学习和探究地理问题的基本方法和技术手段；增强爱国主义情感，树立科学人口观、资源观、环境观和可持续发展观。课程目标从知识与技能、过程与方法、情感态度与价值观三个维度来表述。高中地理设置多样化的课程模块，使学生在以上三个方面得到统一和谐的发展。

1）知识与技能

获得地球和宇宙环境的基础知识，理解人类生存的自然地理环境的主要特征，以及自然地理环境各要素之间的相互关系；了解人类活动对地理环境的影响，理解人文地理环境的形成和特点；认识可持续发展的意义及主要途径；认识区域差异，了解区域可持续发展面临的主要问题和解决途径。学会独立或合作进行地理观测、实验、调查；掌握阅读、分析、运用地理图表技能。

2）过程与方法

学会通过多种途径、运用多种手段收集地理信息，尝试运用所学的地理知识和技能对地理信息进行整理、分析，并把地理信息运用于地理学习过程。从学习和生活中发现地理问题，提出探究方案，与他人合作开展调查研究，提出解决问题的对策。

3）情感态度与价值观

（1）通过学习培养学生丰富的地理情感，包括激发学习地理的兴趣和动机、体验地理学习的乐趣、提高地理审美情趣、增强热爱祖国、热爱家乡、尊重自然与善待环境的情感等。

（2）培养学生科学的地理态度，包括养成求真、求实的地理学习态度、增强关心和爱护资源环境的责任感、养成良好的行为习惯等。

（3）树立正确的地理观念，包括科学的人口观、资源观、环境观和可持续发展观，增强环保意识、法制意识和全球意识，重视地理学习与生活的联系。

3. 地理新课程的基本理念

新课程强调能力发展和自主学习。改变了地理课程“难、繁、偏、旧”的状况，加强了人文素养和科学素养及课程自主更新；改变学生学习地理的学习方式，鼓励学生在教师的引导下自主地探究学习和合作学习；加强课程、教学与生活、社会联系，促进学生的终身发展；倡导学习方式多元化和多元化文化教育。

新课程强调以学生发展为本。基于学生发展、关心学生发展、为了每一个学生的发展。“以学生为本”的地理新课程改革理念具体体现在课程目标的设定、课程结构的设计、课程内容的选择与编写、课程实施方式、课程评价与管理等方面。

新课程强调培养现代公民必备的地理素养。设计具有时代性和基础性的高中地理课程，提供现代公民必需的地理知识，增强学生的地理学习能力和生存能力。关注人口、资源、环境和区域发展等问题，以利于学生正确认识人地关系，形成可持续发展的观念。关心我国的基本地理国情，关注环境与发展的现状与趋势，增强热爱祖国、热爱家乡的情感。了解全球的环境与发展问题，理解国际合作的价值，初步形成正确的全球意识。增强对资源、环境的保护意识和法制意识，形成可持续发展观念，增强关心和爱护环境的社会责任感，养成良好的行为习惯。

新课程强调激发探究地理问题的兴趣和动机，养成求真、求实的科学态度，提高地理审美情趣。

第二节　高考地理教学策略

一、把握重点，抓主干知识，构建知识体系

地理高考是对学生学习素质和思维品质、获取信息和解决问题能力的和今后的学习潜能的评价，立足于考查地理学科的基本知识、原理和规律，特别强调学习地理的基本意识、空间概念的建立和区域特征的认识，地理高考教学中应重点抓好主干知识和原理的教学。

高中地理紧紧围绕“人地关系”主线展开，包括人类赖以生存的自然环境、人类主要的几种产业活动以及人地协调的可持续发展；初中地理以中国部分包括中国的基本国情、区域差异及大地形区、大江大河、大城市等，世界部分包括主要的气候类型、主要的国家和关键的地区。具体集中在以下几个方面：① 地球运动的地理意义（地方时和区时的换算，节气和季节的判断，昼夜长短，时间的计算和正午太阳高度变化的分析等）；② 天气系统（大气运动的基本原理，等温线和等压线图判读）的分析；③ 气候类型的形成，气候特征，分布规律及对人类活动的影响；④ 水循环原理与水资源问题；⑤ 地质构造的基本类型（地形剖面图的判读）及生产、生活中的应用；⑥ 地理环境的整体性和地域分异规律；⑦ 人类在自然资源（能源）开发利用中存在的问题及对策；⑧ 人类空间活动（农业，工业，交通，聚落等）的区位分析；⑨ 城市功能区的合理布局；⑩ 全球性环境问题和可持续发展对策；⑪ 各种地图和统计图表的判读等。

在复习备考中，侧重加强对这些重点知识的理解运用，引导学生把握地理主干知识，理清地理学科的脉络，掌握地理学科的知识结构。对重要知识点间的内在联系进行分析，建立点线面一体的主干知识结构。以高中地理为线索，结合初中地理的相关区域，纲目分明，纲举目张。

二、强化学生学习方法指导和地理能力的培养

建构主义理论主张每个学习者应基于自己的实际情况在学习过程中去建构自己的知识（见表 5.1），“情境”、“协作”、“会话” 和 “意义建构” 是学习环境中的四大要素。学生是学习意义的主动建构者，而教师则是学生学习意义建构过程中的引导者。

地理高考教学中要注意引导学生建构知识，形成能力。课堂教学中依据考纲和课标的要求，着重基本概念、基本原理、基本技能和综合能力提升；精选试题，分单元、阶段进行综合训练，注意试题难度、数量适中，思维价值高、能力考查突出、与现实问题结合紧密、能够解决实际问题；反思总结，引导学生掌握思考问题和解决问题的方法，进行信息反馈，认真分析总结，找出解决问题的对策。

表 5.1　学生和教师在建构主义学习过程中的作用

学　生	教　师
用探索法、发现法去建构知识的意义。	激发学生的学习兴趣，帮助学生形成学习动机。
主动搜集并分析有关的信息和资料，对所学习的问题要提出各种假设并努力加以验证。	通过创设符合教学内容要求的情境和提示新旧知识之间联系的线索，帮助学生建构当前所学知识的意义
把当前学习内容所反映的事物尽量和已经知道的事物相联系，并对这种联系加以认真思考。	为了使意义建构更有效，教师应组织学生讨论和交流，评价并修正学生的结论。

三、加强学生图表训练，培养空间思维，进行知识迁移

地图是地理学的形象思维和第二语言，是培养学生逻辑思维的基础，也是地理学表达地理思想观点的重要载体。许多地理知识是通过地图、表格数据、示意图、照片等图表形式直观形象地表达出来的。

（1）充分利用各类图表，促进知识系统化。教学中要充分利用教材中的附图、插图、各类专题地图、自然景观图、寓意深刻的漫画和各类图表，把基础知识和基本技能落实在课堂教学中；构建学科主干知识体系，使学科内知识系统化、结构化；培养学科内的综合能力。

（2）进行图文转化训练，培养学生空间思维能力。让学生学会阅读各种不同形式的地图，如景观图、剖面图、过程图、动态图、统计图、局部区域图等，从中提取有用的信息进行分析和推理；加强图文转换、文图转换和图图转换的练习与思考，培养学生综合分析、比较分类、归纳演绎、概括推理等能力，提高学生的空间定位和空间思维能力。指导学生及时对各种地图、图表运用的特点、规律和方法进行归纳，以培养学生的读图析图、综合运用地图的能力，构建心理地图，构筑全方位的立体思维框架。

（3）进行变式训练，促进知识转移。练习中注重加强一因多果、一果多因问题的研究，

充分利用一题多变、一题多解和一图多用。通过变式训练找出共性，发现差异，训练解题思路，促进对地理概念、地理原理、地理规律的理解和知识迁移。如太阳高度角可以有旗杆影子、窗户光线、楼房间距、地球经纬网、太阳能热水器、变化曲线坐标图、等值线等多种题型。晨昏线可以是侧视图、俯视图、仰视图、局部图等。如对等值线从多个方面变换条件，进行思维训练：① 假定为等高线图，判断山脊、山谷；② 假定为等压线图，判断高压脊、低压槽；③ 假定为等温线图，判断是何种洋流影响所致，或是何种地形影响所致；④ 假定为等降水量线图、等震线图等。

四、重视学科核心能力和地理观点的培养，渗透地理思想方法和价值观

地理教学中应突出人地协调观（环境观）和空间观等核心观点；紧密联系实际、关注热点问题，培养和提高学生的知识运用能力。引导学生关注环境和人类的未来，培养学生和谐意识和可持续发展思想。培养学生对地理空间格局的敏锐观察力、分析地理过程的能力、搜集、整理、分析加工地理信息的能力、运用地理知识解决实际问题的能力。

五、重视研究性课程和综合性课程的开展，加强应用能力、综合思维能力的培养

倡导学生学以致用。重视研究性课程和综合性课程的开展和校本课程的开设，充分利用地理要素的综合性、相互联系性、整体性，培养分析比较、综合归纳的能力和学以致用实践操作的技能。充分利用地理与历史、政治、文学等文科知识以及与数学、物理、化学、生物等理科知识紧密联系的特点，培养学生跨学科思维和综合思维的能力。

六、夯实区域地理基础，重视读图能力、分析综合能力的训练

区域地理是地理知识和原理的地域化，体现地理的区域性、整体性、差异性和综合性，实现高中与初中地理、人文与自然地理综合的最好载体，是引导学生关注人类生存和发展进程中的重大问题，展示世界和我国热点事项的最好平台。区域地理知识为高考试题提供背景材料，本国、本省或本区域的地理知识，与本省、本区域、或本国有密切关系或形成鲜明对比的区域是高考的重要切入点。

区域地理知识多以读图分析题的形式出现，考查空间概念和分析能力。学生要学会读图、析图、辨图、绘图和用图，获取信息和进行分析判断、归纳特征和图文转换，具备据图分析

的能力，掌握区域位置，分析区域特征，比较区域差异，发现区域问题，做出合理评价，制定区域发展策略。地理高考教学中要引导学生回忆地理事物或现象的空间形状、空间分布、空间结构、空间演变和发展，加深对地域知识的认知。经常做图文变换的练习，图形变换，图形叠加或改变设问角度等方式可以提高读图分析能力。教学中通过画图、填图、记图、读图等活动，把所有与图相关的知识落实到图上，形成心理地图；掌握各种地图的类型及特点、各类图像的阅读方法与技巧。

七、回顾反思，总结形成知识体系和方法体系

地理高考教学中要引导学生阅读《考纲》以及根据考纲编写的考点方面的资料，对各个知识点进行核查，做到融会贯通，通过纵向比较和横向联系，形成完整的知识体系或网络。同时还要归纳各类题目解题方法、技巧、解题过程以及常出现的错误，提升综合运用知识的能力。对以前做过的试卷、例题进行广泛阅读，从中归纳、总结各类题目的解题思路、方法，反思错题的原因。加强世界地理和中国地理和本省乡土地理的教学，加强区域地理与系统地理的联系、注意区域地理知识的类比和综合。

八、关心社会热点、关注时事，注意联系实际，重视案例研究

地理高考教学中要引导学生关注人类生存与发展过程中的重大问题，关心全球经济发展动态和我国国情，多以问题或案例的形式培养学生从不同角度检测考生分析问题、解决问题的能力。引导学生关注身边的地理，熟悉了解家乡有关知识，关心家乡的经济建设、人民生活、关注区域决策、区域发展路线方针。引导学生用地理视角去观察身边的现象和事件，关注时事新闻。近年来地理高考试题尤其是分省命题，更注重试题的地方特色和试题的生活性、实践性、应用性，更注重联系社会热点，贴近生活，贴近生产实际。如和谐社会、循环经济、奥运会、飞天计划、全球变暖、雪灾、南亚海啸、汶川地震、宇宙探索等，都是近几年高考的热点或重点。

九、精选习题，讲练结合

习题选择应该立意明确，考察目标清晰。可以是高考原题、高考模拟题或自编的原创题。试题的情境设置和设问角度巧妙、科学、合理、恰当。使用的材料、数据准确；题目涉及的地图、图表规范，注记清晰；题目的答案准确，表述规范。在综合复习阶段，教师需有针对地编制一系列的综合练习，及时讲评练习，查缺补漏。考生做练习要强调实效，要通过做练习和教师讲评检查自己对所学基础知识、基本技能掌握程度，以提高运用所学知识分析、解决实际问题的能力。对练习中反馈的问题要进行分析和讲解，上升到方法论的高度，让学生能迁移运用。

第三节　高考地理教学中学生能力的培养

一、高中生的能力要求

《地理教育国际宪章》所列的地理技能目标中，把发展学生提出地理问题、收集和组织地理信息、处理资料、分析资料、评价资料、做出判断、做出决定、解决问题等能力作为能力培养目标。美国《国家地理标准》将地理技能划分为五项核心技能：提出地理问题的技能（Asking Geographic Questions）、获取地理信息的技能（Acquiring Geographic Information）、整合地理信息的技能（Organizing Geographic Information）、分析地理信息的技能（Analyzing GeographicInformation）、回答地理问题的技能（Answering Geographic Questions）。英国《国家地理课程》以由浅入深、循序渐进的原则划分了 8 个目标等级，具体包括"识别和观察""表达自己的看法""提出并回答有关地理问题""描绘自然与人文特征""认识到人类是如何影响环境的""选择、使用信息""运用适当的地理词汇""分析、比较和解释相似性和差异性""对一些看法和判断加以说明""运用一系列地理技能和第一手或第二手证据资料，考察地区和环境""进行批判性地评估""表述具有充分说服力的考察概要，并得出具有实证性的结论"，等等。

新课程标准的能力要求：获得地理基本技能，发展地理思维能力，初步掌握学习和探究地理问题的基本方法和技术手段；学会独立或合作进行地理观测、地理实验、地理调查；掌握阅读、分析、运用地理图表和地理数据的技能；尝试从学习和生活中发现地理问题，提出探究方案，与他人合作，开展调查研究，提出解决问题的对策；运用适当的方法和手段，表达、交流、反思地理学习和探究的体会、见解和成果。

二、能力培养策略

1. 培养区域分析和综合思维能力

区域分析能力。自然地理和人文地理的案例离不开区域地理的具体地理事物或地理现象，它们的分布特征、成因变化等，都是自然地理或人文地理的最好注解或说明；而系统地理的原理规律结构联系等又需要在区域地理中落实验证。以区域地理为依托进行图像判读技能的训练、基本概念的理解、地理要素间的联系分析、地理事物的分布空间、概念的建立、地理基本观点的形成，分析区域在社会发展中的优势地位或作用，找出不足并分析其原因，最终找出解决的措施或办法，可以培养学生区域分析和综合思维的能力。

逻辑思维能力。通过地理课程和地理原理的研究培养学生逻辑思维能力。让学生仔细观察，大胆假设、分析、想象、预测、推理，直觉领悟与逻辑思维并用，使学生养成逻辑思维和非逻辑思维相结合的思维习惯，鼓励学生形成自己的地理观点，并鼓励学生应用到实际中。

2. 夯实双基，促进有效迁移

高考地理教学中要加强地理基础知识、基本技能的教学，做到知识融会贯通，形成知识体系和能力体系，应用地理基础知识和地理基本技能解释地理环境中所发生的地理现象，促进知识的有效迁移。

教学中可通过归纳总结、区域比较、概念辨析、图文转换、情景模拟、实践操作、学术辩论等多种形式促进学生地理知识形成体系，与实践结合形成有效迁移。

3. 提高学生搜集、整理、分析加工地理信息的能力

地理信息的搜集、整理、分析是学习地理的关键能力，也是现代学习能力的重要组成。教师在教学过程中应创造机会让学生参与信息的搜集、整理、分析过程，让学生去体验知识的产生过程。针对具体专题或主题，发动学生在网络或文献或实践调查活动中收集，整理分析处理资料，撰写调查报告，进行模拟学术演讲。通过反复训练，提高学生搜集、整理、分析加工地理信息的能力。

4. 关注热点，注重实用，培养综合运用能力

地理学是一门应用性很强的学科，具有独有的视角和思维方法。在当前知识经济时代，创新领域中有很大部分（如资源的可持续利用技术、环境保护技术、生态恢复技术）必须具有地理学基础。高考地理教学中要重视学生运用地理解决实际问题，使其今后能更好地服务社会、服务人类。培养学生提出问题、发现问题、解决问题的能力；鼓励学生参与社会调查，进行研究性学习，关注地理在社会问题解决中发挥的作用；引导学生关注当今世界及我国的热点问题，认识世界社会、科学发展的最新动态。特别要关注中国的社会、经济、科学、环境等领域的变化，结合我国国情，从区域要素，综合的角度，研究我国及各地区所面临的促进持续发展和保护环境的重大理论问题和实践问题。引导学生运用已有的地理知识和其他学科的知识，认识和理解这些问题的产生原因、影响及解决措施。培养学生应用地理知识解决实际问题的能力。

5. 培养学生读图分析能力

1）太阳光照图和天体空间位置关系的判读能力

地球的运动是自然地理教学中的重难点，不仅涉及较多的计算内容，而且对读图识图能力也有较高要求。如太阳光照图和天体空间位置图，快速地读懂光照图，准确地把握地球月

球太阳三者的空间位置关系，对解决地方时与区时的推算、昼夜长短和太阳高度的时空变化规律、月相的判读等高考经常涉及的重要考点有很大作用。在地理高考教学中可以考虑通过变式训练，进行知识迁移，形成能力。

2）据图计算能力

随着地理科学在社会生产实际中广泛地应用，计量地理的地位越来越显重要。太阳高度角的计算、区时和地方时的计算、昼夜长短的计算、气压差值的计算、绝对和相对高差的计算等在地理高考题中也经常出现，同时这些内容在生产生活中也经常用到。教师要引导学生对计算公式、推算过程、结果含义及应用、案例进行解析，精选习题进行训练，提高学生据图计算的能力。

3）分析等值线、统计图表能力和绘图能力

等值线（等高线、等温线、等压线、等降水量线、等盐度线）等构成了一个个地理数据网络系统。地理高考试题中，判断题、作图题、填空题、简答题都可以涉及等值线的判读、绘制和转化。由等值线导入的绘图试题也已成为高考的热点。地理高考教学中要引导学生判读等值线图及绘制相关地图，培养学生读图绘图能力。

地理统计图表把各种地理数字具体化形象化规律化，帮助学生深刻认识地理事物和现象的实质。按其表现形式主要有：柱形统计图表（降水量柱状图、各大洲降水量蒸发量和径流量的对比图等）、圆形图表（地壳中主要元素含量百分比示意图、我国农业产值构成示意图等）、方形图表（世界水储量图、我国和世界能源消费构成的变化图等）、曲线图表（河流流量过程曲线图、中国的人口增长图等）。教学中要引导学生识别图表的结构和用法，明了图表的作用，对图表进行分析比较和判断。

6. 精选试题，注重开放度，创设新情境，培养解题能力

以现实生活和实际问题立意，精选试题，对学生进行训练。地理高考试题能力题常以多样性、综合性、复杂性、开放性的方式呈现出来。高考地理教学中要注重考生对双基知识的掌握；训练考生理论联系实际，创设新情景，分析和解决实际问题；对自然和社会现象发展进程进行分析，培养学生应用多学科知识分析、解决问题的能力。

第四节　地图技能的训练及信息技术的应用

一、地理信息技术的应用

由地理信息系统（GIS）、遥感（RS）和全球定位系统（GPS）集成的技术（3S）发展在世界各国引起了普遍重视。RS 主要侧重于信息获取和动态监测，GIS 主要是空间信息的管理、分析，GPS 是空间定位、导航。GIS 的综合性发展趋势还体现在与 OA、Internet、多媒体、虚拟现实等技术的集成。

1. 遥感技术

遥感技术是 20 世纪 60 年代兴起的一种探测技术，是根据电磁波的理论，应用各种传感仪器对远距离目标所辐射和反射的电磁波信息，进行收集、处理，并最后成像，从而对地面各种景物进行探测和识别的一种综合技术。目前利用人造卫星每隔 18 天就可送回一套全球的图像资料。利用遥感技术，可以高速度、高质量地测绘地图。遥感按常用的电磁谱段不同分为可见光遥感、红外遥感、多谱段遥感、紫外遥感和微波遥感。遥感技术 RS（Remote Sensing）与地理信息系统 GIS（Geographical Information System）和全球定位系统 GPS（Global Position System）合称为 3S 技术，在地理学中已广泛应用，尤其是在地图学和规划学中。

遥感技术广泛用于军事侦察、导弹预警、军事测绘、海洋监视、气象观测等。在民用方面，广泛用于地球资源普查、植被分类、土地利用规划、农作物病虫害和作物产量调查、环境污染监测、海洋研制、地震监测等方面。遥感技术总的发展趋势是：提高遥感器的分辨率和综合利用信息的能力，研制先进遥感器、信息传输和处理设备以实现遥感系统全天候工作和实时获取信息，以及增强遥感系统的抗干扰能力。

2. 地理信息系统

地理信息系统（Geographic Information System 或 Geo－Information System，GIS）有时又称为“地学信息系统”或“资源与环境信息系统”。是近几十年发展起来的一种特定的十分重要的空间信息系统，在计算机硬、软件系统支持下，对整个或部分地球表层（包括大气层）空间中的有关地理分布数据进行采集、储存、管理、运算、分析、显示和描述；是管理和分析空间数据的应用工程技术，由计算机硬件、软件和相关的方法过程所组成。单机模式由基本外设、处理设备和输出设备构成，适用于小型 GIS 模式建设。局域网模式有专线连接，适用于部门或单位内部 GIS 建设。广域网模式由公共通讯连接，局部范围为局域网，通过若干通道与广域网连接。

3. GPS

GPS 是英文 Global Positioning System（全球定位系统）的简称。GPS 起始于 1958 年美国军方的一个项目，1964 年投入使用。20 世纪 70 年代，美国陆海空三军联合研制了新一代卫星定位系统 GPS，主要目的是为陆海空三大领域提供实时、全天候和全球性的导航服务，并用于情报收集、核爆监测和应急通讯等一些军事目的。经过 20 余年的研究实验，耗资 300 亿美元，到 1994 年，全球覆盖率高达 98% 的 24 颗 GPS 卫星星座已布设完成。GPS 导航系统的基本原理是测量出已知位置的卫星到用户接收机之间的距离，然后综合多颗卫星的数据就可知道接收机的具体位置。GPS 由空间部分（24 颗卫星组成（21 颗工作卫星；3 颗备用卫星），）地面控制系统（地面控制系统由监测站（Monitor Station）、主控制站（Master Monitor Station）、地面天线（Ground Antenna））用户设备部分（GPS 信号接收机）组成。由于 GPS 技术所具有的全天候、高精度和自动测量的特点，作为先进的测量手段和新的生产力，已经融入了国民经济建设、国防建设和社会发展的各个应用领域。

4. 教学及复习建议

课标对此部分的要求是学生要能理解遥感（RS）在资源普查、环境和灾害监测中的应用。全球定位系统（GPS）在定位导航中的应用，地理信息系统（GIS）在城市管理中的功能；了解数字地球的含义；结合实例，了解遥感（RS）在资源普查、环境和灾害监测中的应用。能举例说出全球定位系统（GPS）在定位导航中的应用；能运用有关资料，了解地理信息系统（GIS）在城市管理中的功能。

能运用资料概述，地理信息技术的发展，说出地理信息技术的基本内容，能结合实例，简述遥感的基本工作原理，会初步判读遥感图像，说明遥感图像在地图制作中的作用，说出遥感的主要功能，GPS 的基本工作原理及 GPS 在交通、旅游、导航、军事、野外勘探等领域中的应用，说明 GIS 的基本功能，了解地图数字化的基本方法。了解 3S 技术的综合应用。

目前关于 3S 技术的题目还不多 2006—2007 年占总分的 1%。随着地理信息技术的发展和对地理学的渗入的加强以及城乡规划重要性的凸显，今后有可能继续出现或增加 3S 技术试题的数量和比重，有可能在相应选修考题中增加试题的操作性和理论性，凸显规划功能和信息查询分析功能。

二、地形等高线、地图剖面图

1. 相关概念

用等高线表示地面高低起伏的地图，叫等高线地形图。地形剖面图是建立在等高线地形图的基础上绘制而成的，它表示沿地表某一方向垂直切开的剖面图形，用以表示地表起伏的形势。通过它，可以更直观地看出某条线上地面的起伏和坡度的陡缓，并且还有助于了解野外考察时观察点的透视情况。地形等高线和地形剖面图是绘制地理专题地图、普通地图、地质剖面图、土壤剖面图、植被剖面图、综合剖面图等各种剖面图的基础。

2. 教学及复习建议

地图是地理教学中最重要的直观教具，是地理学思想和知识的非文字表达方式，是建立地域、方位、空间等概念和观念的基础，是地理学的第二语言。它遵循一定的数学法则，将客体上的地理信息，通过科学的概括，并运用符号系统表示在一定载体上的图形；以图像的形式把信息传递给人的大脑，具有任何文字和语言所无法替代的作用。当前，国内外教育界正在开展“认知地图学”的研究，其目的在于进一步确立地图在地理学中的重要地位和地图的信息传输价值。地理教学中的地图一般包括区域地图、等值线地图、地形剖面图和地理学统计图表等。课标对此部分的要求是学生了解几种常用地图投影，说出不同地图的特点和用途。结合实例，简述遥感的基本工作原理，会初步判读遥感图像；结合实例，说明遥感图像在地图制作中的作用。

该类题分值比重较高，在 1981 年地图剖面图和地图等高线分值分别达到 3% 和 8%，近年有所降低。有关经纬网的内容是整个中学地理知识的载体，也是地理空间思维能力的根本。近些年来此类地理高考试题多与生产和生活实际、区域规划、区位选择、户外活动等结合，考查学生的空间概念、空间想象以及分析计算能力。如等高线地形图的判读、线路的选择、通视、计算球面距离、计算对拓点的坐标、确定水库及坝址的位置、铁路、公路线的确定、工业区位的选择、农业生产布局、水系水文特征判断等，体现学习有用地理的新课程理念。复习中强调对基础知识的理解和等高线地形图的阅读，训练学生等值线读图题的读图技巧和读图分析能力，使学生具有区域分析与规划思维。

三、等值线图

等值线图是用以反映地理要素的时空分布特征的示意图，是反映某地理事象在一定地域内存在和发展的规模、范围、等级或程度等数量关系的地图，主要有等压线图、等降水量线图、等 pH 值线图、等太阳辐射量线图、等高（深）线、等温线、等温差线、等盐度线、等太阳高度线、等震线、等地价线等（见表 5.2）。在地图上，把某一要素中具有相同特征（即相同数值）的各点连接起来的线，即为等值线，等值线在图中一般不重合（部分特殊情况除外）、分支、断裂。等值线地图是以相等数值点连线表示空间连续分布且逐渐变化的现象数量特征。等值线地图简洁、清楚、形象生动地表述各地理要素在地球表面的分布状况、规律。对等值线图的分析、判断，可以培养学生识图、用图、绘图的能力，促进学生的思维发展。等值线地图的判读与应用是考查学生读图分析能力的重要方式。

对于等值线判读，可以根据高值的凸的方向来判定。高值凸向低值则为高值中心；低值凸向高值为低值中心。等温线图上向高纬凸为高压中心，向低纬凸为低压中心；大陆等温线夏季向高纬凸出，冬季向低纬凸出。海洋等温线凸出方向与洋流流向一致。在天气系统中锋面只出现在低压槽区域。垂直等压面图上等压面上凸为高压，下凸为低压。

表 5.2 常见等值线分布的主要影响因素

类型	等高（深）线	等温线	等降水量线	等太阳辐射量线	等太阳高度线	等压线	等压面	等盐度线	等地价线	等震线
影响因素	地质作用（内力、外力）	纬度、海陆、地形、洋流等	纬度、海陆、地形、洋流等	纬度、海拔高度、降水等	距直射纬度距离（年分布）、与正午时间差（日分布）	海拔、热力作用（气温）、动力作用	海拔高度、热力作用（气温）、动力作用	纬度、洋流、径流等	市场、交通通达度	震级、地质状况、震中足巨、地震发生的时段、建筑物结构等

四、地图技能的训练策略

地图与地理的关系十分密切，没有地图就没有地理学，没有地图就无法进行地理教学。古人云“左图右书”是说地理必须读图解意，才能学好学活。地理高考题中出现各种不同形式的图像和图形，如景观图、剖面图、过程图、动态图、统计图、局部区域图等，教师在地理高考教学的过程中，要善于从中提取有用的信息进行分析和推理，注重图像系统的分析和运用，充分发挥其教育功能。

（1）通过读图掌握重要经纬线所经过的地理事物以及重要地理事物的地理坐标，对地理知识进行整合。

（2）加强图文转换、文图转换和图图转换的练习与思考，构建心理地图，提升空间思维层次，构筑全方位的立体思维框架。

（3）通过发散思维，进行知识迁移。

地理学习中有很多图形、图文之间可以不断变化，如太阳高度角可以有旗杆影子、窗户光线、楼房间距、地球经纬网、太阳能热水器、变化曲线坐标图等多种题型。晨昏线有侧视图、俯视图、仰视图、局部图等。在地图训练中要从整体上把握，注意发散思维的训练；解题中注重加强一因多果、一果多因、一题多解，训练解题思路，提高应变能力，促进知识迁移。

（4）通过变式训练，形成清晰的认知结构。

训练中注重分析知识间的内在联系、类似知识的异同、规律性知识成立的条件，并提供多种形式的变式练习，使学生头脑中形成稳定清晰的认知结构。如给出一组等值线图，我们可以从多个方面变换条件，进行思维训练：① 假定为等高线图，判断山脊、山谷；② 假定为等压线图，判断高压脊、低压槽；③ 假定为等温线图，判断是何种洋流影响所致，或是何种地形影响所致；④ 假定为等降水量线图、等震线图等，通过多个方面变换条件，从中找出共性，发现差异，促进对地理概念、地理原理、地理规律的理解。

经典试题 1

（2009 宁夏文综）南极中山站（69°22′24″S，76°22′40″E）时间（区时）2009 年 2 月 2 日 9 时 25 分，我国在南极最高点附近建立的昆仑站（80°25′01″S，77°06′58″E）正式开站。根据此完成 3～5 题。

4. 昆仑站与中山站的直线距离约为（　　）。

A. 820 千米　B. 1 020 千米　C. 1 220 千米　D. 1 420 千米

解析：该题考察我国南极中山站和昆仑站两站距离估算。学生需具有球面几何知识。该题具有一定的综合性，虽没有图形却胜过考图形。学生需有南极地区经纬度方位的心理地图，昆仑站与中山站的距离，由于二者几乎在同一经度上，只要求出纬度距离即可大致估算。一个纬度为 110 公里，这样二者相差 1 210 公里。答案：C。

经典试题 2

（2009 全国卷 1）甲、乙两地点之间有三条道路相连。某地理活动小组测绘了这三条道路的纵向剖面图（见图 5.1）。读图 5.1，完成 6～8 题。

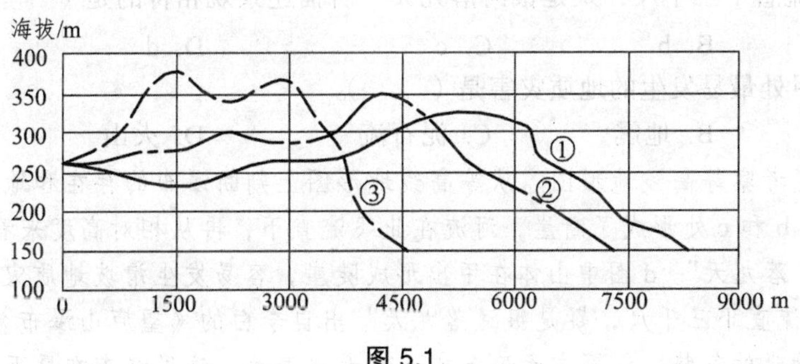

图 5.1

6. 甲、乙两地点间高差大致为（　　）。

A. 80 m　B. 110 m　C. 170 m　D. 220 m

7. 在对应的地形图上可以看出（　　）。

A. 道路①为直线　B. 道路②经过甲、乙两地间的最高点

C. 道路③最长　D. 道路①和②可能有部分道路重合

8. 若使用大型运输车从乙地运送重型机械设备至甲地，最适合行车的是（　　）。

A. 道路③　B. 道路①　C. 道路①和②　D. 道路②和③

解析：6 题答案为 B，甲乙两地的高差容易求得，只要会看纵坐标就行。7 题可以用排除法，①不可能是直线，因为地图上是直线，剖面图上或起伏很大或路程很短。②经过最高点也不对，经过的地方还没有③高，③道路最长不对，相反是最短，只有 D 是正确答案。

也可以从现状上看，在二者的最后一段，起伏形状最像，应该是同一段路。8 题，最适合运载重型机械的是 B①，因为地形起伏最小。该题结合生活实际，考查学生对地形剖面图的理解，在剖面图上分析高度、坡度等。答案：6B7D8B。

经典试题 3

（2007 江苏卷）图 5.2 为“我国南方某地区等高线地形示意图（单位：米）”，途中虚线表示山脊线或溪流。读图回答 3 ~ 4 题。

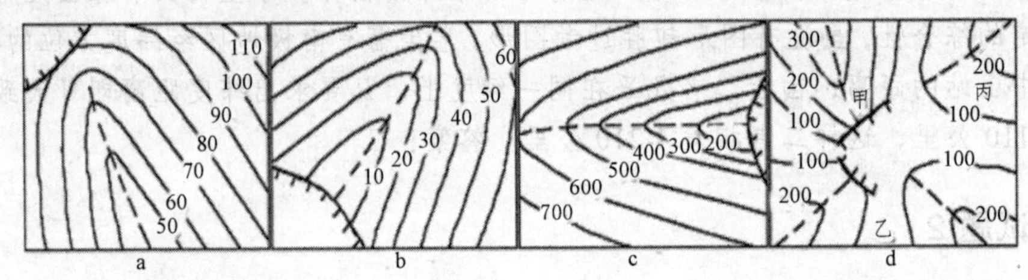

图 5.2

3. 与“飞流直下三千尺，疑是银河落九天”所描述景观相符的是（　　）。

A. a　　　　B. b　　　　C. c　　　　D. d

4. d 图中甲处最易发生的地质灾害是（　　）。

A. 滑坡　　　　B. 地震　　　　C. 泥石流　　　　D. 火山

解析：该题考察等高线地形图。从等高线地形图上判断瀑布的存在和地质灾害隐患。从图中可以看出，b 和 c 处形成了断崖，河流在此飞流直下，再从相对高度来看，c 处更大，更符合“三千尺，落九天”。d 图中山体在甲出形成陡崖，容易发生滑坡地质灾害。该题有值得商榷之处：“飞流直下三千尺，疑是银河落九天”出自李白的《望庐山瀑布》，写出了庐山瀑布向下倾泻的磅礴的气势，但题中无论 b 或 c 都无法表达，这里瀑布在最下方，只感觉瀑布以上的水流飞流直下，却没有描述瀑布以下的水流落九天的景象。答案：3C4A。

经典试题 4

（2008 重庆文综）某次地理夏令营活动的主办者策划了一次“寻宝”活动。在活动前，每位营员均会获得一张地图［见图 5.3（a）］和一张瀑布照片［见图 5.3（b）］。据此回答 5，6 题。

5. 图（a）中藏宝地及其相对于营地的方位是（　　）。

A. 甲，西北方　　　　B. 乙，东北方　　　　C. 丙，西南方　　　　D. 丁，东南方

6. 为更好地欣赏瀑布美景，拟修建一处观瀑台。最佳选址是（　　）。

A. ①　　B. ②　　C. ③　　D. ④

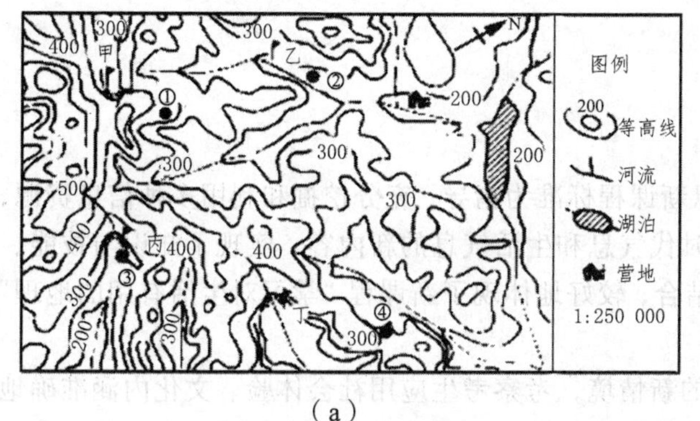

(a)

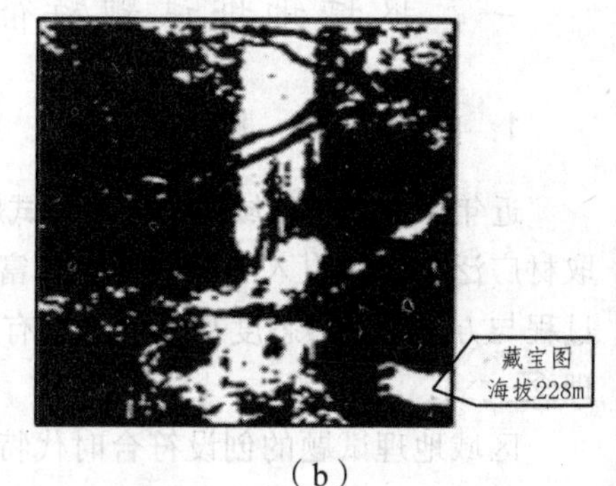

(b)

图 5.3

解析：该题考察瀑布的分布、方向的确定和最佳观测点的选址。结合地理夏令营活动，具有活动探究的性质，生活味浓，实践性强。从瀑布照片可以看出，瀑布高差大，由山间河流形成。从图中要寻找河谷线，而且要等高线密集或重复、坡度陡的地方。丁处出现等高线重合是瀑布所在，位于营地的东南。最佳观测点要看观测点的坡向和高度，①②④与丁处都有山脊阻挡无法看到瀑布，综合来看③是最佳观察点。该题需要学生有将等高线地图还原为地貌形状的能力和在等高线图上判别方位的能力。答案：5D6C。

第五节　区域地理试题特征及教学策略

区域地理是地理高考的重要内容。是训练学生地理综合能力、思维能力、应用能力的重要平台。地理必修课中本部分内容的学习要求学生能比较自然环境、人类活动的区域差异，比较不同发展阶段地理环境对人类生产和生活方式的影响；说明产业转移和资源跨区域调配对区域地理环境的影响。分析区域存在的环境与发展问题，了解其危害和综合治理保护措施；分析流域开发的地理条件，了解该流域开发建设的基本内容，以及综合治理的对策措施。分析农业生产的条件、布局特点和问题，了解农业持续发展的方法与途径；分析区域能源和矿产资源的合理开发与区域可持续发展的关系；分析区域工业化和城市化的推进过程，以及在此过程中产生的主要问题，了解解决这些问题的对策措施。

地理选修课中要求学生比较在不同地理环境中，乡村聚落的分布特点，并分析其形成原因；分析现代村镇的空间形态、景观特色及其变化趋势；说明城乡规划对于城乡可持续发展的意义；了解城乡人居环境的基本评价内容，分析房地产开发的地理区位因素，评价居住小区的环境特点与结构功能。

一、区域地理试题特征

1. 内容丰富、顾材新撷

近年来有关“区域地理”内容试题以新课程标准为指导，充分挖掘和利用多种信息资源，取材广泛，注重引入丰富、新颖、富有时代气息和生活气息的新内容，实现了知识与技能、过程与方法、情感态度与价值观的有机结合，较好地体现了新课程“学习对生活有用的地理”理念。

区域地理试题的创设符合时代特色的新情境，考察考生应用社会体验、文化内涵准确地分析新发生的地理事象，判断地理事象的发展并形成解决问题的方法的能力。考生的文化内涵愈深厚，对地理信息感受愈敏锐，对地理信息的理解、分析愈深刻，判断地理事物愈准确。

2. 呈现信息多种组合

“区域地理”试题一般选择多种类型的图像、数据表格为材料，呈现区域图、统计图、剖面图等多种信息类型，信息一般以单幅图或组合图的形式呈现。与文字材料相比，这些图像和数据表格具有更强的空间性和综合性，考查多种认知方式、多样化思维过程，考察考生多元智能发展，读图能力及有效处理地理信息能力。例如，在区域图中考察各种地理事物分布位置、范围及规律，区域图中所反映的地理原理的成因、主要影响因素及其作用；在统计图中抓住主要地理数据及其反映的地理事实；在剖面图中地区的地形特征及相关地理要素随地形变化的特点；在地理漫画中的地理含义和深刻寓意等。

3. 考试内容彰显地方特色

选取贴近社会、生活和生产实际的地方性题材创设“区域地理”试题情境，考查考生运用所学地理知识和技能分析、解决“区域地理”问题的能力，引导考生关注当地的地域文化、关注时代、生活，激发其热爱祖国、热爱家乡、热爱自然的情感，倡导“学习对生活有用的地理”学习理念。近年高考中各省市区均频繁出现反映本区的地方特色的试题。地理教学中要注意引用本地的实际案例进行解析。

4. 与热点问题交融

地理高考试题中，热点所涉及的问题符合地理考试大纲的要求，具有一定的时效性，同时往往带有很强的区域地理性，涉及区域特征、区域发展过程、地理基本原理、主要地理意义或影响等。考生需用所学“区域地理”知识、地理概念、地理原理或地理规律来解答热点问题。

二、区域地理教学策略

区域地理具有基础性和综合性，区域地理试题是考试内容与要求的载体和表现形式。地理高考题多运用有注记的经纬网地图、部分政区图、含有特殊地理事物及注记（如湖泊、河流等）的地图、地理图表、资料、文字说明等为“背景”。区域地理内容是近几年高考组卷的重要素材；高考大多数试题以自然地理为基础，人文地理为主题，以区域地理为归宿。高三复习应从区域地理出发，最后再回到区域，以区域作为综合运用知识的基础，培养学生综合分析、发现问题、解决问题的能力。在试题解析中引导学生针对题目的设问，进行信息组合、整合，用所学的自然地理、人文地理相关的理论进行区域要素、区域特征、特征成因进行区域差异的比较、分析，从区域特征入手，分析区域面临的主要问题及其对人类的影响，指出解决问题的措施。高考教学中要重视构建学生心理地图，突出区域特征及差异；理论联系实际，引导学生关注重要的“国际时政”、“热点地区”，坚持收看“新闻联播”电视节目，关心国内外大事；引导学生掌握世界各区域以及一些重要国家和地区的主要地理特征。

1. 加强区域综合分析和区域差异比较

1）区域综合分析

地理高考试题多以区域为载体进行考察，在地理教学中要加强自然要素与人文要素之间、自然地理要素之间、人文地理要素之间、系统地理与区域地理之间以及各学科之间的综合，培养学生综合分析的能力。

（1）加强自然地理要素与人文要素之间的综合。特定地理区域内人类的生产、生活方式，建立在本地区特有的自然地理环境的基础上，自然地理要素与人文地理要素之间存在着紧密的联系。区域可持续发展要求人们根据本地区自然地理特点，“因地制宜、因时制宜”地进行区域开发和区域建设。

（2）加强系统地理与区域地理之间的综合。运用系统地理中地理基本原理和规律，来解释区域地理中的地理现象、地理事物以及地理分布。例如，运用大地构造理论解释山脉的形成以及火山、地震的发生；运用大气环流知识解释各地理区域的气候；运用农业区位因素、工业区位因素、交通区位因素、城市区位因素分析世界和中国农业、工业；交通、城市的发展等。系统地理与区域地理的综合，有利于培养学生综合思维能力和知识迁移能力，培养学生理论联系实际的能力和学以致用的思想。

（3）加强自然地理要素之间的综合。地形、气候、水文、土壤、植被等自然地理要素，构成了区域自然地理环境。在一个特定的区域内，自然地理要素之间存在着紧密的联系。例如，地形控制着河流的流向，气候影响着河流的汛期，地形影响气候，气候反过来又对地形进行塑造。在特定的地形、气候条件下又形成特定的土壤和植被，逐后在区域内形成特定的自然带。自然带是自然地理要素在地表的分布规律，集中体现了自然地理各要素之间的综合，自然带（地域分异规律）对于理解自然地理环境具有非常重要的意义。

（4）加强人文地理要素之间的综合。农业、工业、交通、聚落、商业、金融等人文地理要素，构成了地理区域的人文地理环境，区域内各人文地理要素之间也存在着紧密的联系。例如，高度发达的美国工业对农业的发展起到了很大的推动作用，机械、化肥、农药为美国农业的发展提供了优越的生产条件。交通运输的发展对农业地域专门化生产、对世界工业布局（跨国公司）均产生了深远的影响。城市作为区域政治、经济、文化中心，对区域发展起到了拉动作用，而区域内人口数量和人口素质也对区域发展产生着重大影响等。

（5）加强学科之间的综合。区域发展历史与历史学科关系密切。例如，长城出现在中国北方地区和西北地区，与历史上北方地区、西北地区民族矛盾有关；丝绸之路的兴盛，造就了敦煌艺术宝库等。区域热点问题与政治学科关系密切。例如，中东问题、伊拉克战争问题、印巴）冲突、阿富汗战争以及朝核问题等，不仅有历史的原因，而且还有深刻的政治背景。

2）区域差异的比较

此部分要求学生能分析比较区域差异及其成因，分析不同区域的生态环境问题、区域的气候特点及其成因、区域社会发展、区域的贫困化、疾病等问题；能进行不同区域经济发展的优、劣势条件分析及其对策思考，根据农业产值结构图、地质地貌图、水利河流图、土壤植被图及其他资料，了解主要农业地域类型、分布及其形成原因，分析区域农业主要限制性自然条件及其治理措施，区域工业发展区位优势等。教师要引导学生归纳区域特征，分析区域经济格局和城镇交通格局，探索区域重大问题、发展战略，讨论区域间经济协作，了解区域重要粮食生产基地、工业基地、能源基地的分布等。

2. 培养学生学习能力、推理能力，提高地理素养

地理高考以能力立意突出地理主干知识和主干思维能力的考查。区域地理的复习应从单纯的区域地理知识的复习向复习知识、传授方法和培养能力转变。地理教学中应重视地理主干知识和主干思维方式的整合，让学生掌握综合分析、比较差异、概括特点等学习区域地理的有效方法；注意培养学生获取和解读地理信息的能力，掌握和运用地理基本知识与地理基本技能的能力，描述和阐释地理事物、地理基本原理与规律的能力，发现和探究地理问题的能力；引导学生关注社会、关注区域发展。

地理推理能力指学生在掌握地理材料的基础上，运用地理理论知识分析判断和解释地理原理的能力。分为地理演绎推理能力、地理归纳推理能力、地理类比推理能力。教学中应尽

可能多地积累地理素材采用直观性、趣味性、时事性、典型性区域案例材料进行推理训练，培养学生的地理思维方式，养成归纳整理的习惯。

3. 关注区域规划及区域可持续发展

区域可持续发展问题要求学生能够根据所给材料分析区域存在的环境与发展问题。如分析某一区域水土流失、荒漠化等发生的原因，森林、湿地等开发利用问题，了解其危害和综合治理保护措施；分析某一流域开发的地理条件，了解该流域开发建设的基本内容，以及综合治理的对策措施；分析某一区域农业生产的条件、布局特点和问题，了解农业持续发展的方法与途径；分析某一区域能源和矿产资源的合理开发与区域可持续发展的关系；分析某一区域工业化和城市化的推进过程。

教学中要引导学生掌握区域分析的方法，解读土地利用图、等高线地形图，分析区域发展战略、区域发展模式和区域发展的阶段，分析区域内城市结构、产业结构、产业分布、城市间的联系度，对区域发展、区域内土地的合理利用、交通线及重大工程项目选址或产业项目布局提出战略思考。分析区域产业的优势、区位条件。培养学生综合思维、系统思维和统筹兼顾的思想和可持续发展的意识。关注区域规划和土地利用中的集约节约用地问题、生态效率问题、区域协调发展问题、老少边穷地区平衡发展问题，企业集群、城乡统筹发展、城乡一体化发展等问题。该类题型多与区域地理、城市地理、产业布局相结合。建议多关注本省本地区的城乡规划、区域规划及可持续发展问题，将城乡规划、区域规划知识及可持续发展知识用于实践中。

4. 关注中国区域发展战略的演变和农村发展

在区域地理教学中要将我国区域发展战略的演变及农村改革政策与时代背景联系起来，与政治、历史学科联系起来，用区域战略分析与区域战略规划的思路分析我国区域战略制定的合理性和不足，培养学生分析判断能力和时事解读能力。

1）我国区域发展战略的演变

从 1949 年新中国成立到 1978 年改革开放前，为了改变旧中国遗留下来的工业布局极不平衡的状况，我国实行了区域均衡发展战略，主要是通过计划手段配置资源，促进工业布局由沿海向内地推进。这期间，我国工业布局不合理的局面得到改观，内地经济得到发展，初步形成各具特点的各大经济协作区，但沿海与内地的发展差距仍在扩大。

从改革开放初到上个世纪 90 年代中后期，我国实行了区域不均衡发展战略，通过设立经济特区、开放沿海城市等一系列对外开放措施，促进沿海地区率先发展。这一时期，我国经济进入高速增长期，但区域发展差距进一步扩大。

从 20 世纪 90 年代中后期以来，针对东部地区与中西部地区差距扩大的问题，我国政府更加重视支持中西部地区经济的发展，加大了工作力度，逐步形成并确立了促进区域协调发展总体战略。根据资源环境承载能力、发展基础和潜力，按照发挥比较优势、加强薄弱环节、享受均等化公共服务的要求，逐步形成主体功能定位清晰、东中西良性互动、公共服务和人民生活水平差距趋向缩小的区域协调发展格局。坚持推进西部大开发，振兴东北地区等老工业基地，促进中部地区崛起，鼓励东部地区率先发展。

新的区域发展战略由更多关注区域差距向促进区域协调发展转变。从更多关注经济差距向更加注重社会公平和促进基本公共服务均等化转变；从更多关注经济增长向经济与资源环境相协调发展转变。中国政府高度重视资源节约、环境保护和生态建设，在国土空间规划中按照资源环境承载能力划分主体功能区，把促进区域协调发展提升到了更高水平。

2）新农村建设与城乡一体化

党的十六届五中全会作出了加快社会主义新农村建设的重大决定，提出实施以“生产发展、生活宽裕、乡风文明、村容整洁、管理民主”为内容的新农村建设战略。社会主义新农村建设是统筹城乡发展和以工促农、以城带乡的基本途径，是缩小城乡差距、扩大农村市场需求的根本出路，是解决“三农”问题、全面建设小康社会的重大战略举措。新农村概念的提出，是在科学发展观、以人为本、构建和谐社会三大理念引领下的创新。新农村不仅仅局限于某个生产领域或者某个环节，而是物质文明、政治文明、精神文明三个文明建设有机结合、综合协调的发展。新农村建设的含义和工作部署，是城乡融为一体作为一个系统工程来考虑的。随着时代的发展，还将不断赋予新的内涵和新的内容。

城乡一体化是我国现代化和城市化发展的一个新阶段，把工业与农业、城市与乡村、城镇居民与农村居民作为一个整体，统筹谋划、综合研究，通过体制改革和政策调整，促进城乡在规划建设、产业发展、市场信息、政策措施、生态环境保护、社会事业发展的一体化。城乡一体化涉及社会经济、生态环境、文化生活、空间景观等多方面。城乡一体化是随着生产力的发展而促进城乡居民生产方式、生活方式和居住方式变化的过程，使城乡人口、技术、资本、资源等要素相互融合，互为资源，互为市场，互相服务，逐步达到城乡之间在经济、社会、文化、生态上协调发展的过程。

经典试题 1

（2008 宁夏文综）37.（28 分）阅读资料，完成下列要求。

杭州湾跨海大桥于 2008 年 5 月 1 日正式通车。大桥南起宁波慈溪，北至嘉兴海盐（图 5.4），是世界上建造难度最大的跨海大桥之一。

（1）分析造成大桥施工困难的自然原因。（12 分）

（2）从宁波到上海，经该桥将比走原有公路路程短。据图估算缩短的里程约为（　　）千米。（4 分）

（3）试评价大桥建成后产生的主要经济和环境效益。（12 分）

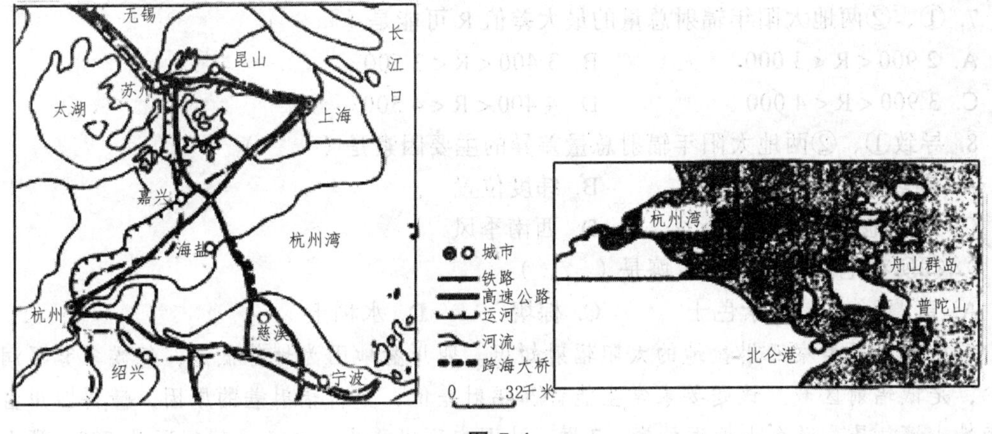

图 5.4

解析：该题考察杭州湾跨海大桥有关情况，是热点时事问题。从自然条件分析该桥建设难的原因，在图上估算里程，评价大桥建成后产生的主要经济和环境效益。学生需有环境评价的有关知识和方法，懂得杭州湾地区的自然地理环境特征及大桥施工的有关知识，具有较高的综合性，贴近生活生产实际和时事热点问题。答案：（1）①海域宽阔②台风多③潮差大④流速急⑤水深，风浪大⑥海洋腐蚀环境作用严重⑦桥墩地基。（2）（在 85—105 间的值均可（3）降低交通成本加强区域经济联系（增进区域经济整合）实现节能减排（减少运输油耗及尾气排放，减轻环境污染）。

经典试题 2:

（2006 四川文综）图 5.5 是某区域太阳年辐射总量等值线图（单位：百万焦耳/平方米·年）。据此回答 7～9 题。

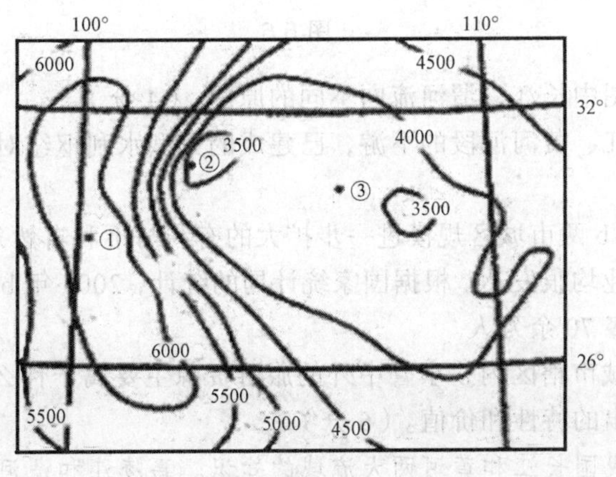

图 5.5

7. ①、②两地太阳年辐射总量的最大差值 R 可能是（　　）。

A. 2 900 < R < 3 000　　B. 3 400 < R < 3 500

C. 3 900 < R < 4 000　　D. 4 400 < R < 4 500

8. 导致①、②两地太阳年辐射总量差异的主要因素是（　　）。

A. 副热带高压　　B. 纬度位置

C. 地形地势　　D. 西南季风

9. ③所在地区的地带性土壤是（　　）

A. 黄壤　　B. 紫色土　　C. 棕壤　　D. 水稻土

解析：该题考察四川盆地的太阳辐射知识。四川盆地因为地势低洼，气候多雾湿润，日照少，是低辐射区域。该题要求学生能计算辐射差值，分析辐射差的原因，懂得四川盆地的地带性土壤，是一道乡土地理的题。7 题，从图中可以看出，每条线的间距是 500，那么①最大的辐射值小于 6 500，②最小的辐射值大于 3 000，因而它们的最大差值小于 3 500。四川的地带性土壤是黄壤，在此基础上发育了四川盆地的紫色土。答案：7B8C9A。

经典试题 3

（2006 天津卷）36.（26 分）读我国两区域图（图 5.6），回答问题。

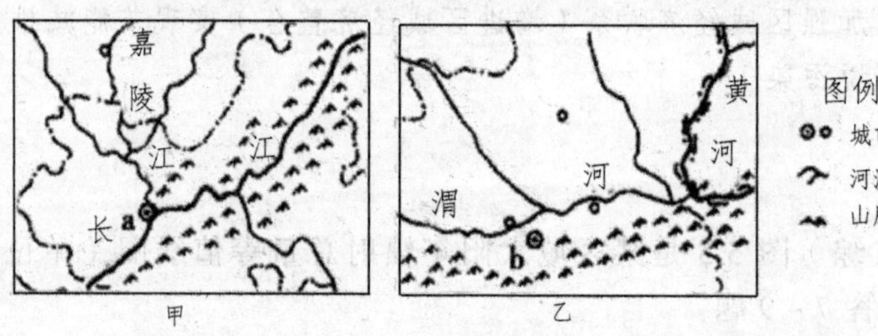

图 5.6

（1）请分别说明图中长江、渭河流向不同的原因。（4 分）

（2）图中所示长江、黄河河段的下游，已建成的大型水利枢纽对嘉陵江、渭河相同的影响有哪些？（4 分）

（3）分别说明 a、b 两市城区规模进一步扩大的有利与不利自然条件及其影响。（8 分）

a、b 两城市旅游业均很发达。根据国家统计局的统计，2005 年 b 城市接待外国和港澳台游客的数量比 a 城市多 70 余万人。

（4）分别说明两城市辖区内，享誉中外的旅游资源主要属于什么类型？（4 分）（5）说明 b 城市旅游资源突出的特性和价值。（6 分）

解析：该题考察我国长江和黄河两大流域的知识。嘉陵江和渭河是长江和黄河的主要支流，从流向看前者受四川盆地的影响向南流，后者由于受断陷构造的影响呈东西向流入黄河。长江、黄河河段的下游已建成的大型水利枢纽对嘉陵江、渭河相同的影响主要是抬高水位，影响河流的动力状态，改变河流的动力平衡和生态环境，影响河流的生物生存状态。图中ab两市指重庆和西安，二者城市扩大的制约因素前者主要是山脉和河流的限制，二者旅游资源分别属于自然景观和人文景观型。该题考察了我国西北和西南两大城市区域的主要河流的流向，干流水利工程对支流的影响、城市建设的不利条件、两城市的旅游资源特色等，通过对比方式进行。考察的内容多角度，但彼此之间没有紧密联系，有拼凑之嫌。考察长江、渭河流向不同的原因感觉很诧异，二者并非同一级次，二者流向也没有太大的差异，倒不如考嘉陵江和渭河流向的差异及其成因。答案：（1）长江：地势西南高，东北低.；渭河：地势西高东低。（2）流速降低：加快泥沙淤积（水位升高，河流水面变宽）。（3）a城市：地表起伏较大，土地利用难度大；邻近的河流水量大，水源充足。b 城市：地形平坦开阔，空间拓展余地较大；邻近的河流水量有限，水源不足。（4）a城市享誉中外的旅游资源主要为自然景观；b城市旅游资源为人文景观。（5）a城市：很多文化景观是中华文明的典型代表，非凡性更加突出；旅游资源丰富，多样性突出；b城市：历史文化价值更高。

经典试题 4

（2005 全国文综卷 1）图 5.7 为亚洲两个国家略图。读图回答 5～7 题。

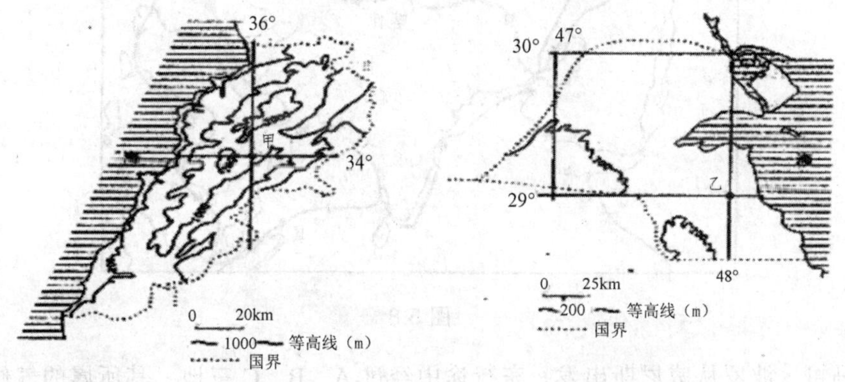

图 5.7

5. 两国的临海分别是（　　）。

A. 红海、亚丁湾　　B. 安达曼海、泰国湾

C. 地中海、波斯湾　　D. 阿拉伯海、孟加拉湾

6. ②图所示国家的自然特点是（　　）。

A. 面临海洋、降水丰沛　　B. 地势低平、植被茂盛

C. 冬温夏凉、四季如春　　D. 沙漠广布、炎热干燥

7. 据地理坐标判断，甲乙两地距离约为（　　）。

A. 300 千米　　B. 550 千米　　C. 1 300 千米　　D. 1 550 千米

解析：该题考察以色列和科威特两个国家的地理特征。从图中经纬度可以判断这两个国家，它们分别位于地中海和波斯湾。科威特沙漠广布、炎热干燥。从图中看出甲乙两地经度相差 12 度，纬度相差 7 度。按照赤道附近 1 度 111 千米计算的话，北纬 30 度附近纬线圈上 1 度为 $111\times\cos30^\circ=92.4$。则二者经线方向相差为 555 千米（纬度相差 5 度），纬线方向相差约 $92.4\times12=1\ 108$ 米，则二者距离至少大于 1 108 米，甲乙两地距离约 1 300 千米，也可以按照三角公式直接算出。此题需熟悉亚洲国家的经纬度位置和海陆位置及它们的地理特征，懂得在经纬网上估算两地的距离。答案：5C6D7C。

经典试题 5

（2007 江苏卷）32. 图 5.8 为“1271—1295 年马可 · 波罗东行路线示意图”。读图回答下列问题。（17 分）

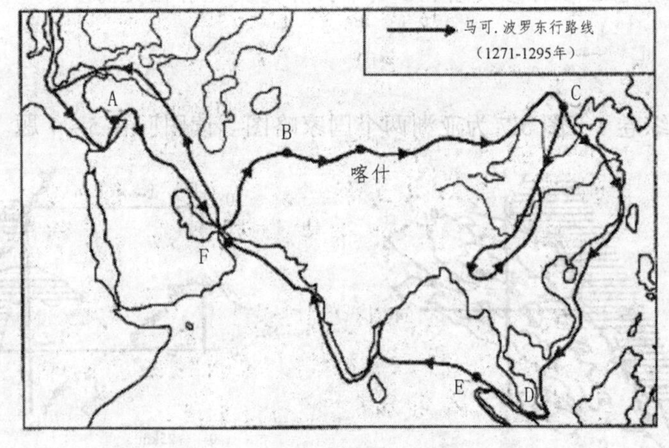

图 5.8

（1）马可 · 波罗从威尼斯出发，东行途中经过 A、B、C 三地，其所属的气候类型分别是 A________B________C________。其中 A 地的气候特征是________。（5 分）

（2）马可 · 波罗乘船返回途中，途经的 D 处为________海峡，E 处位于________板块和________板块的交界处附近。（3 分）

（3）途经的 F 处比 E 处的海水盐度（高、低），形成这种差异的主要原因是。（4 分）

（4）本题丙选做题，只可从 A、B 两题中选做一题，并在答题卡上把所选题目对应字母后的方框涂黑。（5 分）

A 题：马可 · 波罗途经塔里木盆地西部边缘的喀什时，得知当地“有美丽的花园、果园、葡萄园，棉花、亚麻产量十分丰富”。请简要分析当地棉花种植的有利自然条件。

B 题：马可 · 波罗往返途中都经过西亚地区。请简要分析当今西亚地理位置的重要性。

解析：该题考察马可波罗途径地区的地理特征、气候特征、物产风情。需要历史、地理、区域等不同学科知识的综合，考生要对区域地理熟悉，对世界海陆分布、位置轮廓熟悉。答案：(1) A、B、C 三地气候类型分别为地中海气候、温带大陆性气候、温带季风气候，A 地气候物质为：夏季炎热干燥，冬季温和湿润。(2) 马六甲亚欧印度洋。(3) 高 F 处降水较少，蒸发旺盛。(4) A 题：光照条件好；热量充足；灌溉便利；地势平坦。B 题：处于联系亚、欧、非三大洲，沟通大西洋和印度洋的枢纽地位；是世界石油运输的重要通道。

第六节　地理高考热点问题

一、热点问题与热点地区

热点问题从时间上看，是指近一年发生的重大地理事件、工程；从学科本身看，是指近年来本学科一直关注的和涉及的地理学科主干知识。热点问题考察内容十分广泛，可以与天文知识、地球概论知识、气候知识、地质地貌知识等结合，与人类的重大活动尤其是科学探索活动以及重大的政治事件有关。与政治历史结合可以形成政治、历史、地理的综合题型。如中国与南海周边国家的领土争端问题、中国与美国、日本的关系问题、中国与非洲拉丁美洲国家的经济援助关系、索马里海盗问题、人口问题、资源问题、环境问题、可持续发展问题、中东问题、历史上给人类以惨痛回忆和教训的重大的事件、国际区域合作与国际区域冲突、中国社会热点事件、地理科学或其他学科在科研上与地理科学有关的科学研究的新成果，以及属于地理科学要研究的新事件、能够用地理原理解释的现实问题（建筑中房屋的朝向、太阳能热水器安放角度、北方秋雨、南方梅雨、贵阳冬雨的解释）等。

热点地区是曾经或正在对世界产生着重大影响的地区。如世界性交通要道：中东（苏伊士运河，土耳其海峡，“五海三洲之地”）、中美洲（巴拿马运河）、东南亚（马六甲海峡）等；油气资源蕴藏区：中东、中亚（石油与天然气）、中国油气资源分布及调配等；民族矛盾尖锐区：印度半岛（印、巴冲突）、巴勒斯坦地区、北爱尔兰、朝鲜半岛等；生态环境破坏区：亚马逊流域（热带雨林急剧消失）、主要海上航线（油轮石油泄漏）、极地（臭氧空洞产生与 DDT 等残毒污染）、温带草原区（草原退化、土地沙化）等；自然灾害高发区地质灾害高发区：环太平洋带和地中海—喜马拉雅带（日本、东南亚、土耳其）等；气象灾害高发区：东亚、南亚（洪涝、干旱、台风或飓风、寒潮及沙尘暴）、非洲（干旱）、美国南部（飓风、寒潮）等；经济持续增长区，如：中国东部沿海、中国中部地区、中国泛珠三角地区、日本、东南亚、美国西海岸、德国等。学生要学会在复习中将热点、焦点问题回归到课本，从中找出相关的地理素材和地理原理，运用教材主干知识分析热点问题。

二、热点试题的表现特征

1. 取材于容易“地理化”的资料信息

热点试题是热点事件与地理的有机结合，热点试题的材料往往需要较易地理化的材料，这样才能利用有关的地理知识和地理原理进行分析。

2. 取材偏向于国家重大工程建设等经济活动

我国的西气东输、青藏铁路、西电东送、南水北调等重大工程和西部大开发等战略思想，其中许多技术层面的内容是高考命题的好素材，例如线路的选择、资源的开发、水量平衡和水循环原理、工程与环保、三峡工程与移民等。不失时机抓住国家重大工程建设命题，不仅使试题新颖、规范、科学，也在客观上加快了中学地理教学从应试教育向素质教育转轨的步伐。

3. 试题设问具有开放性

时政试题往往“出奇”制胜。时政背景材料往往经过优化组合和再加工，通过发散联系设问。答题时能体现出考生答题思维的逻辑性和创新性。

4. 试题的高度综合性和时政性

热点问题涉及自然、社会、经济、政治、历史等多方面知识，具有学科内和跨学科知识的高度综合性。同时热点问题往往触及争议的区域或争议的话题，具有时政性和政治的敏感性。

三、时政热点的教学策略

1. 夯实双基教学，培养科学的解题方法

一切地理高考热点问题都能在地理学科中找到它依托的原理或基于的地理知识。强调双基教学，强调知识的迁移运用能力依然是热点问题复习备考的关键。面临热点问题，地理教师要善于引导学生透过热点的表象，抓住其地理原理的实质，掌握科学的热点问题破解的方法。

2. 引导学生搜集媒体信息，培养学生关注热点问题的习惯

热点问题信息的来源渠道非常广泛，通过电视、广播、报刊、网络等都可获取大量信息，教师凭直觉和经验进行筛选，优化出能用地理语言表达的时政热点，同时寻找相匹配的数据资料、文字材料和图像表格，通过发散性思维与教材内容进行联系，设计出既有新意又不失水准的地理热点试题来。时政热点复习时，多运用这样的范例式教学，培养学生关注热点问题的习惯，并提高其学习地理的能力。

3. 建设校本地理课程资源，回归生活世界

校本课程是基于学校内外教育、教学资源和学生及老师的特点开发的地方课程。地理高考教学中要充分利用校本课程和生活中的案例进行探究活动教学，通过各种方式，如选择、改编、整合、补充等，对地理课程进行再加工、再创造，使地理课程校本化、个性化，从而符合本学校特点和需要。校本课程建设可以就地取材，收集地理知识图片，调查并反映本地的环境问题，建立地理研究成果展示橱窗，组织学生交流资料，设计符合课程目标的模拟活动和实践体验。教学中通过校本课程建设，促使学生关注区域重点、热点问题，形成应用地理知识解决区域热点问题的习惯，使学生所学地理知识回归生活世界。

4. 引导关注时事新闻重大地理事件和政治事件，从地理视角分析问题

引导学生关注时事新闻，尤其是与地理相关的。关心世界及重要国家政治格局的变化，关心中国的对外关系发展，从地理角度去解读重大地理事件和政治事件。如极地考察、星空探测、探月计划及一些地理灾害事件等。

经典试题 1

（2006 广东地理）16. 中国第 22 次南极考察队乘“雪龙”号共航行 2.27 万海里（1 海里=1.852 千米，地球平均半径为 6 371 千米），收集陨石 5 千多块。这次考察的行程相当于绕 30 度纬线多少圈？南极地区陨石丰富的原因是（　　）。

A. 2 圈多；降落的陨石比别的地区多　　　　B. 1 圈多；气候寒冷，陨石容易保存

C. 2 圈多；磁场强、能吸引更多陨石　　　　D. 1 圈多；降落的陨石比别的地区大

解析：该题以南极考察收集陨石为素材，考察纬线圈的长度、南极的气候特征。该题解题思路为：30 度纬线的长度 = 赤道长度 × cos30° = 4 万千米 × 0.866，再与航行距离 2.27 万海里（2.27 万 × 1.852 千米）相比，这次考察的行程相当于绕 30 度纬线 1 圈多。这里陨石多是因为气候寒冷、人迹罕至，陨石容易保存。答案：B。

经典试题 2

（2005 全国卷 3）2004 年 7 月 28 日我国第一个北极科学考察站——黄河站（78°55′N，11°56′E）建成。据此回答 1～2 题。

1. 从黄河站往正南方，将到达（　　）。

A. 斯堪的纳维亚半岛　　　　B. 西伯利亚

C. 阿拉斯加　　　　　　　　D. 大不列颠岛

2. 黄河站至北极点的距离约为（　　）。

A. 600 千米　　B. 900 千米　　C. 1 200 千米　　D. 1 500 千米

解析：该题考察我国第一个北极科学考察站黄河站的地理位置。学生要能在判断极地附近的方位和计算距离。1 题正南方也就是经线朝南所在的方向。2 题中至北极点的距离可以根据与极点纬度差来计算，1 个纬度距是 110 千米。答案：1A2C。

思 考 题

1. 查阅相关学术文献和书籍，写一篇 3 000～4 000 字的小论文，围绕高考地理教学中建构主义理论的应用展开。

2. 做一个对学生的评价计划，要求包含学生从高一到高三的高中地理学习全过程。

3. 高考地理教学中如何贯彻新课程理念？高考地理教学中如何培养学生能力？

4. 高考地理教学中如何充分应用地图及信息技术？

5. 为地理高考复习设计以区域地理为主题的专题教学计划及教学策略，通过该计划达到使学生熟悉世界主要区域的目的。

6. 以地理热点问题为线索设计 2～3 个地理高考复习的专题，要求结合当地社会经济发展。

第六章

地理高考复习

第一节　地理高考备考方略

高中地理是中学学科教学体系中一门特殊学科，它知识内容复杂，综合性强，与其他学科间存在着广泛的联系。按照普通高中地理课程的总体目标，学生学习高中地理，需初步掌握地理基本知识和原理，获得地理基本技能，发展地理思维能力；初步掌握学习与探究地理问题的基本方法和技术手段；增强爱国情感，树立科学的人口观资源观环境观和可持续发展观具有知识与技能过程与方法情感态度与价值观三个维度。地理高考重在考查对知识理解的准确性、深刻性，以及知识的综合灵活运用。地理教师在备考复习中要巩固和深化学生地理基础知识，提高学生运用基础知识和综合思维的能力，发展学生地理思想观、熟练掌握地理学习方法和考试技巧。备考战略的制定的科学性和可操作性直接影响新课程目标的达成和地理高考成绩。

阅读材料：地理课程标准、地理教学大纲与地理高考大纲

1. 地理课程标准

新课标的一个重要理念就是要学生学会对生活有用的地理,学会对终生发展有用的地理。提倡课堂的生成性和不完全预设，鼓励课堂中教师和学生的真实情感智慧的交流。学生通过自主、合作、探究等学习方法生成众多超出教材内容的问题，获得创新思维的能力。建构主义学习理论认为，任何知识都是一个积极主动的建构过程，学习者不是被动地接受外在信息，不是简单地复制知识，而是主动地根据先前的经验和知识结构有选择地接收外在信息解释信息，并生成新的信息，从而内化为自己的知识。新课程的理念跟结构主义理论是一致的。

《课程标准》指出，高中地理课程的功能是“提供现代公民必备的地理知识，增强学生的

地理学习能力和生存能力。关注人口、资源、环境和区域发展等基本问题，以利于学生正确认识人地关系，形成可持续发展的观念”。总目标包括“知识与技能”、“过程与方法”、“情感态度和价值观”三个具体维度，“要求学生初步掌握地理基本知识和基本原理；获得地理基本技能，发展地理思维能力，初步掌握学习和探究地理问题的基本方法和技术手段；增强爱国主义情感，树立科学的人口观、资源观、环境观和可持续发展观念。新课标将原来旧大纲地理十大方面的能力要求整合为获取和解读、调动和运用、描述和阐释、论证和探讨四个方面的能力（见表 6.1）。

表 6.1 地理课程标准对学生的评价

考查目的	主要考查内容
地理知识的理解与应用	对地理概念、原理、规律、理论的表述；能否激活所储存的已学知识，能否将相关知识迁移到具体情境之中。
地理技能的形成和运用	对各种地理技能的功能、方法和要领的了解程度，选择应用地理技能的合理程度，运用地理技能的熟练程度，以及应用地理技能所取得的学习和研究成果的正确程度和实际价值。
地理科学方法的掌握及探究活动的质量	对地理观察、区域分析与综合、地理比较等常用地理研究方法的领悟、掌握状况和运用水平；能否发现和提出地理问题，提出问题的假设，独立思考和解决地理问题，合理表达，交流探究成果等。
情感态度与价值观的形成	对地理学科的认识、科学精神与态度，对自然地理环境与社会的态度和责感。

表 6.2 《地理教学大纲》和《考试大纲》的内容构成比较

《地理教学大纲》的内容构成		《考试大纲》的内容构成
初中义务教育课程	世界地理	世界地理
	中国地理	中国地理
高中课程	必修课程（包括自然地理和人文地理）	自然地理和地图
	选修课程（以人文地理为主）	人文地理

2. 地理教学大纲

《教学大纲》或《课程标准》是教材编写的依据。大纲或课程标准从知识内容、能力要求、态度、情感、价值观等方面对教材作出基本规定，而教材是实际教学工作的依据和对象，是课标知识的载体。传统教材是地理学科知识点的载体，注重知识的完整性和逻辑性。新课标教材的编写思路则是以地理学科理论为背景，以课标三维发展目标（知识与技能过程与方法情感态度与价值观）为核心，体现能力立意和问题探究（见表 6.2）。目前我国实行一标多本的制度，高中地理教材有湘教版、人教版、鲁教版和中图版等四种版本。

3. 地理高考大纲

地理高考是对学生理解课标掌握教材的检测，强化能力考核，强调考生创新素质的培养，考查学生对各学科知识整体把握，综合分析问题、解决问题的思维能力；突出强调知识之间的内在联系，强调学以致用和理论联系实际；倡导创新意识和创新精神。地理高考大纲中的考试内容体现了教学大纲的要求，既适应了统一标准的要求，也适应教材内容的多样性，又有一定的变化性和不确定性和选材的时代性，反映社会现状、趋势和科学发展的最新动态。《考试大纲》和《考试说明》是地理高考命题的直接依据。

表 6.3　教学大纲、课程标准、教育宪章及考试大纲对中学生地理能力的要求比较

2002 年高中《地理教学大纲》	① 关注基础知识的掌握和应用，② 注重能力的提高以及情感、态度、价值观的形成。
高中《地理课程标准（实验）》	知识与技能评价包括价值判断能力，批判性思考能力、社会责任感、人生规划能力形成状况的评价；学习能力包括学科知识的学习和运用能力和人生规划能力。地理学科能力概括为四个层次的能力要求：① 实验操作能力，② 信息加工能力，③ 理论探究能力，④ 表达交流能力。
《地理教育国际宪章》	“学生必须发展有助于解决当前和未来空间组织问题的地理技能。”认为“地理教育在读写能力、口头表达能力、计算能力和图解能力等方面作出了贡献。”提出在技能发展上要做到以下两个方面：“利用以文字、数据和符号等形式表达的资料，联系怎样进行实地考察绘制地图、进行访问、理解二手资料和运用统计数据；利用信息传播、思考、实践和社交等技能去探究从本地到世界各地不同规模的地理课题。”
2006 年地理《考试大纲》	将考试能力的目标分为“获取和解读信息、调动和运用知识、描述和阐释事物、论证和探讨事物”四个方面，并对每一方面目标在要求的层次和水平上分为六级，明确了在高考中的能力范围和要求水平

一、重视对《新课程标准》、《考试大纲》、《考试说明》的学习研究，准确把握高考动向

《新课程标准》、《考试大纲》和《考试说明》是地理高考命题的依据，通过研读《高考考试大纲》既可查漏补缺，熟悉高考题型、题量、难度分布特点，准确地把握新课改对知识、能力以及价值观的要求，把握高考命题方向，有的放矢，提高效率。

（1）将《考试大纲》中的考试目标与《课程标准》中的教学目标进行对照，以考试目标为准绳，突出教学目标的重点，把《考试大纲》中对考试的宏观要求与《考试大纲》中对教材的微观处理结合起来，把准复习的方向，找准学习的重难点和落脚点。

（2）将《考试大纲》中要考查的知识点和对能力层次的要求与课本中的相关概念知识、相关原理及相关技能技巧训练联系起来，依纲务本。

（3）将新《考试大纲》与旧《考试大纲》对照学习，摸准高考命题的变化点，弄清样题的题量和题型，把握地理高考试题变化的趋势，提高复习训练的针对性。

二、关注时事热点，密切联系生产生活实际，重视培养运用地理知识解决实际问题能力

“地理热点问题”是普遍关注的经济社会发展中需要解决的重大的问题，是关系人民群众生产、生活的实际和切身利益的问题，是党和国家人民群众着力解决的问题。教师要留意新闻媒体和教辅资料，及时收集与地理学科相关的热点问题、热点地区及生活生产中的地理问题，并加以整理归类，引导学生运用教材主干知识和基本原理进行分析，培养学生养成自觉关心时事热点，学以致用的习惯。

三、循序渐进，适度提高

教师要尊重学生主体地位，地理高考复习教学要注重学生参与，符合学生身心特点和接受能力，从学生实际出发，设计知识掌握程度和能力发展程度、复习的进度和训练的强度，循序渐进，适度提高。建议进行四轮复习模式，循序渐进。第一轮时间应该长一些，重视基础知识的掌握；第二轮时间可以稍短一些，内容可以适当加深、拓展和提高；第三轮复习查漏补缺。最后一轮考前冲刺与调适（详见本书第六章第二节阶段复习法）。

四、发挥集体智慧，加强备课、备考和教学研究

地理高考复习内容多，头绪纷繁复杂，建议分头搜寻资料，分组分专题进行集体备课、备考准备。安排人员对历年试题进行系统研究，通过研究历年试题，寻找共性，对比相同考点寻找变化，研究近期试题重点寻找趋势。在教学中，以历年典型的、有代表性的高考试题做模版，进行一题多变、一题多解、多题归一的训练，提高训练的针对性和实效性和复习效率。加强与其他学校同行的沟通和交流，做到信息畅通，必要时可以派组员外出考察学习，或请进专家就高考趋势进行交流。根据研究和调研的结论，制定本备课组的备考战略，有针对性地复习，提高复习效益。

五、整合高初中地理知识的，形成知识系统

地理高考题往往以区域地理为背景材料，运用系统地理的原理分析、判断、评析和解决某一国家或地区的地理特征和现实存在的某种地理现象，知识的跨度大，综合性强。在高三复习教学中，教师要把高初中地理知识有机结合起来进行系统的复习，用高中地理的原理、规律去解释初中地理的地理事实，以初中地理的区域为载体，去考查高中地理的原理、规律。

初中地理的复习中主要加强地图、地理事实、区域知识及相关常识的复习，熟悉各大洲常见地区地图的基本特征，包括重点地区地形地貌、气候天气等特征。高中地理的复习要以高中课本的知识体系为依托，努力培养学生地理综合能力。

六、专题复习与系统复习结合

根据具体情况，老师可以采用专题复习和系统复习两种方式。通过系统复习，整理归纳，编织知识网络；通过专题复习，进行专门技能训练和专项知识概括。专题设立可以与学生共同商量确定，以适合师生的特点和需要。可以是知识归纳性的专题，如“湖泊”、“岛屿”、“最”等，也可以是方法技能性的专题，如“选择题的答题方法”、“图像分析”专题等。专题可以设计成陈述性的专题和练习性专题。通过专题训练地理技能，促进学生动手，熟练掌握运用必要的地理技能，并在动手的同时加深知识的理解和记忆。

七、知识前后左右串联，总结拓展

高考地理复习中，要将零散的知识点，能力点串联起来，构建知识网络，形成能力。以时间为线索、以空间作媒体、以圈层为载体、以热点或学科交叉点为纽带联系地理知识进行学科内综合和集成，拓宽学生思路，形成地理知识链条，构建知识网络。如，太阳直射点的移动而产生的全球各地正午太阳高度、昼夜长短的变化规律，我国锋面雨带随时间的推移规律，冷锋和暖锋过境前过境时及过境后的天气特点，北印度洋季风洋流随时间的变化规律等。

八、引导学生掌握答题的技巧，学会考试

考前做一定数量的习题，了解考试命题的原则及思路，研究题目类型，揣摸解题方法，从而掌握各类题目的基本特征及解答规律，掌握答题步骤、答题的技巧、答题的策略、审题和检查的方法。通过实战演练，积累考试经验，逐步形成自己的应考方法。做到举一反三、触类旁通，遇到新问题时，可迅速确定解决思路。

第二节 地理高考阶段复习法

第一轮复习是全面细致、夯实基础的积累期；第二轮复习进行专题突破、能力提升；第三

轮复习进行强化训练、查漏补缺和最后冲刺。第四轮复习冲刺阶段复习，考前的几天，学生回归教材，教师答疑、提示，通过答疑解惑、核心提示，学生积极调整，从容应对高考。

一、第一轮：基础阶段。立足教材，自主探究、师生互动、讲练结合，构建主干知识框架

第一轮复习一般在 2 月底之前完成。开展初中世界地理、中国区域地理、高中自然地理、人文地理四大板块的复习。该阶段须着眼学科内的双基，注重学科内主干知识的复习整理。不同板块采取不同的应对策略，以高中必修内容为主，兼顾初中内容。在区域地理的复习过程中，可有选择性地进行热点、重点区域的小专题复习，构成“区域 + 专题”的复合复习模式，强化初、高中知识间，新、老教材间的联系，对某一地区、某一地理事物有一整体的把握，培养学生学科内综合能力。

1. 目标任务

第一轮复习的目标是打基础、抓主干，理清知识脉络，形成知识体系。重点是加强各科基础知识的学习，注意基本技能和基本方法的训练，形成完整知识体系，为后两个阶段培养学生的能力打下坚实的基础。

2. 复习策略

第一轮复习是基础知识积累的重要一环。此阶段主要是基本知识、基础知识的梳理，实现基础知识的“量的积累”。善于归类、比较、整合，找出地理各部分之间的关系，化解细化复杂的点，构建出知识网络，把握主干知识，把重点讲透，难点讲清，使学生更能集中时间和精力，有效地提高学习质量。一般用两个学期进行第一轮复习。第一轮复习以学科知识体系构建，突出高中地理大框架地理大框架。把面铺宽，让基础知识主干知识系统化。

（1）摸清情况，科学规划。组织教研组人员对考纲进行深入研究，对近几年的高考试题进行汇总，明确各章节常考点，对试题难度系数做到胸中有数。对学生知识和能力的结构及水平进行评估，了解学生的学生特点、学习基础和潜力。科学规划复习进程、难度和预期目标，制定相应管理措施。

（2）落实基础知识和重点知识及基本原理。引导学生对高一高二学过的知识进行梳理，对学生遗忘的知识加强回顾，帮助学生理清主干知识结构，对基础知识一一过手，同时进行典型例题讲解和随堂训练。注重化繁为简，突出重点、难点，不断训练。对于地理基础知识、基本原理理解透彻，能够运用到实际问题的解决中，达到举一反三的地步。

（3）补足初中地理知识，加强地理技能训练。教师必须重视初中地理的复习，而且注意

教给学生复习的方法。另一个薄弱环节是地图，地图是学习地理的敲门砖，而考题几乎都与地图有关，因而必须让学生学会读图、用图和作图。

（4）加强学法指导。促使学生形成良好的学习习惯和正确的学习方法。这里的方法包括看书的方法、记忆的方法、解题的方法。需要教师结合教材，正确引导学生归纳、总结，并根据自己的实际情况采用适当的记忆方法，结合练习渗透解题的方法和技巧。

（5）精讲精练，循序渐进。在选题上下工夫，既要适应高考的要求又要符合学生实际循序渐进；特别要结合当时复习的知识点针对性地训练，同时又要带动前面复习的知识，进行滚动式的练习以减少学生的遗忘。讲解时既要让学生能听懂，又不能包办代替，通过提示、启发、引导学生动脑动手形成自己的思维，并适当扩展、迁移。适时进行测验，以检测复习的效果。

二、第二轮：提升能力阶段，试卷点评，专题突破

第二轮的复习一般安排在4月底之前完成。主要是学科内专题复习、学科间综合试题的分析和高考模拟试卷的练习。该阶段重点注意知识间的内在联系，建立知识网络，形成学科知识体系；着眼于学科内的综合，适当进行跨学科的综合；精讲精练，突破重难点。让学生收集整理热点资料，由教师去挖掘、设计问题，也可由学生自行去编制综合试题，拓宽思路、开阔视野。

1. 目标任务

通过专题复习，加强知识的横向联系，形成知识网络，培养学生分析、解决问题的能力。帮助学生分析怎么考，考试怎么答，注意题意的分析，培养思维的敏捷性、答题的规范性，使学生的能力得到明显提升。

2. 复习策略

此阶段以提升学生能力为主，引导学生体会地理学科的思维特点，总结解题规律和技巧，有意识、有目的、有针对性地进行训练，提高解题能力。复习方法以学生为主体，做到方向把握、制订专题、专题讲解、训练落实、试卷点评到位。

（1）诊断分析，制定专题计划。确定复习的重点，捕捉高考的热点，找出第一轮复习的弱点。以教材为基础以学生为本位，确定专题结构和专题类型。针对学生的薄弱环节确定专题内容，进行专题训练，做到详略得当，针对性强。

二轮复习中可以穿插小专题来强化地理知识的区域性和系统性。可以设立地球和地图、地球的运动与光照图、等值线图判断、大气运动规律、气候分析、陆地和海洋、地理统计图、

区位分析方法、区域地理、环境保护和可持续发展、选修部分、地理答题技能等专题。重点培养考试大纲中指出的各种能力。

（2）专题讲解，串联知识。专题复习则将学生已有的知识点串联起来，使知识点之间的联系脉络分明。师生共同归纳专题的线索或要点，让学生根据线索回忆、查找、理顺知识点，主动学习、将书本知识变为自己的知识。

（3）讲练结合，促进迁移。利用练习题让学生把第一阶段复习的知识点中与此题相关的知识点"牵"出来，达到既巩固知识又训练学生对知识的迁移能力的目的。

（4）"点面"结合，回归教材。利用典型专题复习带动零散的知识点形成系统的知识。利用习题引导学生根据已知条件调动所学的相关知识点，并利用教材一一落实。达到巩固知识、查漏补缺，回归教材的目的。

三、第三轮：强化阶段，系列训练，掌握技巧

第三轮复习一般安排在5月份。重新回顾、审视、整理自然地理、人文地理、区域地理的知识结构，教学中以问题解决形式，了解、检测学生的掌握程度、解题思路及综合分析问题的能力。做到有的放矢，查漏补缺，凝聚升华。

1. 目标任务

此阶段要做一定数量的习题，巩固知识，提高技能，在解题中了解考试命题的原则及思路，研究试题特色，揣摸解题方法，掌握解答规律。通过反复训练掌握答题步骤、技巧、策略及审题和检查的方法。组织模拟考试，提高学生实践能力，积累考试经验，逐步形成自己的应考方法。

2. 复习策略

进行学科综合训练和点评，通过学科综合卷训练学生的应考能力。回归教科书，重视知识的全面掌握，脚踏实地对各个考点进行系统复习，构建以能力为首位的复习模式。

（1）对照《考试大纲》，梳理知识，查漏补缺；整合考点，构建网络。

（2）精练试题，善于归纳，总结和反思，提高答题技巧。注意对错题的自我总结，如果发现问题进行查漏补缺。

（3）讲评课查漏补缺，对考点的知识内容加以深化。引导学生多角度、多层次思考，与学生交流解题技巧、方法、培养并规范学生的解题习惯，提高应试能力。讲评按照"考情分析——自我纠错——典题剖析——补偿提高"四环节进行，做到有针对性、准确性、系统性、启发性、拓展性和时效性。积极高效的讲评有利于学生学习薄弱环节的解决，也有利于学生综合能力的提高。

（4）规范书写，提炼技巧。

此阶段教师要引导学生在考试中规范书写，提炼考试技巧。教学中可以用一些典型的错误案例形成反面教材，让学生去辨析判断，提高学生规范答题的能力。

四、第四轮：冲刺阶段，吃透考“纲”、回归教材，教师答疑，全真模拟进入状态

此阶段，学生全面回归教材，理清学科知识脉络，进一步突出重点、难点，查补漏点疑点、联系热点问题和热点区域；同时调整心态，进一步加强应试技巧训练，提高高考成绩。

1. 回归教材，夯实双基

课程标准是“考纲”，是高考命题的依据，备考的准则；教材是知识的载体，是高考命题的发源地，历年高考命题“取材于课本，但又不拘泥于课本”。以课程标准和《考纲》作引领和依据，以教材为载体，准确、系统、深刻地梳理知识重点、难点，熟悉考点，查漏补缺、解决前面复习中出现的问题。通过课本落实双基，构建完整的知识体系；对主干知识进行梳理，熟练掌握地球运动规律、大气运动规律、地壳运动规律、水体运动规律、地理环境的分异规律等地理规律，准确运用农业、工业、城市、交通等区位理论；掌握各个考点所包括的内容、要点以及层次。

2. 强化训练，提高读图能力

提供大量新素材、新信息，设置新情景考查考生获取和解读地理信息、分析解决问题的地理思维能力已经成为文科综合能力测试的显著特色。高考冲刺阶段要加强区域定位，学会运用经纬度、海陆轮廓形态、地形、河流分布及政区边界等方法进行区域定位；注意课本插图（包括各种景观图和示意图）和地图册的阅读与训练，从图中获取有用信息，进行思考、分析、推理，提高空间定位的正确性和可靠性；注意对区域地理的分析；关注热点地区和本省重点区域问题、地理事件和热点事件。

3. 模拟训练，提高答题技巧

进行综合模拟训练，熟悉高考的模式，灵活分配时间，增加临战经验；进一步发现学生知识上的漏洞和能力上的缺陷，以及时进行弥补。训练题的选择要突出针对性、典型性、综合性、灵活性、探究性和开放性，让学生提前找到高考的感觉。通过训练，使学生掌握答题方法，学会科学地安排时间，保持适宜的答题速度，同时要根据高考要求，规范答题，防止意外失分。

第三节 地理高考试题答题技巧指南

一、选择题答题技巧

高考地理选择题一般以组题形式出现，即以一段图文资料为背景设计 2 个以上小题，也有一部分是在综合题目下设的小问题。解答地理选择题必须掌握一定的解答技巧。需要对题干、选项和背景材料进行分析，弄清题意、条件和要求，明确其表达的地理事物或现象的知识类别、时空范围及数量特征等，联系相关概念、原理及规律等进行全面思考和综合评价，然后对比备选项异同，最终得出结论。

1. 选择题的类型

选择题的命题具有较强的综合性，近年的地理高考多设置单项选择题和连题型选择题（一个材料包括多个选择题），且多与社会热点问题相关联。

按照选择题的逻辑思维类型可以分为：

（1）识记型：以文字或数字形式来考查对知识的记忆理解、判断应用、推理分析、综合比较、鉴别和评价等能力。

（2）组合排序型：依据题干和材料提出的限制条件将选项按照时空演化或逻辑关系等进行排列组合，题干比较鲜明，备选项组合迷惑性较强。

（3）归类型：在题干部分先列出几个同类的地理事物，要求对所列地理事物进行归类，以考查考生的分析、综合能力。

（4）推理型：从选项中选出最佳答案使之与题干地理事物的关系符合命题立意要求。

（5）比较型：考查对 2 种或 2 种以上类似地理事物或现象的分析判断和比较鉴别能力。

2. 应试策略

1）先易后难，先组内后组外

选择题一般为多组构成，组间的联系不大，组内各小题间联系紧密。在解答选择题时，应按照先易后难、先组内后组外的原则作答，注意各小题之间的前后提示语。

2）沉着冷静，认真审题

第一对给出的文字材料或数据、图表材料进行仔细审读，分析其中传递的地理信息，结合相关地理原理和地理知识进行引申。

第二对题干进行分析。题干是选择题的主体部分，由提供条件的疑问句或陈述句构成。题干分析中要重视分析题干中的关键语句，明确解题条件，如“最多的是”、“最合适的是”、

"最主要的是"、"正确的是"、"不正确的是(错误的是)"等，挖掘隐藏的信息。

第三对答案选项进行研究。找出合理、正确并与材料和题干有关的选项，排除干扰项，并注意选项之间的关系。

3）缜密思维，认真检查

根据材料和题干的分析，结合相关地理原理，仔细推敲，得出答案。最后进行仔细检查。

3. 常用方法

1）直选法

运用学过的知识直接选择，对于考察记忆性知识或知识陈述性的选择题如最佳选择题和正误选择题等，可以采用直选法。但仍需看完所有选项再选择，以免出现差错。

2）排除法

将可确定的错误选项去除，去伪存真、由表及里，逐个击破。此法常适用于地理原理、特征、分布、规律等叙述性识记类题目。该类题目一般具有叙述不全、半对半错、前后不照应等特点，具有一定的迷惑性和难度。解题时可以将题干与选项结合推敲，根据自己所掌握的地理原理和规律一边审题一边排除，利用已有的或隐含的条件去逐步排除表述有误和不完整的选项，直至得到正确选项。

3）优选法

是对选项中多项合理选项进行优选得出最合理选项的方法。在解题中可以先把确定错误的选项排除，再通过对比选出最合理的选项。在做选择题时，即使能快速得出答案，最好也要对剩余的选项进行优选分析，因为有时所选答案表述正确但并非是该题的最佳答案。

4）图示法

对于一些计算类或推理型的图文材料选择题、无图考图或图形不能准确表达题目含义，或比较抽象的内容可以画出直观示意图，或者在图上做出一些辅助线实现解题，利于选择。

5）逻辑推理法

根据题干提供的条件，判断某种事物是否具有某种性质或结果，需要进行逻辑推理或运算逐步得出正确的结论。

6）比较法

有时为了考查对地理事物或现象的综合评价与对比分析能力，会设计两个比较相似的区域地理事物或现象，如对地形、气候、水文等进行比较，在解答时首先应认真审题，明确题干所涉及的地理事物或现象的本质特征，从相关的角度仔细比较找出其异同点，结合题干要求，整合做出判断。

7）前后呼应法

多问组合型试题呈现信息量丰富的图表或文字材料，设计若干个相关问题，可能存在前边的题目成为后边题目的条件，后边的题目成为前边题目的信息的情况，其综合性强，着重考查学生分析问题的综合能力。解题时，① 分析材料，分析文字中的关键词和图表反映出的信息，了解事物分布、变化的规律、变化趋势等，并将各个信息进行联系或汇总；② 注意纵览本组全部题目，进行前后的关联分析，注意前后题目的相互印证，看一下它们之间是否具有条件继承关系，后面题目对前面题目有无启示。

二、综合题答题技巧

1. 综合题的类型

地理高考综合题的常见类别主要有描述和阐释事物类综合题以及论证和探讨问题类综合题。

1）描述和阐释事物类

（1）特征问题：包括自然地理特征，如位置特征（纬度位置、海陆位置）、地形特征（海拔高度、地势起伏）、气候特征（热量、光照、降水、温度）、水系特征（支流、流程、流域、流向）、水文特征（流量、汛期、含沙量、结冰期）、地表植被特征、土壤特征等；人文地理特征，如农业生产特征（区位特征、结构特征、地域类型等）、工业生产特征（劳动力、市场、交通、技术、政策、原料、燃料、地价）、交通特征（运输形式、线网的疏密、分布、地位等）、资源特征等。

（2）地理成因问题：包括自然和人文两方面分析。如地形成因分析、气候类型成因分析、气温成因分析、降水成因分析、河流相关成因分析、湖泊成因分析、沼泽成因分析、洋流成因分析、海水盐度成因分析、土壤成因分析。

（3）自然灾害类：包括天文灾害、地质灾害、气象气候灾害、水文灾害、生物灾害。

（4）环境污染与生态破坏类：包括酸雨、臭氧层破坏、全球变暖、水土流失、荒漠化、盐碱化。

2）论证和探讨问题类

（1）评价问题：问题常常表述为“作用、意义、影响”等。

（2）比较问题：对两区域的地理特征进行比较。

（3）措施问题：河流洪涝灾害的原因及治理措施、环境污染措施、生态破坏措施、自然灾害措施等。

（4）规律问题：① 点的规律：如某地点对地带性、非地带性的归属问题。② 线的规律：如等值线分布特征：数值变化规律、极值分布、走向、疏密、曲直、闭合规律。③ 面的规律：某一地理区域的形状、大小。④ 变化规律：包括年际变化和季节变化、日变化、变化量、变化幅度、变化速度、变率大小等。

2. 应试策略

1）分析材料，挖掘条件

充分获取有用信息，准确审题。正确解题的第一步就是要准确的审题，包括给出的文字材料和各种类型的地理图表等。要尽可能挖掘一切对解题有用的信息，找出关键词，把握试题的中心含义，以及试题作答要求，这样才能做到有的放矢。

首先要找出问题所在并确定大纲上的考点。找到问题的关键词，明确问题的假设条件，认清题目的考察方向，理解各小题之间的前后联系，明白踩分点的结构分布。

在材料分析时，要判断图的类型（区域图、概念图、原理图、流程图、统计图、联系图等）、看清图的题目、弄清图的主题，确定图幅所表达的区域位置和地理环境要素（图例、方向等），分析各要素分布和空间联系，挖掘图表中直接和暗含的条件（图例、注记、数字、线条、方向、经纬度、关键地点等）。还要分析文字、表格材料，抓住关键词，分析材料的含义和用意，结合学科主干知识和地理原理，归纳所有能用的条件。

2）弄清题意，分析要求

综合题对考生作答具有不同层次的表述要求,在审题中要注意不同表述词语的确切含义。

简述（或简析），要求考生对多题问题进行简单扼要的叙述或进行简单分析，但仅必须把握要点或提出论点即可；描述，则需要对地理事物或地理问题进行较为细致具体的回答；综述，需对事物的总体特征予以概括叙述；分析，需要对地理事物或现象予以剖析、分解，分析原因、分析局部事物在全局中的地位或作用，如分析区域发展的优势与不足，分析事物间的联系等；对比，需要比较相同、相异、相反、相似的地理事物，分析相同事物之间的差别、不同事物之间的联系；评价，需要对地理环境、措施、对策、布局进行可行性评价或优势与不足评价。

3）理清思路，寻求答案

将地理知识与试题要求对接。准确审题后，解题的关键是正确的答题思路，灵活提取平时积累的知识储备，将所学知识框架、地理概念、原理与试题要求结合，进行合理的迁移和逻辑推理，形成答题框架系统。

评价问题：从环境效益、经济效益、社会效益三效益统一入手；从有利和不利两方面来辨证阐述；从不同对象的角度来分析（同一地理事物或现象对不同对象影响效果不同）。

比较问题：特征比较、区位比较、成因比较、分布比较、结构比较等。

措施问题：对症下药，找出地理事物或现象成因，然后逐一对照找出对策；提出（技术）工程措施，生态措施，管理措施。

资源类问题：开源节流。

影响问题：有利影响，不利影响。

原因问题：自然原因，人为原因。

条件问题：自然条件、社会经济条件。

区位问题：自然、社会、经济。

4）组织语言，清晰作答

用自己形成的答题框架系统，联系题目给出的条件，进行逐项表达。答案的表述要符合题目的要求，尽量全面、准确、完整、规范，有层次有条理。考生在复习迎考中，应该把语言表述能力的训练放在重要的位置。

5）细致检查，查漏补缺

检查答案和条件：看所给条件是否有没有用上的，与答案进一步对应补充。

3. 地理考试中考生常见的能力问题

（1）审题不到位，不理解，不全面。题目没看完就开始作答。

（2）读图和提取资料信息能力差，不能充分挖掘解题条件。

（3）不能准确认定区域位置，对地理空间位置的相互关系把握不准。

（4）审题时不善于抓住关键词，不能准确理解题目的设问重点，导致答非所问。解题中要避免因果颠倒、前后矛盾、表述绝对化、概念混淆、表述错误或不完整、以偏概全。

思考题

1. 地理高考教学中，如何充分利用地理课程标准、教学大纲、考试大纲和课本？

2. 尝试对当地一所中学进行调研（与中学地理教师、学生和学校管理部门座谈），设计一个高考地理复习计划及复习策略。

3. 冲刺阶段，如何指导地理高考考生？

第七章

地理高考专题讲解

第一节　地球概论知识

一、地球的结构、地球的宇宙环境、地球的演变

1. 宇宙演化理论

1）大爆炸宇宙论（The Big Bang Theory）

“大爆炸宇宙论”认为：宇宙是由一个致密炽热的奇点于137亿年前一次大爆炸后膨胀形成的。1929年，美国天文学家哈勃（Edwin Powell Hubble）提出星系的红移量与星系间的距离成正比的哈勃定律，并推导出星系都在互相远离的宇宙膨胀说。根据大爆炸宇宙论，早期的宇宙是一大片由微观粒子构成的均匀气体，温度极高，密度极大，且以很大的速率膨胀着。这些气体在热平衡下有均匀的温度。这统一的温度是当时宇宙状态的重要标志，因而称宇宙温度。气体的绝热膨胀将使温度降低，使得原子核、原子乃至恒星系统得以相继出现。

2）赫罗图（Hertzsprung-Russel Diagram，简写为H-R Diagram）

赫罗图是丹麦天文学家赫茨普龙及由美国天文学家罗素分别于1911年和1913年各自独立提出的，是研究恒星演化的重要工具（见图7.1）。赫罗图是恒星的光谱类型与光度之关系图，赫罗图的纵轴是光度与绝对星等，而横轴则是光谱类型及恒星的表面温度。恒星的光谱型通常可大致分为O、B、A、F、G、K、M七种。图的左上方到右下方大致沿着对角线点的分布很密集，成带状，占总数的90%，天文学家把这条带称为主星序，带上的恒星称为主序星。主星序表明，大多数恒星，表面温度高，光度也大；表面温度降低，则光度随之减小。在图的右上方，有一个星比较密集的区，这里的星光度很大，但表面温度不高，呈红色，这表明它们的体积十分巨大，所以叫红巨星。图中巨星的上面是超巨星。图的左下方也有一个

星比较密集的区，星表面温度很高，呈蓝白色，光度却很小，这表明它们的体积很小，所以叫白矮星。赫罗图反映了恒星演化的一种规律性。

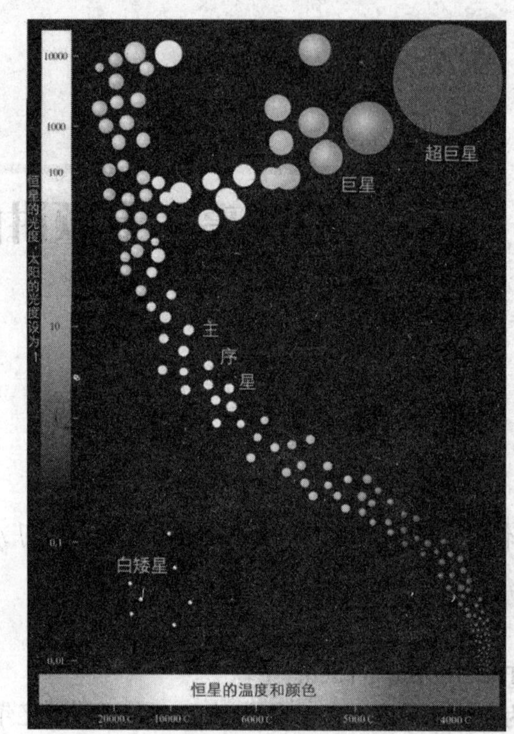

图 7.1 赫罗图

2. 地球的结构

1）地球的圈层结构

在漫长的演化过程中，由于重力作用和地球自转离心力的影响，地球物质按照密度从内到外进行圈层分异，形成内圈层和外圈层。地球内部结构，由地心至地表依次分化为地核（core）、地幔（mantle）、地壳（crust）。地球地核、地幔和地壳的分界面，主要依据地震波传播速度的急剧变化推测确定。地球外部结构地球外圈分为四圈层，即大气圈、水圈、生物圈和岩石圈。

2）海陆分布

地球经过长期演化，形成了海洋面积大，陆地面积小，分布不均衡的海陆分布大势。世界海陆分布形势大致有以下特点：

（1）陆地主要集中于北半球，陆地占北半球总面积的五分之二，中、高纬度地带几乎连成一片。在南半球，陆地面积占五分之一，而且在南纬 56°～65° 地带几乎全是海洋。北半球的极地是一片海洋，南半球的极地却是一块大陆。

（2）除南极大陆外，所有大陆都南北成对分布：北美大陆和南美大陆、欧洲大陆和非洲大陆、亚洲大陆和澳大利亚大陆，每对大陆之间都是地壳破裂地带，并形成较深的“陆间海”，其间岛屿众多，火山地震活动频繁。

（3）大部分大陆的轮廓都是北宽南窄，呈倒置三角形。亚欧大陆、非洲大陆、南美大陆和北美大陆都非常典型，南极大陆例外。

（4）弧形列岛和较大的岛屿多位于大陆东岸。亚欧大陆、北美大陆和澳大利亚大陆东岸都有一连串向东突出的岛弧，岛弧外侧为一系列深海沟。大陆西岸的岛屿则不成弧形排列，较大的岛屿较少。

（5）大西洋东西两岸的轮廓非常相似，仿佛是由一块大陆分离开来似的。

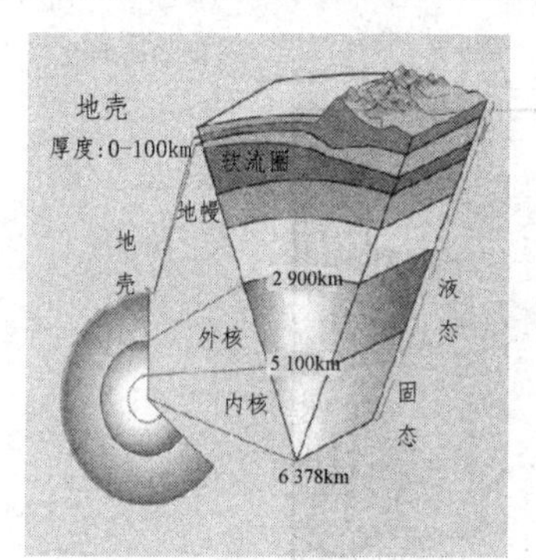

（1）内部圈层

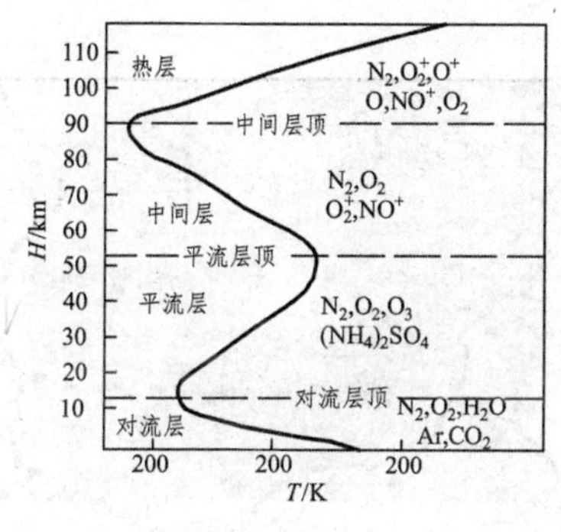

（2）大气圈层

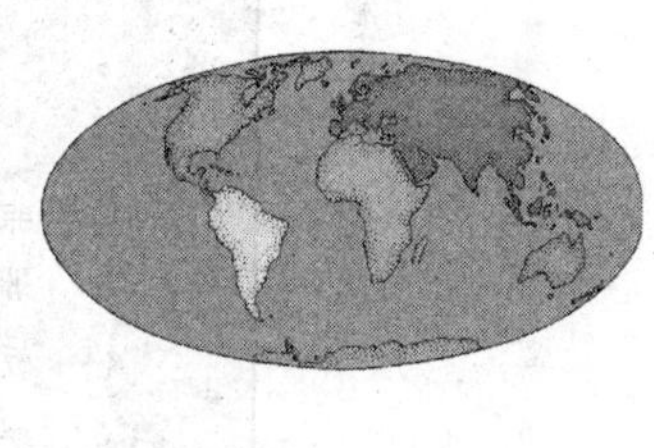

（3）世界海陆分布

图 7.2　地球圈层结构及海陆分布图

3. 大地构造理论

地球的结构和海陆分布是地球长期演变的结果。在地史发展过程中，许多地方发生过沧海桑田的变化。现在的陆地和海洋、高山、深谷、平原、盆地等这些地表形态，都是经过了漫长的地质年代不断演化而成的。

1）大陆漂移说（Kontinental drift）

魏格纳（Alfred Lothar Wegener）认为大约在两亿年以前，地球上只有一块陆地，周围是海洋。后来大陆多处出现裂缝分裂成几块。由于地壳的物质组成上层轻下层重，在地球自转的离心力以及太阳、月亮的引力作用下，慢慢地漂移分离，经过漫长的岁月，逐渐形成今天的海陆分布状况，且还在极其缓慢地发展变化之中。

2）海底扩张说（Sea-Floorspreading Hypothesis）

海底扩张说是海底地壳生长和运动扩张的一种学说，是对大陆漂移说的进一步发展。它是20世纪60年代由美国科学家H·H·赫斯和R·S·迪茨分别提出的。认为地壳内部物质的运动——地幔对流，使得地壳产生了水平运动。大洋的海岭是新地壳产生的地带，中间裂谷是地壳张裂的结果。地幔物质不断沿着海岭的中间开裂处上升涌出，冷却凝结成新的大洋地壳。由于洋壳不断向外推移，洋底地壳在 2 ~ 3 亿年间更新一次。

3）板块构造说（Plate tectonics）

1968 年法国地质学家勒皮顺等人首创“板块构造学说”，认为全球地壳由六大板块构成。板块在不断运动之中，板块内部比较稳定，板块与板块之间的交界地带不稳定。当大洋地壳水平运动遇到大陆地壳时，互相碰撞，结果洋底地壳被挤压弯曲向下，俯冲插入大陆地壳下面的地幔中。大陆地壳受挤上拱的地带隆起形成岛弧或高山，大洋地壳向下俯冲的地带形成海沟。当地壳受压超过一定限度时，就会造成裂隙和断裂，发生地震和火山喷发。板块构造说囊括了大陆漂移、海底扩张、转换断层、大陆碰撞等概念，为解释全球地质作用提供了颇有成效的构架（见图 7.3）。

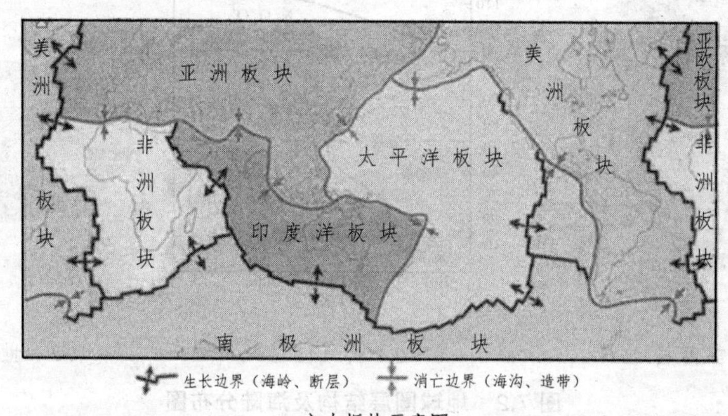

图 7.3 板块分布示意图

4）地质力学

地质力学是地质学的一门分支学科，由李四光（1889—1971 年）创立，探讨自水圈运动到岩石圈变形，自大陆运动到构造形迹等问题。1929 年李四光提出构造体系这一重要概念，建立了一系列构造体系类型。李四光认为地壳的运动以水平运动为主，在水平运动影响下引起升降运动；一个地区的隆起或沉降总是和它邻区的沉降或隆起相伴而产生的。

4. 教学建议

1）教学要求

（1）本部分要求学生能描述地球所处宇宙环境，运用资料说明地球是太阳系中一颗既普通又特殊的行星，阐述太阳对地球的影响，了解太阳的圈层结构；能说出地球的圈层结构，概括各圈层的主要特点。

（2）运用图表等资料、结合模拟演示，说明太阳系的组成以及九大行星的基本特征；能简述“宇宙大爆炸”假说的主要观点；根据图表，概括恒星演化的主要阶段及其特点；举例说出人类探索宇宙的历程、意义；运用天球坐标系简图，确定主要恒星的位置；运用星图进行星空观察，说出星空季节变化的基本规律。

（3）简述“宇宙大爆炸”假说的主要观点，根据图表，概括恒星演化的主要阶段及其特点，举例说出人类探索宇宙的历程、意义；运用天球坐标系简图，确定主要恒星的位置，运用星图进行星空观察，说出星空季节变化的基本规律。

2）高考特点及教学指导

（1）地球概论知识涉及天体运动、地球的自传和公转、地球昼夜长短变化和正午太阳高度变化等理论性、系统性强的知识，对学生的空间想象能力和科学思维能力要求较高。近些年由于太空探索和中国登月工程的影响，此类题有所增加。日食的过程和产生条件、月相变化规律是考试的重点。多以读图题或选择题出现。

（2）日食过程与地方时计算、日升日落结合大大增加该类题的难度。学生要懂得日食发生过程、日食带运行的轨迹。月相变化多与一些关于颂月的诗歌结合，或与农历结合，具有很强的生活性。潮汐现象目前考得较少，要考虑在未来天文旅游的兴起，潮汐也可能成为考试的内容，与旅游结合或与地球、月球运动规律结合或与地球月球运动规律的演变相结合。教学中要引导学生关注天象新闻，研究天文旅游现象，关注日月相变规律，关注农事和历法，学以致用。

（3）地球的宇宙环境一般出题比分不高，多以选择题型出现，有时也有简答题。教学中要引导学生熟悉太阳系概况、地球在太阳系中的位置、太阳能量的来源、太阳活动及其对地球的影响，关注太空探索的最新进展，关注太空探索中有争议的问题；树立海陆不断运动变化的科学观点及培养学生的科学兴趣和求真、求实的科学精神；用板块构造学说解释一些地理现象，如主要火山和地震带的分布与板块运动的关系。

（4）地球的结构、地球的演变和海陆分布题的难度不大，以选择题为主。学生要熟悉地球的上下空间结构及其划分依据（圈层）和水平空间结构（海陆分布）及其演变原理：圈层的演变和海陆格局的演变及其相关理论，了解半球的划分和大洲大洋的分布及其特征，熟悉海陆分布图及各州的大致经纬度位置，熟悉以极点为中心的半球图。

经典试题 1

（2008 江苏卷）图 7.4 为“公转轨道相邻的三大行星相对位置示意图”。读图回答 5 ~ 6 题。

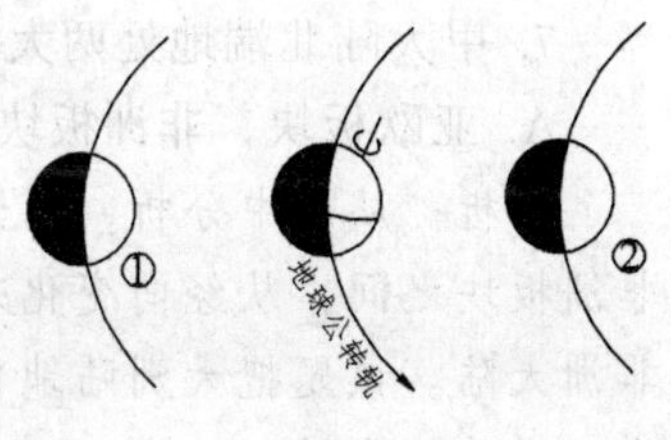

图 7.4

5. 此时（　　）。

A. 是地球上北极地区进行科学考察的黄金季节

B. 地球处于近日点附近，公转速度较快

C. 我国从南向北白昼变短，黑夜变长

D. ②是太阳系中距离太阳、地球最近的大行星

6. 与①、②行星相比，地球具备生命存在的基本条件之一是（　　）。

A. 适宜的大气厚度和大气成分

B. 强烈的太阳辐射和充足的水汽

C. 复杂的地形和岩石圈

D. 强烈的地震和火山活动

解析：该题考察太阳系的行星的有关知识。从图中可以看出①、②是靠地球最近的两个行星：火星和金星。从运转轨道方向分析，图示的地球北极朝上，北极附近有极昼现象，也就是夏至前后。此时地球处于远日点附近，公转速度较慢，我国从南向北黑夜变短，白昼变长，是地球上北极地区进行科学考察的黄金季节。地球具有适中的日地距离和体积使其具有适当的日心引力，能保住足够的大气厚度和适宜的大气成分，这是生命存在的基本条件。解此题学生要知道行星的排列顺序和地球的运动规律、昼夜变化的规律和生命存在的三大条件。答案：5A6A。

经典试题 2

（2006 重庆卷）图 7.5 中数码①～⑦代表陆地自然带，“干”、“湿”表示水分状况。读图回答 7 题。

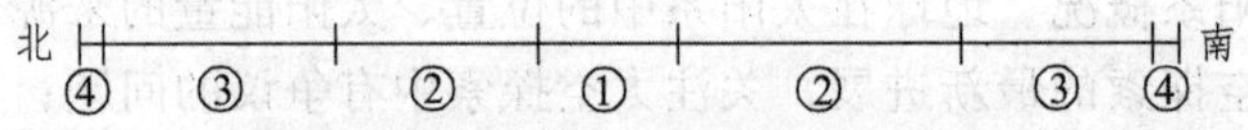

沿某经线甲大陆陆地自然带分布示意图

干 → 湿

西 ⑤ ⑥⑦ 东

沿南纬某纬线乙大陆陆地自然带分布示意图

图 7.5

7. 甲大陆北端地处两大板块交界地带，这两大板块是（　　）。

A. 亚欧板块、非洲板块　　　　B. 亚欧板块、印度洋板块

解析：从图中分析，甲大陆自然带呈沿赤道南北对称，可以判断其北端位于亚欧板块、非洲板块之间，从经向变化来看，西部大部分为干旱地区，往东变得湿润，因而可以判定是非洲大陆。该题把大洲陆地自然带分布特征与板块联系起来，考查了两个领域的知识点，具有一定的综合性。答案：A。

经典试题 3

（07 重庆文综）读图 7.6，回答 1 题。

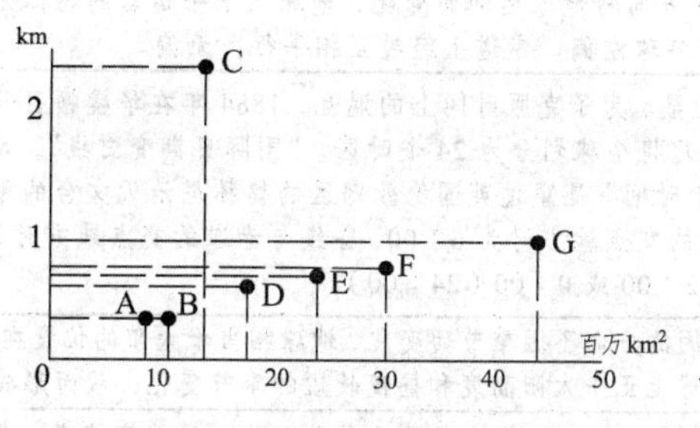

甲　七大洲（A-G）面积和平均海拔高度示意图

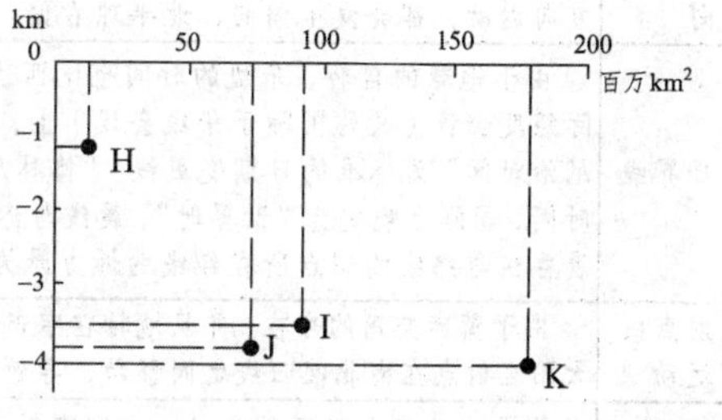

乙　四大洋（H-K）面积和平均深度示意图

图 7.6

1. 某两洲面积之和与某大洋面积十分接近，它们是（　　）。

A. 亚洲、北美洲与大西洋　　B. 亚洲、非洲与印度洋

C. 欧洲、北美洲与大西洋　　D. 欧洲、非洲与印度洋

解析：该题考察世界大洲大洋的分布和板块的分布，解此题要熟悉大洲大洋的位置范围、面积大小。1 题从图中可以知道，C 是平均海拔最高的洲南极洲，A 是面积最小的洲大洋洲、B 是面积小地势最低的欧洲，C 是冰雪覆盖地势最高的南极洲 G 是最大的亚洲、F 是非洲、E 北美洲、D 是南美洲。H、I、J、K 分别是北冰洋（最小、最浅）、大西洋（第二大）、印度洋（第三大）、太平洋（最大、最深）。答案：B。

二、地球运动

1. 地球运动的规律

地球自转和公转轨道间存在一定的夹角，即黄赤交角。黄赤交角是地球上昼夜长短变化的关键因素，是地球自转与公转运动地理意义产生的根本原因，黄赤交角的存在引起太阳直射点的回归运动，导致正午太阳高度的变化和昼夜长短的变化，从而产生四季的更替和五带的形成（见表 7.1、图 7.7）。

表 7.1　地球运动的规律

规　律	规律阐释
昼夜更替	由于地球不透明，在同一时间内，地球上通过晨昏线分为夜半球和昼半球。由于地球不停地自西向东旋转，使得昼夜半球和晨昏线也不断自东向西移动，这样就形成白昼与黑夜，以 1 个太阳日（24 小时）为周期的交替现象。均匀加热地球，创造了较好的生存环境，保证了地球上生命有机体的生存。

续表 7.1

规　律	规律阐释
水平运动物体偏向	由于水平运动的物体的惯性和地球上经纬方向随地球运动而变化，地球上水平运动的物体无论朝哪个方向运动，都会发生偏向，北半球右偏，南半球左偏。赤道上经线互相平行，无偏。
时区与日界线	由于地球的自转，东边的时间也比西边的早。为了克服时间上的混乱，1884 年在华盛顿召开的一次国际经度会议（又称国际子午线会议）上，规定将全球划分为 24 个时区。“国际日期变更线”，是以“格林尼治时间”为标准的日期变更线。“格林尼治时间”是穿过英国伦敦郊区的格林尼治天文台的零度经线的时间，国际上规定为“世界时”。晨线与赤道的交点地方时为 6：00，昏线与赤道的交点地方时为 18：00；晨昏线与纬线的切点所在经线的地方时为 12：00 或 0：00（24：00）
太阳直射点的回归运动	由于黄赤交角的存在，并且地轴在宇宙空间的方向不因季节而变化，地球相当于太阳的位置在发生变化，太阳直射点在南北回归线之间移动，导致地球上正午太阳高度和昼夜长短的季节变化，从而形成四季。
昼夜长短的季节变和纬度变化	自北半球春分日至秋分日，太阳直射北半球，北半球各纬度昼长大于夜长，且纬度越高，昼越长、夜越短。夏至，北半球各纬度的昼长达到一年中的最大值，北极圈及其以北地区出现极昼现象。南半球反之。自北半球秋分日至次年春分日，太阳直射南半球，北半球各纬度夜长大于昼长，且纬度越高，夜越长、昼越短。冬至日，北半球各纬度昼长达到一年中最小值，北极圈及其以北地区出现极夜现象。南半球反之。纬度越高，昼夜长短的变化越大。在赤道上，昼夜终年等长；在南北极圈上，最大昼长达 24 小时，最小昼长为 0，昼长年较差为 24 小时。北极圈以北和南极圈以南地区，极昼、极夜的日数随纬度的增加而增多，南北极点达到最大。
正午太阳高度的季节变化和纬度变化	同一时刻，正午太阳高度由太阳直射点向南北两侧递减。太阳直射点的太阳高度为 90°，晨昏线上的太阳高度是 0° 北回归线以北地区，夏至日前后正午太阳高度达最大值，冬至日前后达最小值；南回归线以南地区则相反。南北回归线之间的地带，太阳每年直射两次
日出、日落、方位	春分日和秋分日，全球各地（除南北极点外）太阳均为从正东方升起，在正西方落下。太阳直射北半球时，全球各地（除极昼、极夜地区外）太阳都是从东北方向升起，在西北方向落下，日出、日落的方位也越偏北。太阳直射南半球时，则反之。

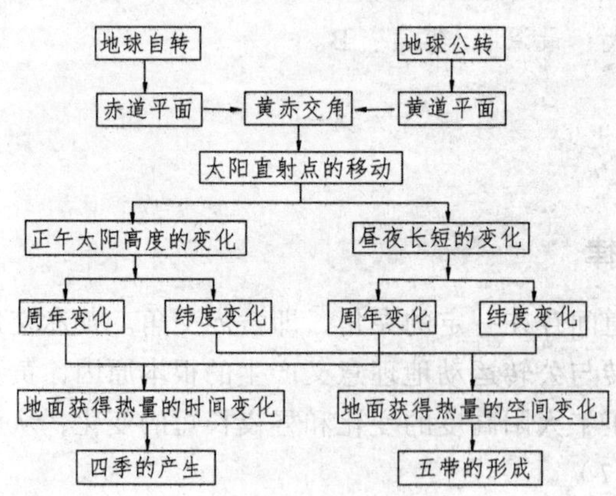

图 7.7　四季五带形成示意图

2. 教学建议

1）教学要求

“地球的运动”一章涉及经纬网、晨昏线、地方时、时区与区时、日界线、昼夜长短、正午太阳高度、太阳周日视运动等多个知识点，形成了一条完整的“知识链”。地球运动是中学地理学科的基础，是高考的重点，在高考复习备考中应予以高度重视。

2）高考特点及教学指导

该部分内容多以选择题形式出现，试题有一定的难度。本部分学习中学生容易出现下列问题：基本知识概念含糊不清，缺乏对知识点之间规律的认识，缺乏空间想象力，缺乏地球球体的点、线、角的认识等。教学中应注重构建知识体系，帮助学生理清知识点；引导学生分析地球运动的规律及其地理意义，懂得用图示进行描述地球运动的规律；重视直观形象的研究，组织丰富多彩的课外活动，进行地球运动规律的观察或证据的采集，如观察月相、观测一天中的太阳高度变化和一年中太阳的升降及室内的日照、正午太阳高度的测量等；注重联系实际，以感性知识促理性知识的形成，总结实用规律，提高解决实际问题的能力。

经典试题 1

（2009 海南卷）一些课外活动小组，分别观测了其所在学校旗杆日出时的影子 OM 和正午的影子 ON 之间夹角——∠MON 的变化情况。据此完成 7～9 题。

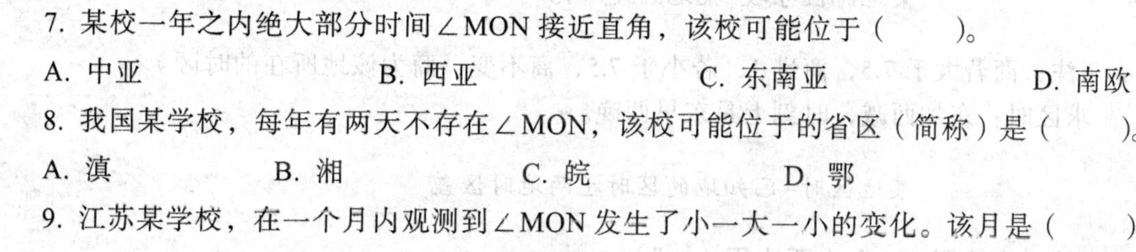

7. 某校一年之内绝大部分时间∠MON 接近直角，该校可能位于（　　）。

A. 中亚　　B. 西亚　　C. 东南亚　　D. 南欧

8. 我国某学校，每年有两天不存在∠MON，该校可能位于的省区（简称）是（　　）。

A. 滇　　B. 湘　　C. 皖　　D. 鄂

9. 江苏某学校，在一个月内观测到∠MON 发生了小—大—小的变化。该月是（　　）

A. 3 月　　B. 6 月　　C. 9 月　　D. 12 月

解析：7 题、8 题根据太阳视运动的规律判断所在地域位置。9 题根据太阳视运动的规律判断所在季节。该题利用学生所熟悉的旗杆的影子考查学生对太阳直射点移动的规律的理解，需要学生有一定的空间想象能力和实际生活知识的积累。学生在日常生活中要能注意到日出的方向的季节变化，要明白正午太阳在北半球绝大部分地区位于正南，太阳从正东出来的话，两者的角度就为直角，随着太阳直射点的移动，这个角度会发生变化。赤道地区日出方位变化小，几乎都为正东。冬至以后北回归线以北的地区日出方位从南往东偏离越来越大到夏至达到最大偏离，然后向南回归。南北回归线以内的地区一年有两次直射，∠MON 不存在。该题有很好的导向性，引导学生进行类似的活动课程学习或研究性学习；体现了活动课程或探究性课程的新课程理念，要求学生学习地理要学以致用，与生活实际联系起来。

答案：7C8A9B。

三、时区与日界线

1. 时间的计算

在太阳照射下地球产生白天和黑夜的区分，同时因为地球在自转，地球上晨昏线在不断地移动，各地地方时存在着差别，东早西晚，昼夜在不断交替。为了统一时间，国际上将全球划分为24个时区，东西十二区各跨经度7.5°，合为一个时区。每个时区使用各自中央经线的地方时。各时区钟点、日期也不一样。日界线和0点经过的地区是日期的分界线。地方时、经度、时区号数和区时的关系如下：

某地地方时＝已知地方时±经度差×4分钟

（注：东边用“+”在西边用“-”）

某地经度=已知经度±1°/4分钟×两地时差数

（注：东边用“+”在西边用“-”）

某地时区号数=某地经度÷15°

（注：商若大于7.5，商进1，若小于7.5，商不变，商为该地所在的时区）

求区时：东加西减，时刻上是东早西晚。

某地区时=已知地的区时±两地时区差

（注：东边用“+”在西边用“-”）

世界时与北京时间：国际上规定以0°经线的地方时也就是中时区的区时作为全世界各个国家和地区的统一时刻，称为世界时，也叫格林尼治时间，或国际标准时间。根据世界时区的规定划分，我国由西到东共跨五个时区（东五到东九区）为了使用上的方便我国各地一律采用北京所在的东八区的区时作为统一的标准时间就叫北京时间。北京时比世界时早8小时。

2. 日期划分问题

规定了180作为日期变更的界线，过此线东减西加各1日。日界线两侧日期变换：钟表点相同，日期相差一日，西侧东十二区比东侧西十二区超前一日。向西过日界线要加一天，向东过日界线要减一天。

国际日期变更线和0时经线是划分日期的界线。0时经线（或24时）向东至180度经线为新的一天，0 时经线向西至 180 度经线为旧的一天。0 时的不断西移致使新的一天不断扩大，旧的一天不断缩小，当 0 时西移至 180 度经线时，全球处于同一天。新的一日达到最大，旧的一日结束，更新的一日产生。根据 0 时所在经线和 180 度经线可以推断任何时刻全球的日期范围。

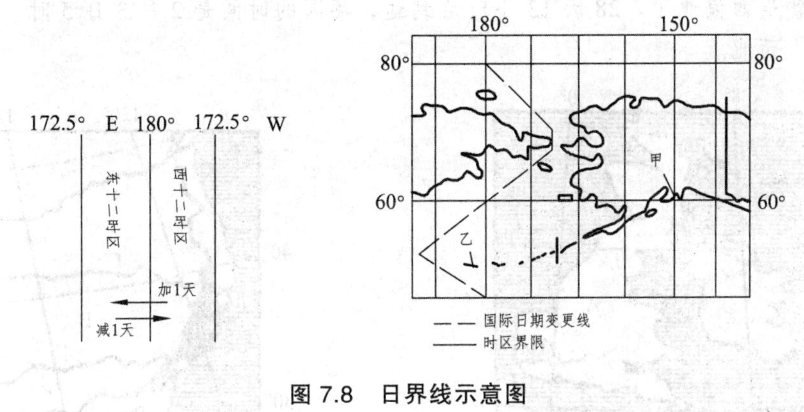

图 7.8　日界线示意图

3. 教学指导

“时区和日界线”是初高中地理教学中的主要知识点，更是学生学习过程中难以对付的重难点。高考中“屡屡出现”，试题分值比例在 3%～5% 左右，题型以选择题和读图题为主。该类题型多结合科考或旅行活动或某一自然过程（如天气系统的移动、日食月食过程）人或动物的生活节律进行。有时将关于时区和日界线的考点融合在日照图中，叠加日出日落的时刻、方位的计算。图形上多以昼弧、夜弧、晨昏线、晨昏圈、经纬网等形式出现。考生要善于判断正午时刻、日出日落时刻所在的点位，在计算时间时要把时刻差异和日期差异以及某一过程所花的时间计算进去；要能结合图文资料对地方时、区时、北京时间、日界线附近日期改变进行计算和运用，能建立经纬网空间概念，把地球运动、光照图、飞机飞行、轮船航行及转播重大活动结合起来进行计算；要多关注人和生物的昼夜节律、关注日出方位、时刻的变化、影子的周日变化；多关注重大科研、旅行、政治活动、商务活动。在解题时要掌握经度与时区划分的关系、晨昏线及其与赤道的关系、日界线和零点经线的区别等关键问题。

经典试题 1

（2006 四川文综）39. 阅读下列材料回答问题。

（1）读图 7.9、图 7.10，一艘海轮于 2006 年 1 月 5 日上午 8 时（当地区时）从 B 国港口城市②起航，经过 28 天 13 小时到达 A 国港口城市①，到达时当地区时为：______月______日

______时。该海轮起航时，阳光洒满海面，海轮的影子朝向方向为______。（4 分）

解析：该题考察区时的计算、影子的方向、旗帜的方向、航线的选择，具有实践性、综合性。从图中知道①、②为英国的伦敦和美国的圣弗朗西斯科。海轮于 2006 年 1 月 5 日上午 8 时从 B 国起航，1 月太阳直射南半球，对于圣弗朗西斯科来说，日出的方位应该是东偏南，影子的方向就是西偏北了。28 天 13 小时后到达，英国的时间是 2 月 3 日 5 时。答案：（1）2 月 3 日 5 时，西北。

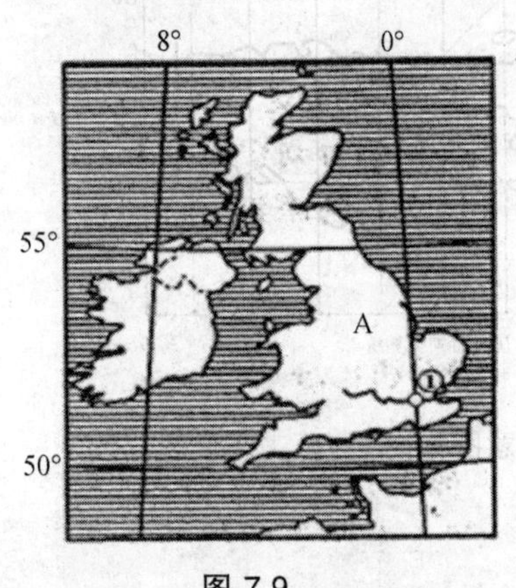

图 7.9

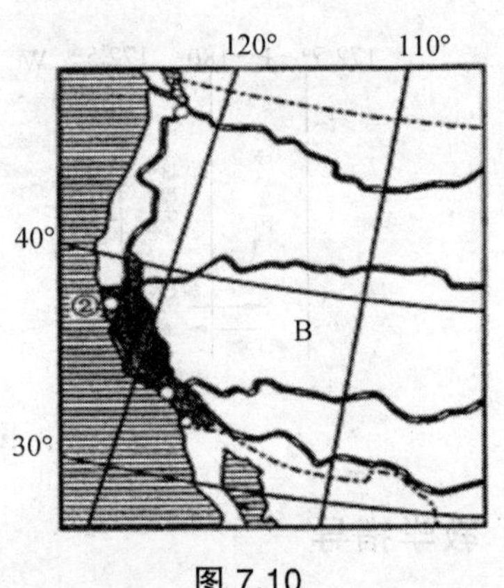

图 7.10

经典试题 2

（2006 重庆卷）原国家主席胡锦涛于当地时间 2006 年 4 月 18 日 10 时 50 分左右（以 10 时 50 分计）到达西雅图（西八区。当地采用夏令时，即比区时提早 1 小时的时间），开始了为期 12 天的对美国等国的国事访问。据此回答 1、2 题。

1. 此时北京时间为（　　）。

A. 4 月 18 日 1 时 50 分　　B. 4 月 18 日 18 时 50 分

C. 4 月 19 日 1 时 50 分　　D. 4 月 19 日 2 时 50 分

2. 此时在赤道上，属于东半球并与西雅图在同一日期的白昼范围是（　　）。

A. 20°W 向东到 2°30′E　　B. 20°W 向东到 92°30′E

C. 2°30′E 向东到 92°30′E　　D. 92°30′E 向东到 160°E

解析：该题考察中美区时、白昼范围。以胡锦涛访美为材料进行，具有时代性。美国使用夏令时，则访美时间应减去 1 小时，也就是 2006 年 4 月 18 日 9 时 50 分。北京时间要比西雅图早 16 小时，即 2006 年 4 月 19 日 1 时 50 分。2 题要找的范围有三个条件限制：东半球、同一日期、白昼。东半球从 20W 到 160E，与西雅图在同一日期是指都在 18 日，白昼范围在赤道上指区时在 6 时至 18 时的范围。符合东半球条件的只有 20W 到 0 时区的范围了。题中只有 A 符合了。答案：1C2A。

四、太阳高度、昼夜长短变化

1. 黄赤交角

黄赤交角是地球公转的黄道面与地球自转形成的赤道面之间的夹角（见图 7.1）。黄赤交角与回归线的纬度数相等，与极圈的纬度数互为余角。黄赤交角的存在引起正午太阳高度和昼夜长短季节变化。黄赤交角变大则昼夜长短的变化幅度将变大；若黄赤交角变小则昼夜长短的变化幅度将变小（春、秋分时除外）。

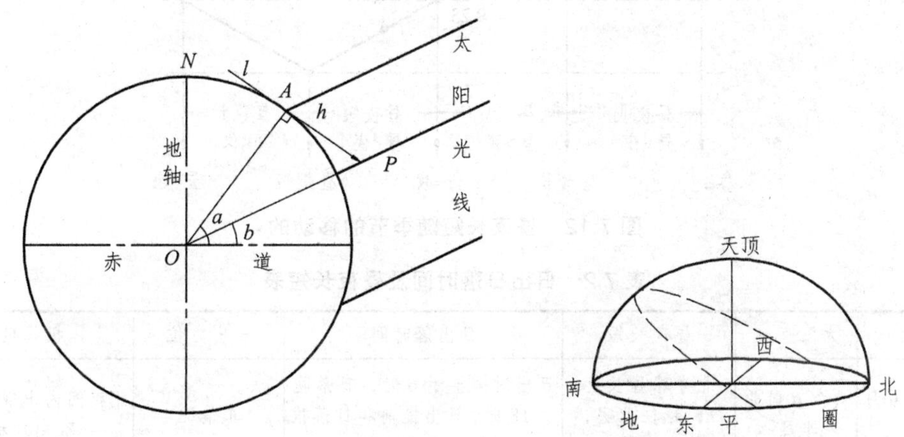

图 7.11　太阳高度太阳升落轨迹与太阳高度示意图

2. 太阳高度

太阳高度是太阳相对于地平面的高度（角度）。太阳高度从直射点向四周呈放射状降低，等太阳高度线为以直射点为中心的同心圆。与直射点对拓的是太阳高度最小的地点，即 – 90° 所在。0 度等太阳高度线就构成了晨昏圈。昼半球太阳高度都为正，太阳直射所在经线时，是一天中太阳高度最大的时候，也就是正午时刻。正午太阳高度的大小与所处纬度和季节（太阳赤纬）有关。计算公式：$H = 90° - |\phi - \delta|$。$\phi$、$\delta$ 分别为所在点的纬度和太阳赤纬。北纬为正，南纬为负。二分二至时，全球昼夜平分，日出方位在地平面的正东，日落正西。直射北半球时，日出日落方位都偏北，即升于东北，落于西北，纬度越高偏离越大，在有极昼极夜的高纬度地区，则太阳始终在地平以上，子夜时位于北点地平面以上，太阳最低。直射南半球时则相反。

3. 昼夜长短

昼夜长短变化规律：太阳直射的半球，昼长夜短；太阳直射点所移向的半球，昼渐长、夜渐短；冬至到夏至，北半球昼变长，夜变短；夏至到冬至，昼变短，夜变长；南半球反之。二分日，全球昼夜等长；离二分日越近的日期，昼夜变化幅度越小，二至日昼夜变化幅度达到最大，离二至日越近的日期，昼夜变化幅度较大。赤道地区，全年昼夜等长。纬度越低，昼夜变化幅度越小；纬度越高，昼夜变化越大大大。寒带极圈内昼夜变化幅度达到最大（见图 7.12、表 7.2）。

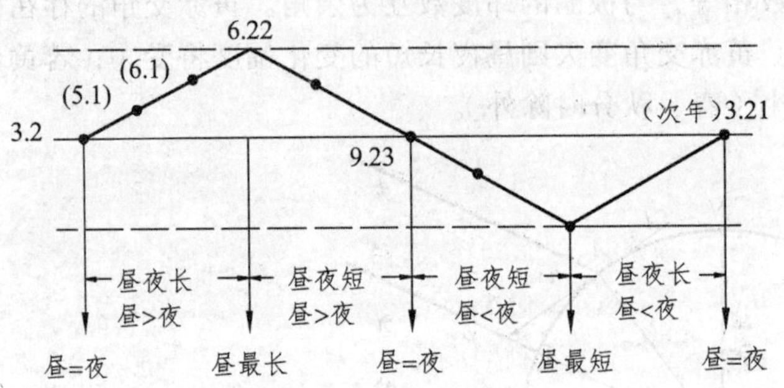

图 7.12　昼夜长短随季节的移动的

表 7.2　日出日落时间及昼夜长短表

时间段	太阳直射	昼夜长短	日出落时间	日出方位	极昼极夜
3 月 21 至 9 月 23 日	太阳直射北半球	北半球昼长夜短，越往北去，昼越长夜越短；	日出时间早于 6 时，日落晚于 18 时，日出提前和日落推后相等，南半球相反。	东偏北	北极圈内出现极夜，南极出现极昼
9 月 23 日以后至第二年 3 月 21 日	太阳直射南半球	北半球昼短夜长，越往北去，昼越短夜越长；	日出时间晚于 6 时，日落时间早于 18 时。	东偏南	北极圈内出现极昼，南极出现极夜
3 月 21 日和 9 月 23 日	太阳直射赤道	全球各地昼夜等长	6 时日出，18 时日落	出于正东，灭于正西	无极昼极夜
12 月 22 日至 6 月 22 日	太阳直射点北移	北半球昼变长夜变短	北半球日出时间延后，日落时间提前，南半球相反	由东偏南向东偏北移动	北极圈内极昼出现范围扩大，极夜范围缩小消失，南半球相反
6 月 22 日至 12 月 22 日	太阳直射点南移	北半球夜变长昼变短	日出时间提前，日落时间延后，南半球相反	由偏北向东偏南移动	北极圈内极夜出现范围扩大，极昼范围缩小消失，南半球相反

4. 四季和五带

太阳直射点的移动，使昼夜长短和正午太阳高度发生变化，形成了四季；昼夜长短和正午太阳高度随纬度而变化，使太阳辐射具有纬度分异的规律，形成了五带：热带地区（南北回归线之间）、温带地区（回归线与极圈之间）及寒带地区（从极圈到极点之间）。

5. 教学建议

“昼夜长短和正午太阳高度”试题有相当难度，题目多与季节联系。考生要熟悉不同季节地球运动（公转）的规律、太阳视运动规律、各地季节物候、气候变化规律，要有季节变化的生活体验，要在生活中经常去思考昼夜长短和昼夜变化、气候变化的规律。太阳视运动的轨迹及其季节、纬度的变化、日影的变化、通过日影测定太阳高度、地方时刻、地方经度等是经常的考点，常以光照图的形式结合时间推算一起考查。常见的日照图有侧视图、俯视图、展开图、平面图、立体图等。学生要具备读图分析能力、计算能力、逻辑推理能力等。

解该类题能抓特殊的点和线，弄清其中的关联关系。

（1）以夏至或冬至为中心点，距离该中心点时间距离相同的日期具有大致相同的太阳高度、日出和日落时间方位和白昼长短，但白昼长短和日出日落方位变化方向相反。

（2）看懂晨昏线图、昼弧夜弧图、昼长季节变化曲线图。晨昏线与极圈、经线、赤道之间的关系是判读日照图的关键，要能识别晨线、昏线、太阳直射经线，并据此推算光照季节、时间、直射点经纬度。晨昏线是一个大圆，与地表两条纬线相切，春秋分外，与经线斜交。夜弧的中心点是子时所在，昼弧中点是午时所在。晨昏线与赤道交点所在经线地方时为 6 时或 18 时，出现极昼或极夜的纬线圈与晨昏线切点所在的经线是 0 时或 12 时，据此可推断其他经线上的时刻，由此可知日出时间和昼夜长短，从而可以推知季节。

经典试题 1

（2005 江苏地理）35. 夏至日北京时间下午 1 时整，我国某中学地理兴趣小组在某地测得旗杆的影子最短，并测得太阳光线与地平面的夹角为 73.5°。完成下列要求（12 分）。

（1）该地的纬度是________，经度是__________。

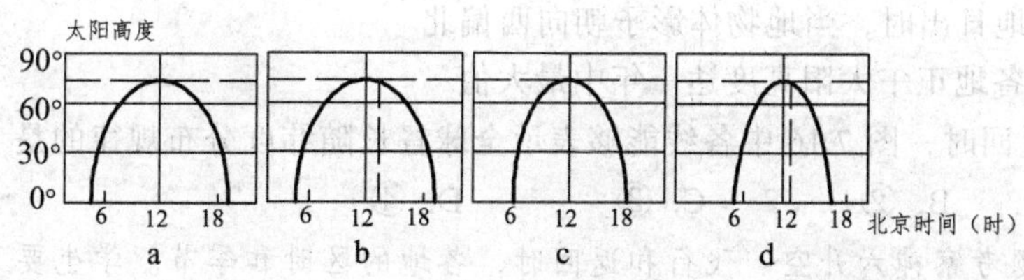

图 7.13

（2）图 7.13 是四幅该日太阳高度日变化曲线图，其中与当地情况相符的图是________（填代号）。

（3）北京时间下午 3 时，该兴趣小组在该地借助太阳的位置用手表确定正南方向（表面朝上）。图 7.14 所示四种方法中正确的是________________（填代号）。

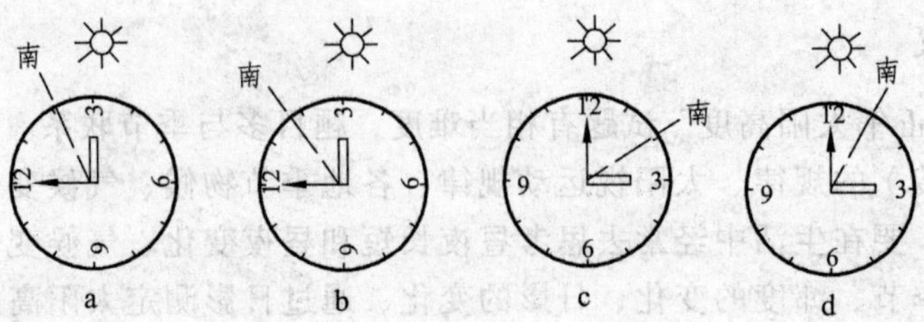

图 7.14

解析：（1）题考察正午影子长度。通过正午影子长度分析所在地区的经纬度，并进一步分析该地的日出日落时间。从题中知道影子夏至日最短时（正午时刻），某地旗杆影子与地平面夹角是 73.5°，由此推算该地一定在北纬 23°26′ ± 16.5°，再从中午时刻的北京时间为 1 时可以判断这里是 105 °E，即只能是 39°56′N，105 °E。夏至时，这里白天达到最长日出更早，日落更晚。（2）题中，由于所用时间为北京时间，日落与日出时刻与正午时刻对称，也就是与北京时间下午 1 时对称，因此只有 b 适合。（3）题凭借太阳所在方向用手表确定方位。要用太阳所在的方位对准时针所指方向，再计算此时太阳应在时针所指方向的什么方位。北京时间下午 3 时，当地应为下午 2 时，太阳在南偏西约 30 度的位置，因此题中 ab 符合，但 b 偏离太多，只有 a 符合。答案：（1）39°56′（40°）N105°E（2）b（3）a。

经典试题 2

（2006 江苏地理）我国“神舟六号”飞船于北京时间 2005 年 10 月 12 日 9 时许成功发射，17 日凌晨安全返回。据此回答 16、17 题。

16. 飞船飞行期间，下列叙述正确的是（　　）

A. 地球绕日公转的速度逐渐减慢

B. 太阳趋向直射点向北运动

C. 赤道各地日出时，当地物体影子朝向西偏北

D. 南半球各地正午太阳高度达一年中最大值

17. 飞船返回时，图 7.16 中各线能够表示全球昼长随纬度分布规律的是（　　）。

A. ①　　B. ②　　C. ③　　D. ④

解析：该题考察神六升空、飞行和返回时，各地的区时和季节。学生要了解各地的季节变化和昼夜长度的变化。16 题飞船飞行期间地球更接近近日点，绕日公转的速度逐渐加快，太阳直射点向南运动，赤道各地日出时，由于太阳位于南半球当地物体影子朝向西偏北，南半球各地正午太阳高度不可能达一年中最大值，因为直射点未到二至日。17 题 10 月 17 日飞船返回，全球北半球昼短夜长，南半球相反。该题考生要能看懂昼夜长短随纬度变化图，会计算区时，了解地球运动规律和直射点、昼夜长短、太阳高度的变化、日出方位的季节变化。从图中看只有④表示南半球昼长夜短，接近极点的地方有极昼极夜现象。答案：16C17D。

经典试题 3

（2006 全国 2 卷）图 7.15 四条曲线分别示意四地 3 月 21 日到 6 月 30 日的日出时间。读图 7.17，回答 3～5 题。

3. 与摩尔曼斯克地区日出时间对应的曲线是（　　）。

A. ①　　B. ②　　C. ③　　D. ④

4. ④地位于（　　）。

A. 南半球中纬度　　B. 北半球低纬度

C. 副热带高压带　　D. 副极地低压带

5. 8 月 23 日，②地的昼长约为（　　）。

A. 24 小时　　B. 22 小时

C. 20 小时　　D. 18 小时

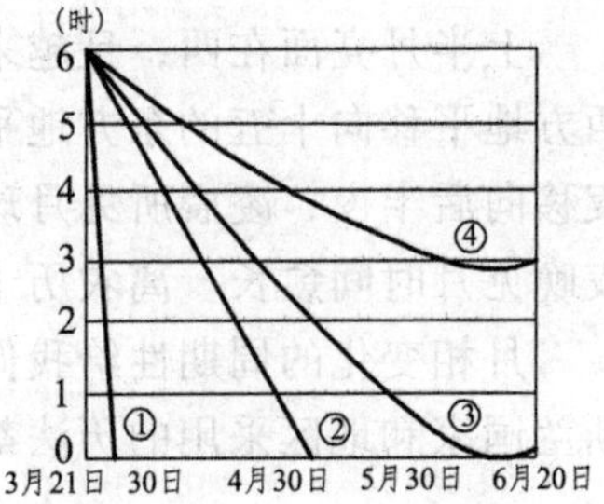

图 7.15

解析：该题考察 3 月 21 日到 6 月 30 日各个不同纬度的昼长时间和日出时间。日出时间提前，说明白天时间在变长，由此判断都在北半球。从图中可以看出，日出时间变为 0 时，此地开始出现极昼。①比②出现极昼时间早，因而可以判断这两个地方都位于极圈以内，①比②更靠近极地，②地在 5 月 10 日以后再出现极昼，相当于太阳直射 13 °N 时，也就是②地处于约 77 °N 左右。到 6 月 22 日出时间达到最早，白昼时间达到最长。④白昼最长达到 18 小时，由此判断其在副极地低气压带。昼长变化在二分二至前后都是对称的曲线，由此判定 8 月 23 日②地的昼长应该与 4 月 23 日相同，从图中看为 20 小时。该题考生要懂得各地白昼变化的曲线，能通过日出时间推算昼长，分析昼长变化的规律。了解摩尔曼斯克所处纬度位置。答案：3B4D5C。

五、日相、月相变化、潮汐现象

1. 月相变化的规律

月相就是月亮出没及圆缺变化的规律，包括月亮出没的时间及方位以及亮面朝向规律。月相变化取决于太阳照射月球的方向及地球上观察月球的方向两个因素。

月球在太阳光照射（月食除外）时，始终有一半是亮的，一半是黑的，向着太阳的半个球面是亮面，另半个球面是暗面。由于月球绕地球公转和地球带着月球绕太阳公转，月亮相对于地球和太阳的位置不断变化，导致月球亮面有时背向地球，有时面向地球，有时对着地球的部分大一些，有时小一些，对于地球上的观测者来说产生不同的视形状，从而产生月相变化。

一月里，月相呈现新月—蛾眉月—上弦月—凸月—满月—凸月—下弦月—蛾眉月—新月等月相周期性更迭。月相的盈亏都是从西边开始，农历上半月（朔—望）由西侧开始盈，至望而满月，下半月（望—朔）由西侧开始亏，至朔而不见月。月相变化周期为 29.53 日，称为朔望月。

上半月亮面在西，且越来越大；傍晚所见月球在天空中的位置越来越偏向东，从月初的西方地平移向十五的东方地平，日落月现；下半月亮面在东，且越来越小，月现时间从前半夜移向后半夜；凌晨所见月球在天空中的位置越来越偏向东。离农历十五愈近，月亮愈圆，夜晚见月时间愈长。离农历十五越远，月牙愈窄，见月时间愈短（见表 7.3）。

月相变化的周期性给我们提供了一种计量时间的尺度，中国传统的夏历（即农历）及伊斯兰国家和地区采用的历法都是以朔望月为月的单位进行编制的。

表 7.3 月亮出没时间和方位规律表

月相	日期及日月相对位置	月现时间和方位	月隐时间和方位	见月时间	亮面部位及大小
新月	初一，0°	与太阳同升	与太阳同落	0	0
蛾眉月	月初，0°～90°	日落时，西边天空	上半夜，西方地平	前小半夜	西面亮，狭窄圆弧形
上弦月	初七、八，90°	日落时，头顶	午夜，西方地平	前半夜	西面亮，半圆形
上凸月	初八至十五，90°～180°	日落时，东边天空	下半夜，西方地平	前大半夜	西面亮，凸面朝东
满月	十五，180°	日落时，东方地平	日出时，西方地平	整夜	全亮，正圆形
下凸月	十五至二十一，180°～270°	上半夜，东方地平	日出时，西边天空	后大半夜	西侧亏，凸面朝西
下弦月	二十二、三，270°	午夜，东方地平	日出时，头顶	后半夜	西侧亏，半圆形
残月	月底，270°～360°	下半夜，东方地平	日出时，东边天空	后小半夜	东边亮，狭窄圆弧形

2. 日食和月食

日食是月球运动到太阳和地球中间，如果三者正好（或几乎）处在一条直线时，月球就会挡住太阳射向地球的光，月球身后的黑影正好落到地球上，这时发生日食现象。日食需要满足两个条件。其一，日食总是发生在朔日（农历初一）。由于月球运行的轨道（白道）和太阳运行的轨道（黄道）并不在一个平面上，白道平面和黄道平面有 5°9′ 的夹角不是所有朔日必定发生日食。其二，太阳和月球都移到白道和黄道的交点附近，太阳离交点处在一定的角度（日食限）范围内。日食可以分为日全食和日偏食，日全食发生的过程分为初亏、食既、食甚、生光、复圆等 5 个阶段。月食是一种特殊的天文现象，指当月球运行至地球的阴影部分时，在月球和地球之间的地区会因为太阳光被地球所遮闭，就看到月球缺了一块。此时的太阳、地球、月球恰好（或几乎）在同一条直线上。月食可以分为月偏食、月全食和半影月食三种。月食只可能发生在农历十五前后，由于与日食同样的道理，不是所有十五都出现月食（见图 7.16）。

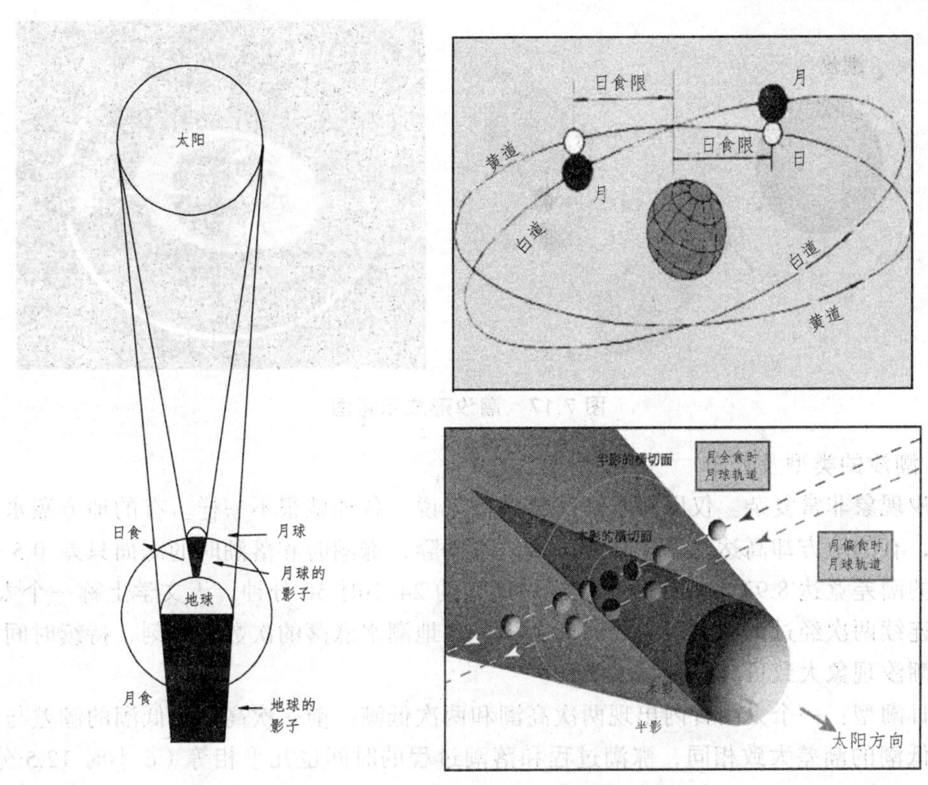

图 7.16　日食月食形成示意图

3. 潮汐现象

1）潮汐形成

由于日、月引潮力的作用，地球的岩石圈、水圈和大气圈中分别产生的周期性的运动和变化，总称潮汐。由于海潮现象十分明显，且与人们的生活、经济活动、交通运输等关系密切，因而习惯上将潮汐（tide）一词狭义理解为海洋潮汐。因月球距地球比太阳近，月球与太阳引潮力之比为 11∶5，对海洋而言，月亮潮比太阳潮显著。由于月球每天在天球上东移 13 度多，合计为 50 分钟左右，即每天月亮上中天时刻约推迟 50 分钟左右，（下中天也会发生潮水每天一般都有两次潮水）故每天涨潮的时刻也推迟 50 分钟左右。农历每月的初一即朔点时刻处太阳和月球在地球的一侧，所以就有了最大的引潮力，所以会引起“大潮”，在农历每月的十五或十六附近，太阳和月亮在地球的两侧，太阳和月球的引潮力也会引起“大潮”；在月相为上弦和下弦时，即农历的初八和二十三时，太阳引潮力和月球引潮力互相抵消了一部分所以就发生了“小潮”，故农谚中有“初一十五涨大潮，初八二十三到处见海滩”之说（见图 7.17）。

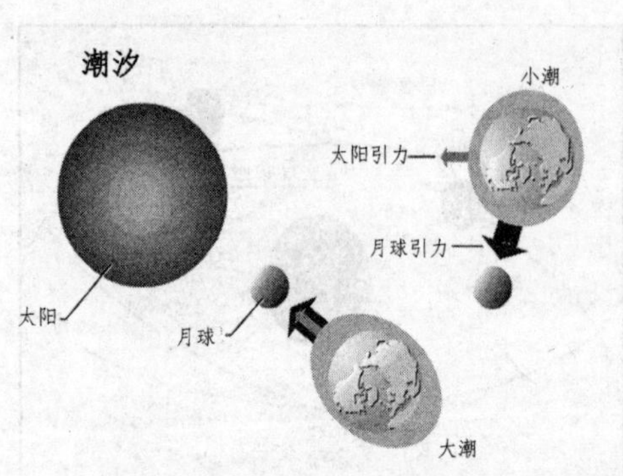

图 7.17 潮汐形成示意图

2）潮汐的类型及分布

潮汐现象非常复杂。仅以海水涨落的高低来说，各地就很不一样。有的地方潮水几乎察觉不出，有的地方却高达几米。在我国台湾省基隆，涨潮时和落潮时的海面只差 0.5 米，而杭州湾的潮差竟达 8.93 米。在一个潮汐周期（约 24 小时 50 分钟，天文学上称一个太阴日，即月球连续两次经过上中天所需的时间）里，各地潮水涨落的次数、时刻、持续时间也均不相同。潮汐现象大致可分三种基本类型。

半日潮型：一个太阴日内出现两次高潮和两次低潮，前一次高潮和低潮的潮差与后一次高潮和低潮的潮差大致相同，涨潮过程和落潮过程的时间也几乎相等（6 小时 12.5 分）。我国渤海、东海、黄海的多数地点为半日潮型，如大沽、青岛、厦门等。

全日潮型：一个太阴日内只有一次高潮和一次低潮。如南海汕头、渤海秦皇岛等。南海的北部湾是世界上典型的全日潮海区。

混合潮型：一月内有些日子出现两次高潮和两次低潮，但两次高潮和低潮的潮差相差较大，涨潮过程和落潮过程的时间也不等；而另一些日子则出现一次高潮和一次低潮。我国南海多数地点属混合潮型。如榆林港，十五天出现全日潮，其余日子为不规则的半日潮，潮差较大。

4. 教学建议

日相、月相变化和潮汐现象内容比较抽象，需要学生有空间想象力。教学中要引导学生关注时事和热点，关心现实生活中的日相、月相变化、日食月食与潮汐现象，力求用地理知识去解释这些现象，破除封建迷信。

经典试题 1

（2009 全国卷 1）某旅游团希望在杭州西湖欣赏“雷锋（塔）夕照”的同时，也领略“月到中天（月亮高度最大），水面风来”的情境。（注：月球公转周期约为30天，农历初一月球在天空中的视位置最靠近太阳）。完成9~11题。

9. 若旅行团在某日16时左右看到了“月到中天”，则该日是农历（　）。

A. 初二　　B. 初五　　C. 初八　　D. 十一

10. 若该旅行团在某日18时40分左右看到“月到中天”，则该日式农历（　）。

A. 初二　　B. 初五　　C. 初八　　D. 十一

解析：该题考察月相的变化规律。16时左右看到了“月到中天”说明月亮与太阳的角度是60度，月亮在太阳以东60度，即初五时的位置。同理，18时40分左右看到“月到中天”则是初八的位置。该题具有一定综合性，考生需知日、地、月运行时相对位置的角度及由此产生的月相变化规律；该题与旅游联系起来，具有生活性和应用性。答案：9B10C。

第二节　自然地理知识

一、河湖、海水运动、水循环

1. 河流湖泊

1）河流水文特征与水系特征

流水文特征和水系特征是不同的，水文特征包括水量、水位、汛期、含沙量、有无结冰期、凌汛、水能，而河流水系特征包括河流长度、流向、流域面积、支流数量及其形态、河网密度、落差或峡谷分布。

（1）水位、流量大小及其季节变化。

由河流的补给类型决定，一般来讲外流河由降水决定，内流河由气温决定。在外流区夏季降水丰沛，河流流量大增，水位上升，冬季降水少，河流水量减少，水位下降；降水的季节变化大，河流流量季节变化也大；内流河流一般由高山冰雪融水补给，夏季气温高，冰雪融水多，水量大，冬季为枯水期，季节变化较大。

（2）汛期类型及长短。

河流的汛期一般有夏汛、春汛、凌汛等。中高纬度地区由于冬季降雪较多，春季冰雪融化形成春汛；凌汛一般发生在中高纬度结冰、融冰季节由低纬向高纬流的河段，这时冰块壅塞河道，形成凌汛。

（3）含沙量大小。

由植被覆盖情况和土质状况决定的。植被覆盖差，土质疏松，河流含沙量大。反之，含沙量小。

此外有无结冰期和河流水流速度也是河流重要的水文特征。有无结冰期由流域内最低气温决定的。月均温在 0 °C 以下河流结冰，0 °C 以上无结冰期。河水流速大小由地形决定，落差大流速大；地形平坦，则水流缓慢。

（4）河流的水系特征。

河流的水系特征包括河流的流程、流向、水系类型、河道（河面宽窄、河床深浅、河流弯曲系数）、河网密度（支流的发育程度）、流域概况（面积、支流排列形式）、水力资源等。水系类型主要分为扇形水系、树枝状水系、向心状水系、梳状水系和羽状水系。

2）河流的补给形式及水文变化

河流补给方式：河流的补给有多种形式，但是仅由一种水源补给的河流很少。一条较大的河流，往往由多种水源同时补给，径流的变化比较复杂。

（1）雨水补给。

以雨水补给为主的河流往往具有径流季节性变化明显。如：我国东部地区的河流径流的季竹变化和年际变化较大，是由于我国东部为季风气候，其降水的季节变化和年际变化较大造成的。

（2）季节性积雪融水补给。

补给过程具有时间性和连续性。由于气温具有缓慢连续变化的特点，河流流量过程线的变化也比较稳定平缓、这种靠季节积雪融水补给为主的河流多位于高寒地区，如我国东北地区、青藏地区。

（3）永久积雪和冰川融水补给。

河流径流的季节变化较大，年际变化较小、冰川融水补给的河流，对于一旱地区有特别重要的意义。这类补给的河流多位于干旱区域，如我国西北地区。

（4）湖泊水补给。

连续不断给河流以补给，对河流的径流有调节作用。受湖泊补给的河流，其水量变化比较均匀，流量过程线比较平缓，变动幅度较小。这类补给的河流多属于大江大河流域，如我国长江中游等地区。

（5）地下水补给。

地下水是河流水量稳定而可靠的补给水源，往往与河流有互补作用。冬季降水稀少，因而冬季几乎全靠地下水补给，以地下水补给为主的河流，水量的季节分配和年际变化都比较稳定，流量过程线比较平缓。主要分布于干旱地区，或干旱季节。

3）人类活动的影响

河湖水污染：河流是地球表面淡水资源更新较快的蓄水体，是人类赖以生存的重要淡水体。中国是一个水资源缺乏的国家，人均拥有量仅占世界人均水资源量的 25‰ 。随着经济高速发展、人口急剧增长以及城市化进程的加快，中国的水环境呈现出恶化的趋势，主要河流有机污染普遍，主要湖泊富营养严重，水污染加剧了水资源的短缺。20 世纪 90 年代中期国家就开始了重点流域的治理工作，近年来随着国家对重点流域水污染防治的投入不断增加，“三河三湖”（淮河、海河、辽河、太湖、巢湖、滇池）流域水质急剧恶化的势头基本得到控制，部分污染治理等重点工程取得明显成效。水污染不仅是环保问题，它也是一个关系到社会经济能否可持续发展的问题，以及能否真正树立和落实科学发展观的问题，更是一个关系到国家长治久安的大问题。国外也经常发生流域水污染重大事件：莱茵河污染事件、北美死湖事件、日本水俣病事件、日本富山痛痛病事件。

生态破坏：人类砍伐植被会导致地表径流增加，河流水位陡涨陡落，含沙量变大，（泥沙）淤积河道，河床抬升。硬化路面（水泥路面）会增加地表径流，河流水位陡涨陡落。围湖造田会使湖泊调节作用减弱，水位陡涨陡落。

4）河湖的综合开发

河流的综合开发包括航运、水能开发、水利工程、跨流域调水、工农业取水、河道整治、污水处理、水产养殖、旅游开发等。需要学生学会分析流域开发的背景，理解流域开发建设的基本内容和综合治理的一般方法（见图 7.18）。

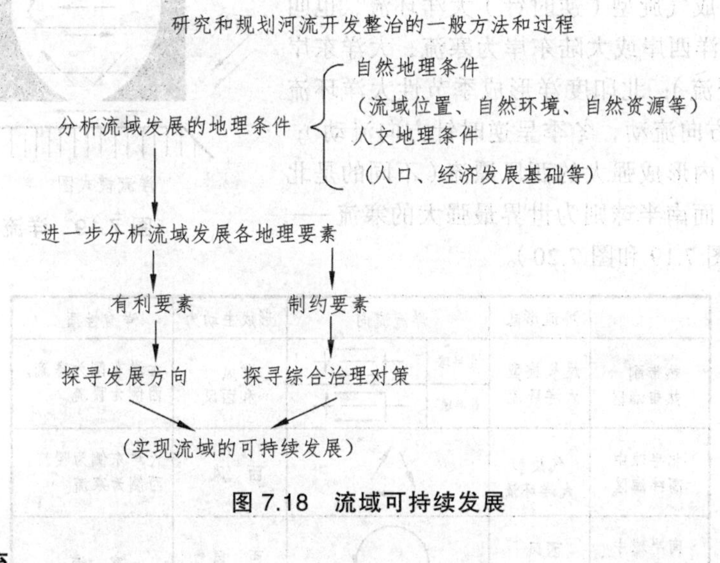

图 7.18　流域可持续发展

2. 洋　流

1）洋流的形成

又称海流，是海水长期沿一定方向的大规模运动，是海水最重要的运动方式。引起海流运动的因素可以是风，也可以是热盐效应造成的海水密度分布的不均匀性。前者表现为作用于海面的风应力，后者表现为海水中的水平压强梯度力。加上地转偏向力的作用和陆地的阻挡，形成了有规律的洋流模式。由于海岸和海底的阻挡和摩擦作用，海流在近海岸和接近海底处的表现，和在开阔海洋上有很大的差别。洋流对地理环境和人类活动，诸如气候和气候的变化，生物的分布，海水污染的净化和扩散，海水的温度、盐度等物理性质和海洋运输都有密切的联系。

2）洋流类型

根据洋流形成的主导因素，将洋流分为风海流、密度流和补偿流三种类型。在盛行风吹拂下，表层海水沿着一定方向做大规模的流动，这样形成的洋流称为风海流（世界上的洋流大多数是风海流）；不同的海域因海水的温度和盐度不同，导致海水密度分布不均，引起海水的流动，称为密度流；由风力和密度差异所形成的洋流，使海水流出的海区海平面降低，相邻海区的海水流过来进行补充，这样形成的洋流叫做补偿流。补偿流有水平的，也有垂直的。垂直补偿流又分为上升流和下降流。

3）洋流的分布

中低纬形成以副热带海区为中心的反气旋型（北逆南顺）大洋环流，也叫副热带环流（大洋西岸或大陆东岸为暖流，大洋东岸或大陆西岸为寒流）；北半球中高纬海区形成气旋型（逆时针）大洋环流，也叫副极地环流（大洋西岸或大陆东岸为寒流，大洋东岸或大陆西岸为暖流）；北印度洋形成季节性大洋环流（夏季呈顺时针方向流动，冬季呈逆时针方向流动）；南北半球西风带内形成强大的西风漂流（不同的是北半球的为暖流，而南半球则为世界最强大的寒流——西风漂流）（见图 7.19 和图 7.20）。

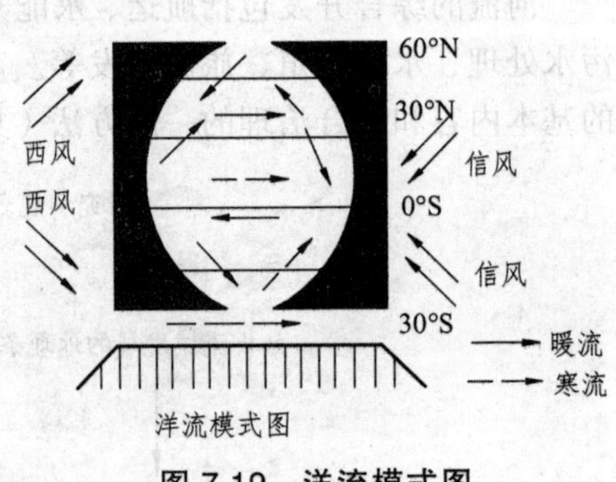

图 7.19 洋流模式图

<table>
<tr><th></th><th>环流形式</th><th colspan="2">洋流流向</th><th colspan="2">形成主动力</th><th>洋流性质</th></tr>
<tr><td rowspan="2">热带副热带海区</td><td rowspan="2">反气旋型大洋环流</td><td>北半球</td><td></td><td colspan="2" rowspan="2">信风和西风</td><td rowspan="2">大洋东侧为寒流，西侧为暖流</td></tr>
<tr><td>南半球</td><td></td></tr>
<tr><td>北半球中高纬海区</td><td>气旋型大洋环流</td><td colspan="2"></td><td colspan="2">西 风</td><td>大洋东侧为暖流，西侧为寒流</td></tr>
<tr><td>南半球中纬度海区</td><td>西风漂流</td><td colspan="2"></td><td colspan="2">西 风</td><td>寒 流</td></tr>
<tr><td rowspan="2">北印度洋海区</td><td rowspan="2">季风洋流</td><td>冬季</td><td>逆时针方向</td><td>冬季</td><td>东北季风</td><td rowspan="2">暖 流</td></tr>
<tr><td>夏季</td><td>顺时针方向</td><td>夏季</td><td>西南季风</td></tr>
</table>

图 7.20 洋流分布规律

4）洋流的影响

海流对海洋中多种物理过程、化学过程、生物过程和地质过程，以及海洋上空和沿岸地区的气候和天气的形成及变化，都有影响和制约的作用。了解和掌握海流的规律、大尺度海-气相互作用和长时期的气候变化，对渔业、航运、排污和军事等都有重要意义。

（1）对海水温度的影响：海水表面等温线的凸向与洋流的流向一致。暖流经过的海区，水温高于同纬度寒流流经的海区，因而海水表面等温线凸向高纬；寒流经过的海区，海水表面等温线凸向低纬。

（2）对海水盐度的影响：暖流经过的海区，盐度值要高于同纬度寒流流经的海区，因而等盐度线向盐度数值小的方向凸，寒流经过的海区，等盐度线向盐度数值大的方向凸。

（3）对海洋生物的影响：在寒暖流交汇处以及有上升流的海域，容易形成世界性大渔场，如日本北海道渔场、加拿大纽芬兰渔场、秘鲁渔场等。

（4）洋流对气候的影响。洋流对气候的影响主要表现在对气温和降水的影响上，一般情况下，暖流流经地区的气温较同纬地区要高一些，降水较同纬地区要多一些，寒流流经地区的气温较同纬地区要低一些，降水较同纬地区要少一些。（暖流有增温增湿作用，寒流有降温减湿作用）

（5）洋流对环境的影响。海流影响海洋中多种物理过程、化学过程、生物过程和地质过程，同时具有扩散或稀释污染物质（包括热污染）、传播植物种子、生物入侵的作用。

3. 水循环

水循环是指大自然的水通过蒸发、植物蒸腾、水汽输送、降水、地表径流、下渗、地下径流等环节，在水圈、大气圈、岩石圈、生物圈中进行连续运动的过程。全球性的水循环涉及蒸发、大气水分输送、地表水和地下水循环以及多种形式的水量贮蓄等环节。降水、蒸发和径流是水循环过程的三个最主要环节，这三者构成的水循环途径决定着全球的水量平衡，也决定着一个地区的水资源总量（见图 7.21）。

图 7.21　水循环示意图

1）水循环分类

分为海陆间循环（大循环）以及陆上内循环和海上内循环（小循环）。海洋和陆地之间水的往复运动过程，称为水的大循环。仅在局部地区（陆地或海洋）进行的水循环称为水的小循环。海陆间循环是海洋与陆地之间进行的，其主要环节为：蒸发、水汽输送、降水、地表径流下渗、植物蒸腾、地下径流等，对陆地水资源更新起到最重要作用。海上内循环是海洋与海洋上空之间进行的，其主要环节是蒸发、降水，循环水量最大，但对陆地意义不大。陆上内循环是在内陆与陆地上空之间，主要环节为蒸发、植物蒸腾、降水等，可以补充陆地水，但很少。

2）水循环的影响因素

包括自然因素和人为要素。自然因素主要有气象条件（大气环流、风向、风速、温度、湿度等）和地理条件（地形、地质、土壤、植被等）。人为因素对水循环也有直接或间接的影响。人类活动不断改变着自然环境，越来越强烈地影响水循环的过程。构筑水库，开凿运河、渠道、河网，以及大量开发利用地下水等，改变了水的原来径流路线，引起水的分布和水的运动状况的变化。农业的发展、森林的破坏可引起蒸发、径流、下渗等过程的变化。城市和工矿区的大气污染和热岛效应也可改变本地区的水循环状况。人类生产和消费活动排出的污染物通过不同的途径进入水循环。矿物燃料燃烧产生并排入大气的二氧化硫和氮氧化物，进入水循环能形成酸雨，从而把大气污染转变为地面水和土壤的污染。大气中的颗粒物也可通过降水等过程返回地面。土壤和固体废物受降水的冲洗、淋溶等作用，其中的有害物质通过径流、渗透等途径，参加水循环而迁移扩散。人类排放的工业废水和生活污水，使地表水或地下水受到污染，最终使海洋受到污染。

4. 教学建议

1）教学要求

本部分内容要求学生了解我国主要河流的分布，知道水系、流域、内外流河的概念，了解河流水文特征的基本内容；能运用示意图，说出水循环的过程和主要环节，说明水循环的地理意义；运用地图，归纳世界洋流分布规律，说明洋流对地理环境的影响、世界洋流分布规律及洋流对地理环境的影响。

2）高考特点及教学指导

（1）水循环及水资源。

教学中要让学生理解水循环的过程和主要环节，水循环的地理意义，掌握秦岭一淮河南北河流的不同特征；理解自然界水循环的类型、主要环节及其地理意义，运用水循环的原理知识，能分析常见的人类活动对水资源的影响，能够绘制“海陆间水循环示意图”，并用简练的语言表述水循环的过程及其意义，通过学习水体的运动转化与更新规律，解释生活中与之相关的一些实际问题。通过学习陆地水体的有关知识，增强对水资源的忧患意识，树立科学的资源观，养成节约用水的好习惯；通过水循环运动的学习，认识自然界水的动态平衡，认识自然界中的万事万物是不断运动变化的，从而受到辩证唯物主义教育。

（2）河流水文特征水系特征。

本部分要求学生熟悉大江大河的水文特征、及所在流域的气候特征、地貌地势特征、土壤植被特征、人类活动等，熟悉各大河流水系特征和所在区域的区域轮廓、经纬网轮廓，能看懂流量变化图；能分析河流水文特征的形成因素及对人类的影响，能够准确获取和解读图中信息，判断河流的水系、水文特征，调动和运用相关知识论证并解决问题；具有流域系统综合思维和可持续发展思想。

河流是自然地理环境的重要组成部分，与人类的生产、生活紧密相关。以河流为载体，综合考查我国或世界典型河流的水文特征、水系特征，水资源的利用，流域的开发和治理，水文灾害与相关地质灾害的表现及成因等，是近年来高考的重点之一。试题多从区域图、等高线图、气候资料统计图和文字材料等角度切入，以整个流域或某河段为载体，或把水系、水文特征作为隐含条件，考查在河流影响下的工农业生产、交通、聚落、港口等区位条件。地理高考教学中需重视流域特征的分析归纳、流域的区域开发与生态环境保护、流域的减灾防灾和资源利用以及流域间的分析比较等。

水文特征、水系特征的考察多与河流所处的地貌地势特征、气候特征、地表状态、人类活动等相联系来考察。近年来对河流水系特征和水文特征考查方向有三个。一是建立的水系水文特征基础上的河流与区域的识别；二是不同区域河流特征的描述与比较；三对具体河流水系水文特征进行成因分析。地理高考中着重考察世界及我国大江大河的水文特征，尤其是长江的洪水、黄河的泥沙和塔里木河的季节性、海河的向心状水系、淮河的治理；世界性河流中亚马孙河水量、尼罗河的定期泛滥及对农业的影响、刚果河的扇状水系和水能蕴藏、湄公河、多瑙河的国际性、印度河、恒河的季节变化等。也有考察河流地貌的形成原理如阶地、瀑布、河漫滩、冲积平原的形成等。单纯考察湖泊的较少，但不排除今后把湖泊纳入考试范围，尤其是在我国湖泊受到日益严重污染的情况下，如太湖、滇池等。

（3）洋流。

这部分知识是高中地理的重点和难点，对空间概念的要求较高，蕴涵着丰富的地理思维理性。考生需要搞清“洋流的成因、洋流的分布、洋流对地理环境的影响”。教学中要引导学生运用气压带和风带分布图、世界洋流模式图以及世界表层洋流的分布图，分析不同纬度和不同海区的洋流系统，归纳出洋流的分布规律；引导学生从气候、海洋生物分布、海洋环境、海洋交通运输等方面，说明洋流对地理环境的影响，以及对人们生产和生活的影响。可以引用一些假设或案例剖析让学生知识得到迁移，发展学生思维。如① 假如地球自东向西绕地轴旋转，太平洋中、低纬度海区的洋流流向将如何变化？澳大利亚大陆东、西两岸的自然景观又将可能产生什么变化；② 郑和当年下西洋案例；③ 太平洋上打鱼船的故事。

经典试题 1

（2008 重庆文综）读图 7.22，回答 3、4 题。

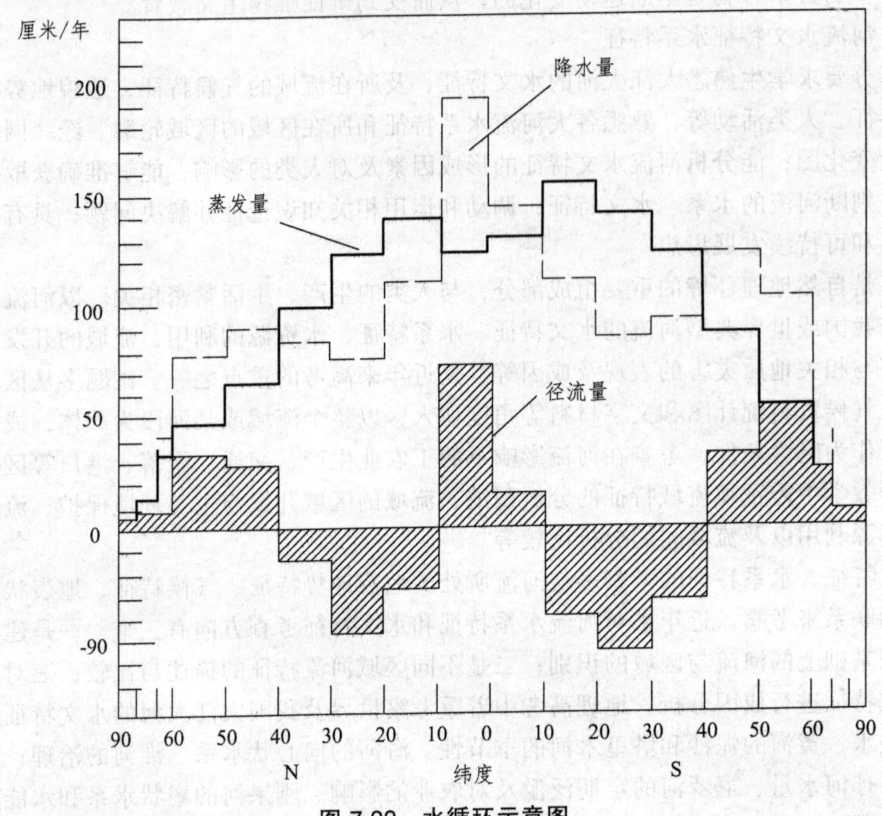

图 7.22　水循环示意图

3. 降水量小于蒸发量的纬度范围是（　　）。

A. 南北纬 10°之间　　B. 南北纬 10°～40°

C. 南北纬 30°～60°　　D. 南北纬 50°～80°

4. 设全球降水量、热带蒸发量、温带径流量最大值所在纬度范围分别为①、②、③，则海洋表层盐度（　　）。

A. ①＞②＞③　　B. ①＞③＞②

C. ②＞①＞③　　D. ②＞③＞①

解析：该题考察蒸发量、降水量的纬度分布和海水盐度的关系。学生要懂得水量平衡的公式。地面径流量＝降水量－蒸发量。径流量为负值说明降水量小于蒸发量。由图可知，南北纬 10°～40° 降水量小于蒸发量。海水盐度影响因素是降水量、蒸发量和径流量。蒸发量大的地区盐度一定高。径流量大的地区盐度一定低。答案：3B4C。

经典试题 2

（2008 北京文综）4. 如果图 7.23 为海陆间水循环模式，S 线代表地球表面，则（　　）。

A. 环节①参与地表淡水资源的补给

B. 环节②是陆地自然带形成的基础

C. 环节③使大洋表面海水的盐度降低

D. 环节④的运动距离与下垫面无关

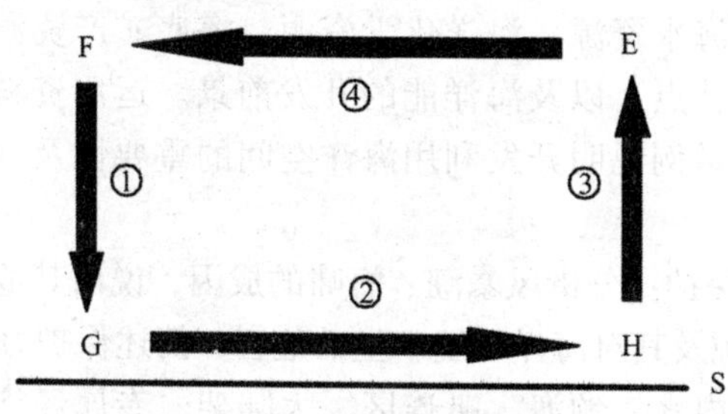

图 7.23　水循环示意图

解析：该题用同一图形通过变换考察学生的大气环流模式、水循环模式和洋流模式，综合性、抽象性、概括性很强。考生要熟悉大气运动、水循环和洋流分布等有关知识。环节①是大气降水过程，参与地表淡水资源的补给；环节②不是陆地自然带形成的基础；陆地自然带形成的基础不是径流而是温度和降水。环节③使大洋表面海水的盐度升高而不是降低；环节④的运动距离跟下垫面肯定有关，遇到山地向上抬升，形成地形雨。答案：4A。

二、海洋地理

“海洋地理”选修模块是中学地理新课程体系中重要的组成部分，与地理必修模块和其他地理选修模块共同承担着培养公民地理素养、提高地理思维能力的重要任务。“海洋地理”包括四大部分：“海洋和海岸带”、“海洋开发”、“海洋环境问题和保护”、“海洋权益”，每一部分都有相对独立的内容，但是彼此之间又紧密联系。

在“海洋和海岸带”教学中树立学生海洋国土意识。在“海洋开发”教学中培养学生海洋可持续发展的观念。在“海洋环境问题与保护”教学中提高学生海洋资源安全意识。在“海洋权益”教学中强化国家海洋主权意识。我国目前面临的海洋资源和海洋权益争端尖锐而复杂，因此，在“海洋权益”教学中强化国家海洋主权意识是非常必要的。

1. 教学要求

（1）海洋和海岸带：观察海底地形图，运用海底扩张与板块构造学说的主要观点，解释海底地形的形成和分布规律。运用图表等资料，归纳海水温度、盐度的分布规律，分析海—气相互作用及其对全球水、热平衡的影响。简述厄尔尼诺、拉尼娜现象及其对全球气候的影响。说明波浪、潮汐、洋流等海水运动形式的主要成因及其作用。运用地图及景观图片，概述海岸的主要类型和特点。列举海岸带开发利用的主要方式。运用资料，说明海平面变化对海岸带自然环境以及社会经济发展的重大影响。

（2）海洋开发：说出海水资源、海洋化学资源、海底矿产资源开发利用的特点和现状。说出潮汐能、波浪能等的特点，以及海洋能的开发前景。运用资料说明海洋生物资源开发利用中存在的问题及对策。举例说明开发利用海洋空间的重要性及其主要方式。简述海洋旅游业的现状及发展前景。

（3）海洋环境问题与保护：分析风暴潮、海啸的成因，说出其危害及应对措施。运用资料，说出海洋主要污染物的来源及其对海洋环境产生的危害，简述保护海洋生态环境的主要对策。

（4）海洋权益：区别内水、领海、毗连区、大陆架、专属经济区和公海等概念。根据有关资料，归纳我国海洋国情的基本特点，说明维护我国海洋权益的重要意义。举例说出建立和维护国际海洋秩序的重要性。

2. 高考特点及教学指导

海洋地理题的分值比重较大，在1991年和1993年分别占到总分的9%和7%。近年来随着海洋地理选修课的开设和海洋权益的日益受重视，海洋地理的试题会有所增加。海水的盐度、温度的变化、洋流的分布、成因及影响、海洋气象灾害、地质灾害、海上交通是考察的重点，随着海洋经济意义、战略意义的凸显和海洋环境问题的加剧，海洋资源利用、海水养殖、海洋旅游、海洋文化、海洋空间利用、海洋环境保护、海洋运输、海洋科研探索、海洋政治军事、海洋环境演变等将成为考试的重要关注点。学生要懂得海洋表层平均盐度、温度的分布和变化规律、海洋资源的主要类型及其开发利用现状与前景、海洋空间的重要性、开发利用现状与前景、中国邻近海域、主要渔场盐场和海洋水产；了解主要的海洋环境问题、保护海洋环境的主要措施等。建议教学中引导学生多关注海洋时事新闻；树立学生海洋国土意识，把海洋作为国土、作为资源来对待；培养学生综合思维，把海水运动与大气运动、气候、水分循环、海洋资源与陆地环境、地质环境等联系起来进行分析。

经典试题 1

（2006重庆卷）图7.24中数码①～⑦代表陆地自然带，“干”、“湿”表示水分状况。读图回答9题。

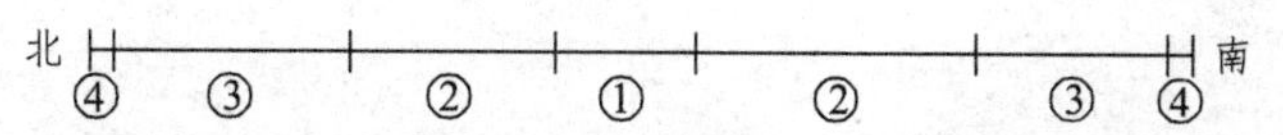

沿某经线甲大陆陆地自然带分布示意图

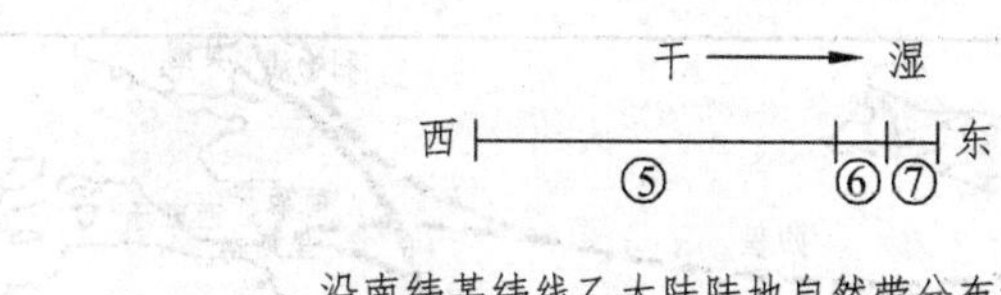

沿南纬某纬线乙大陆陆地自然带分布示意图

图 7.24

9. 与①所处纬度相当的表层海域相对于⑦东侧表层海域（　　）。

A. 温度高、盐度低　　B. 温度高、盐度高

C. 温度低、盐度高　　D. 温度低、盐度低

解析：从图中分析，甲大陆自然带呈南北对称因而可以判定是非洲大陆，乙大陆为经向分布，又处于南半球，因而可以判断它可能是南美洲或大洋洲，再看自然带的宽度格局，可以判断其为大洋洲。⑤、⑥、⑦分别为热带沙漠、热带草原和热带雨林（或亚热带常绿阔叶林）自然带①所处的区域是热带雨林气候区，这里降水丰富，海水温度高、盐度低，⑦东侧有暖流流过，降水也较丰富，盐度也较低，但不如前者温度高、盐度低。该题要求考生懂得非洲和澳大利亚的地理特征、气候特征及其成因，具备盐度影响因素的知识、了解世界气候类型的分布。答案：A。

经典试题 2

（2007 江苏卷）图 7.25 为“以极点为中心的半球示意图”，图中箭头表示地球自转方向。读图回答 7～9 题。

8. 若箭头还表示洋流流动方向，该处洋流是（　　）。

A. 西风漂流　　B. 日本暖流

C. 墨西哥湾暖流　　D. 北太平洋暖流

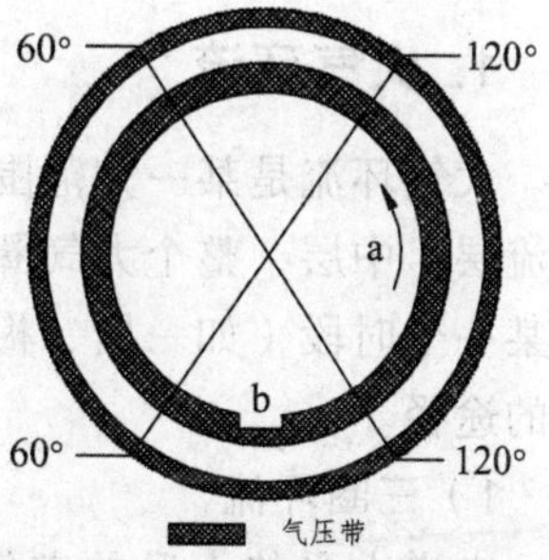

图 7.25

解析：该题考察极地为中心的半球图的海陆分布、洋流分布、气压带分布，具有较高的综合性。从图中可以看出，地球自转为逆时针，得知是北极半球图。图中 a 处为太平洋，洋流为北太平洋暖流，学生要能通过地球运动方向判断所在极地地区，熟悉大洋和洋流分布，具备气压带分布知识。答案：8D。

经典试题 3

（2009 全国卷 2）39.（60 分）如图 7.26 所示为三角贸易示意图，根据材料并结合所学知识，回答下列问题。

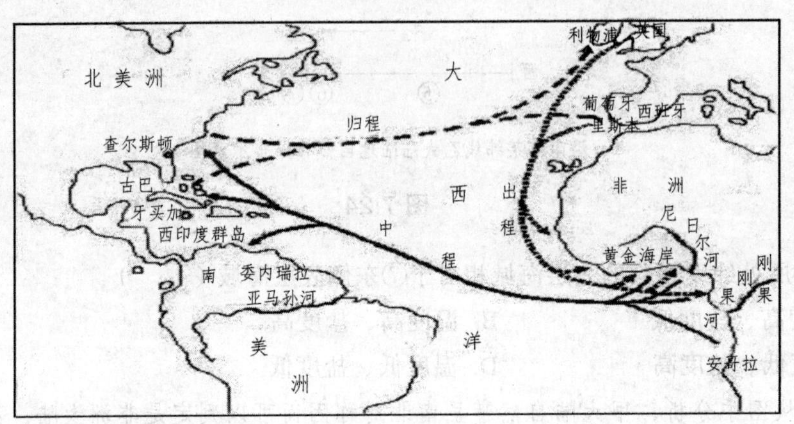

图 7.26

（3）指出三角贸易涉及海区的大洋环流规律，以及三段航程海域洋流的性质（寒、暖流）。（11 分）

解析：该题是历史跟地理综合的一道题。三角贸易与洋流气候关联。学生要熟悉北大西洋洋流的分布。三角贸易所经路线正好构成了北大西洋低纬环流圈：赤道暖流、北大西洋暖流和本格拉寒流。答案：属于北大西洋中低纬度海区，大洋环流呈顺时针方向流动。出程，寒流；中程，暖流；归程，暖流。

三、大气环流、气压带和风带

1. 大气环流

大气环流是某一大范围的地区（如欧亚地区、半球、全球），某一大气层次（如对流层、平流层、中层、整个大气圈）在一个长时期（如月、季、年、多年）的大气运动的平均状态或某一个时段（如一周、梅雨期间）的大气运动的变化过程。大气环流是重新分配热量和水汽的途径。

1）三圈环流

赤道上受热上升的空气自高空流向高纬，起初受地转偏向力的作用很小，空气基本上是顺着气压梯度力的方向沿经圈运行的。随着纬度的增加，地转偏向力作用逐渐增大，气流就逐渐向纬圈方向偏转，到 30°N 附近，地转偏向力增大到与气压梯度力相等，这时在北半球的气流几乎成沿纬圈方向的西风，在 30°N 上空堆积下沉，产生副热带高压带，赤道则因空气上升形成赤道低压带，这就导致空气从副热带高压带分别流向赤道和高纬地区。其中流向赤道的气流，受地转偏向力的影响，在北半球成为东北风，在南半球成为东南风，分别称为东北信风和东南信风。这两支信风到赤道附近辐合，补偿了赤道上空流出的空气，于是热带地区上下层气流构成信风环流圈或热带环流圈。极地寒冷、空气密度大，地面气压高，形成极地高压带。在北半球空气从极地高压区流出并向右偏转成为偏东风，副热带高压带流出的气流北上时亦向右偏转，成为中纬度低层的偏西风。这两支气流在 60°N 附近汇合，暖空气被冷空气抬升，从高空分别流向极地和副热带。在纬度 60°N 附近，由于气流流出，低层形成副极地低压带。流向极地的气流与下层从极地流向低纬的气流构成极地环流圈；自高空流向副热带处的气流与地面由副热带高压带向高纬流动的气流构成中纬度环流圈。这种只受太阳辐射和地球自转影响所形成的环流圈，称为三圈环流，它是大气环流的理想模式（见图 7.27 和图 7.28）。

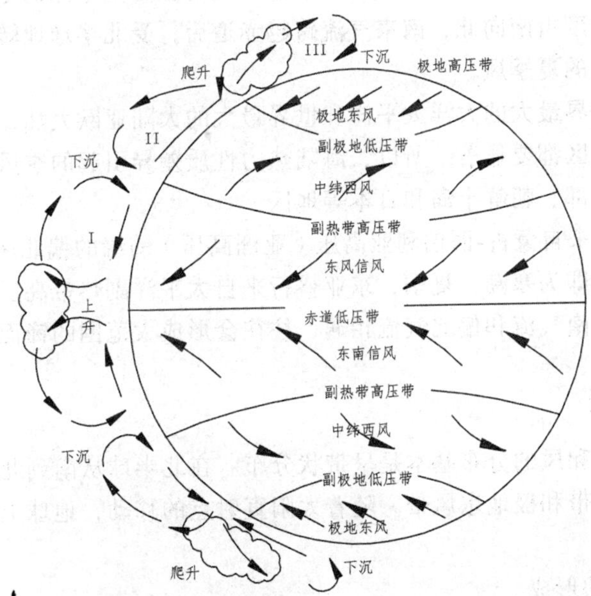

图 7.27 三圈环流及气压带风带示意图

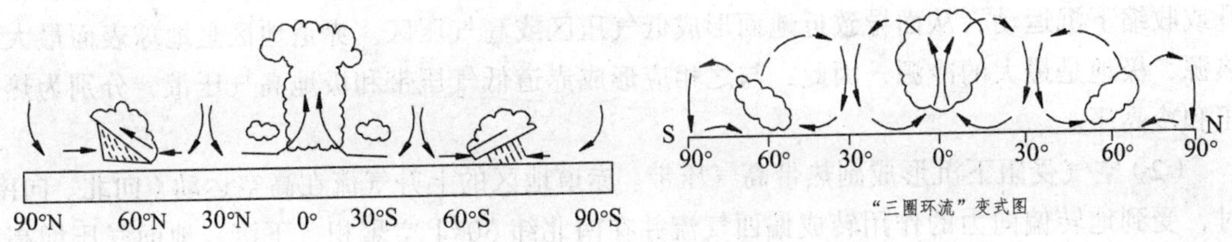

图 7.28 三圈环流形成示意图

2）季风环流

大范围地区的盛行风随季节而有显著改变的现象，称为季风。季风环流也是大气环流的一个组成部分。亚洲东部的季风环流最为典型。海陆热力性质的差异，导致冬夏间海陆气压中心的季节变化，是形成季风环流的主要原因。季风的形成主要是由于海陆间热力差异以及这种差异的季节变化。在夏季大陆上气温比同纬度的海洋高，气压比海洋低，气压梯度由海洋指向大陆，风由海洋吹向大陆，形成夏季风，冬季则相反，因此风从大陆吹向海洋，形成冬季风。由海洋热力差异而产生的季风，大都发生在海陆相接的区域。温带、副热带地区海陆间的热力差异随季节变化大，季风现象尤为显著，如亚洲东部、北美东部等。

亚洲南部的季风，主要是由行星风带的季节移动而引起的，但也有海陆热力差异的影响，以印度季风为例，冬季行星风带南移，赤道低压移到南半球，亚洲大陆冷高压强大，高压南部的东北风就成为亚洲南部的冬季风。夏季行星风带北移，赤道低压移到北半球，再加上大陆热力因子的作用，低压中心出现在印度半岛。而此时正是南半球的冬季，澳大利亚是一个低温高压区，气压梯度由南向北，南来气流跨越赤道后，受北半球地转偏向力的作用，形成西南风，这就是南亚的夏季风。

在亚洲东部，世界最大的大洋太平洋和世界最大的大陆亚欧大陆，海陆的气温对比和季节变化比其他任何地区都要显著。所以，海陆热力性质差异引起的季风，在东亚最为典型，范围大致包括我国东部、朝鲜半岛和日本等地区。

冬季，东亚盛行来自蒙古-西伯利亚高压（亚洲高压）前缘的偏北风，低温干燥，风力强劲，此偏北风强烈时即为寒潮；夏季，东亚盛行来自太平洋副热带高压西北部的偏南风，高温、湿润和多雨。偏南气流和偏北气流相遇，往往会形成大范围的锋面降雨带。

2. 气压带风带

地球表面上气压和风的分布基本是呈带状分布。在北半球从南到北分布着三个风带；东北信风带、盛行西风带和极地东风带。随着太阳直射点的移动，地球上的气压带和风带也会跟着移动。

1）气压带风带的形成

（1）热力原因形成赤道低压带和极地高气压带：由于地面冷热不均，引起大气的膨胀上升或收缩下沉运动，从而导致近地面形成低气压区或高气压区。赤道地区是地球表面最大的热源，极地是最大的冷源，因此，与之相应形成赤道低气压带和极地高气压带，分别为热低压和冷高压。

（2）空气受阻下沉形成副热带高气压带。赤道地区的上升气流在高空运动（向北、向南）时，受到地转偏向力的作用转成偏西气流并在南北纬 30°上空聚积、下沉，地面气压增高，形成副热带高气压。

（3）空气辐合上升形成副极地低气压带。副热带高气压带与极地高气压带的两股冷暖不同性质的气流，在南北纬 60° 附近相遇辐合上升，近地面形成副极地低气压带。副热高压带和副极地低气压带与当地冷热状况都没有无直接关系，这样的气压变化称为动力原因。

（4）在高低气压带之间形成风带。由于气压梯度力和地转偏向力的作用，在南北半球形成了信风带、西风带、极地东风带（见图 7.29）。

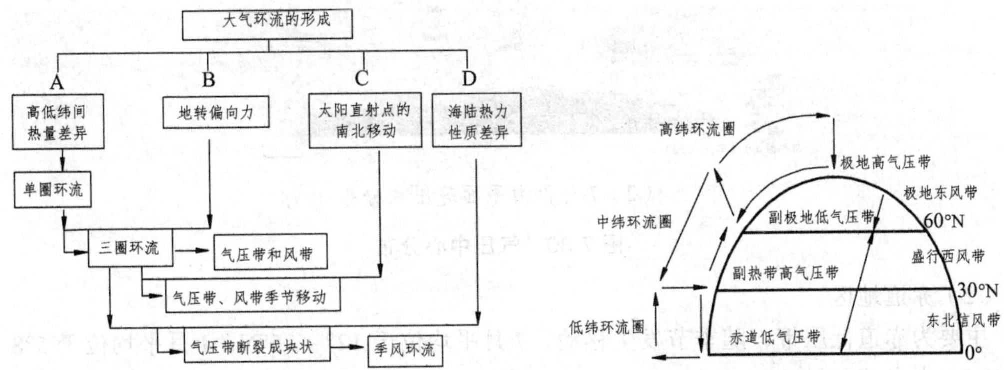

图 7.29　全球气压带、风带的形成及气压带风带分布示意图

2）气压带和大气活动中心

（1）北半球气压带和气压中心。

一月份在北纬 60° 附近，由于亚欧大陆冷却快，形成蒙古、西伯利亚高压，副极地低气压带被蒙古、西伯利亚高压切断，使副极地低压只保留在海洋上，形成北大西洋上冰岛低压和北太平洋上阿留申低压。2、7 月份在北纬 30° 附近，由于亚欧大陆受热快，空气膨胀上升，近地面形成低气压，印度低压最为突出，使副热带高气压只保留在海洋上，形成北太平洋的夏威夷高压和北大西洋的亚速尔高压（见图 7.30）。

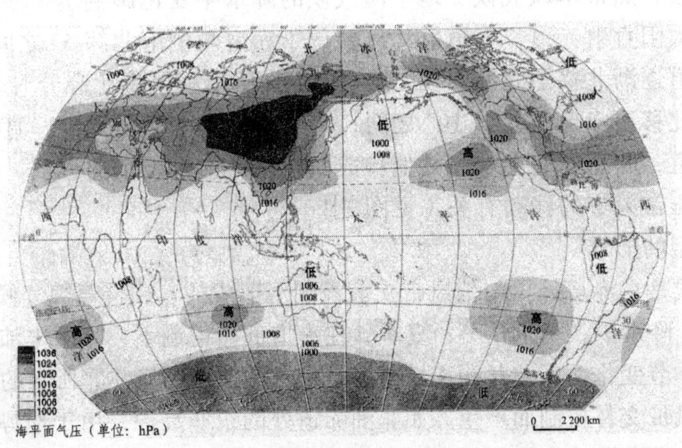

（1）1 月份海平面等压线分布

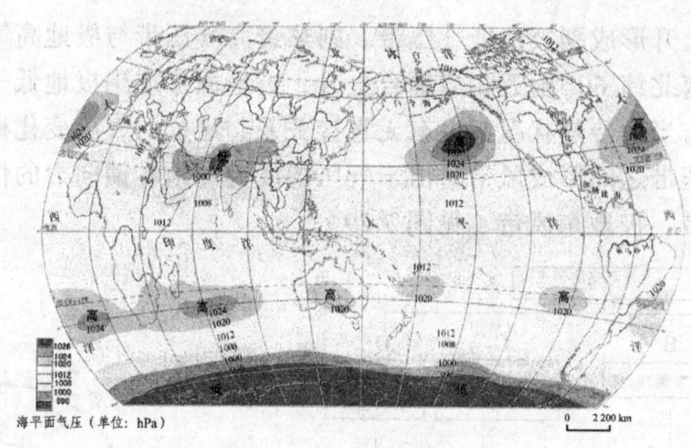

（2）7月份海平面等压线分布

图 7.30 气压中心分布

（2）赤道地区。

主要为赤道低压带，随季节发生移动，7 月平均位于 12°～15°N，1 月平均位于 5°S。

（3）南半球。

南半球副热带高压在海洋上可以形成半永久性气压中心。在陆地上则有季节变化。1 月夏季，在陆地上形成低压（澳洲低压、南美低压和南非低压）。7 月天气变冷，在南半球大陆形成冷高压（澳洲高压、南非高压），副高只保留在海上，形成南太平洋高压、南印度洋高压、南大西洋高压。南半球高纬度副极地低气压带和极地高压带由于海陆性质均一，季节变化不大。

3）气压带风带的移动

随着太阳直射点位置的季节移动，地球上的气压带和风带的位置，随着季节而变化。就北半球而言，大致是夏季北移，冬季南移。气压带、风带的季节移动对气候的影响很大（例如对热带草原气候、热带季风气候、地中海气候的降水年变化影响）。

春秋分时，太阳直射赤道，赤道低气压带位于赤道两侧南北纬 5° 之间。从春分到夏至，太阳直射点自赤道逐渐北移至北回归线。夏至时，气压带和风带比春分时北移 5° 左右。这时的赤道低气压带北移至赤道与北纬 10° 之间；南半球的东南信风可以一直吹到赤道，甚至有一部分可越过赤道，吹送到北半球，并偏转成西南风。气候类型的形成、季风的产生和风力强弱的变化与气压带风带的移动有关（见图 7.31）。

（1）气候类型的形成。

热带草原气候是在赤道低压与信风带交替控制下形成的。热带草原气候地区，冬季，在干燥的信风控制下，降水少，草木枯萎；夏季，在赤道低压控制下，降水丰沛，草木茂盛。非洲食草动物往往随季节变化而南北长距离迁徙，就是这个原因。但并非所有的热带草原气候都是因赤道低压和信风带交替控制而产生。如非洲赤道处的东非高原，由于地势高，水热状况发生了垂直变化，因此没有形成热带雨林气候，反而形成了热带草原气候；再如，马达加斯加岛西

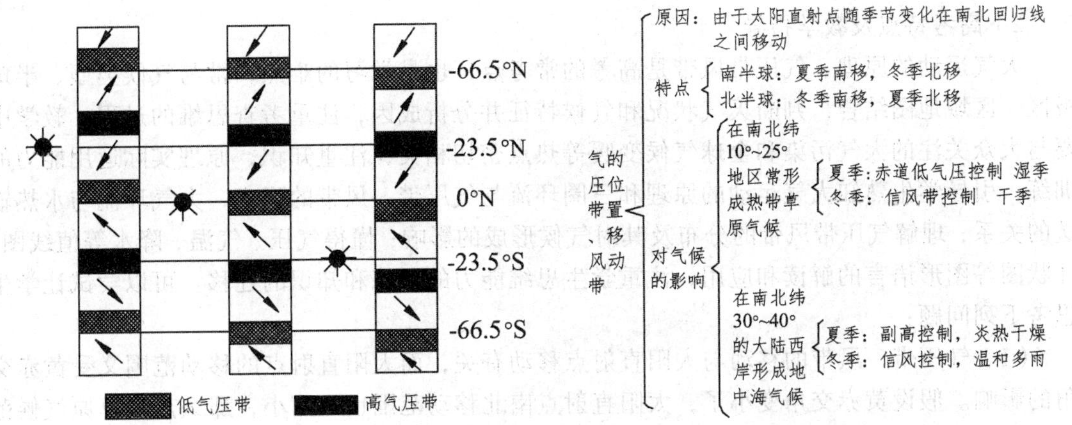

图 7.31　气压带风带的季节移动及其对气候的影响

部的热带草原气候是在东南信风的背风坡形成的。地中海气候是在副热带高压与西风带交替控制下形成的。夏季，在副热带高压控制下，天气炎热、干燥；冬季，受西风带控制，天气温和、多雨。由于其他因素的影响，地中海气候范围有大有小，区域形状有所差异。如南非阿扎尼亚一带，由于这些地区位于南纬 30° 南纬 40° 之间的陆地面积较小，受大陆面积的限制，地中海气候仅出现在南端一隅，面积很小；再如，美洲太平洋沿岸的地中海气候面积也非常狭窄，这是由于西风带受到科迪勒拉山系的阻挡，加上山脉逼近海岸所致。

（2）季风的产生。

亚洲南部的西南季风，就是由于夏季时气压带、风带季节性北移，南半球的东南信风越过赤道右偏而形成的。在西南季风的影响下，北印度洋海水从西向东流动形成了顺时针洋流。如果西南季风势力强，那么就会带来大量降水；反之，则降水少，易导致旱灾。澳大利亚北部也有一股季风——西北季风。夏季（南半球季节）时，北半球的东北信风带季节性南移，越过赤道，受地转偏向力影响而向左偏转，形成西北季风。该处的西北季风与冬季时东亚的西北季风成因截然不同。

3. 教学建议

1）教学要求

本部分内容包括气压带、风带、大气环流及其变化和地理意义。要求学生理解三圈环流与气压带、风带的形成掌握海陆分布对大气环流的影响，掌握季风环流的分布及成因；通过三圈环流模拟演示，培养学生的空间思维能力；通过读图绘图分析，提高学生读图分析问题的能力；通过课后活动，培养学生学以致用的能力；通过对比分析，使学生了解事物的相互联系，相互制约，培养学生辩证唯物主义的观点。使学生能够运用图表说明大气受热过程，绘制全球气压带、风带分布示意图，说出气压带、风带的分布、移动规律及其对气候的影响。

2）高考特点及教学指导

大气运动的原理、气压带风带是高考的常考点，也是学习的难点，常与气候类型、半球极区、区域地图结合，判断天气状况和气候特征并分析成因，注重考查思维的过程。教学中要与大众关注的大气污染和全球气候变暖等热点密切相关，注重知识、原理实际运用能力的训练，引导学生熟知大气运动的原理和三圈环流与气压带、风带的形成，大气环流与水热输送的关系；理解气压带风带的分布及其对气候形成的影响；懂得气压、气温、降水等值线图、柱状图等图形语言的解读和应用，注重学生思维能力的训练和知识的迁移。可以尝试让学生思考下列问题：

（1）气压带、风带的移动与太阳直射点移动有关，而太阳直射点的移动范围又受黄赤交角的影响。假设黄赤交角变小了，太阳直射点南北移动范围也将缩小，那么热带草原气候范围将如何变化？若黄赤交角为0°，地中海气候还会存在吗？（2）气压带、风带的移动对气候的影响与地球偏向力的关系。地球自转方向决定地转偏向力的方向，进而影响全球大气环流。假设地区自转方向与现在相反，那么西风带还会出现在大陆西岸吗？黄河下游、长江中下游地区又将会出现什么样的气候类型？其他地方气候会有怎样的变化呢？

经典试题 1

（2006 江苏地理）图 7.32 是“半球近地面风带分布示意图”读图回答 13、14 题。

13. 图中 a 处盛行风向是（　　）。

A. 东北风　　B. 西北风　　C. 东南风　　D. 西南风

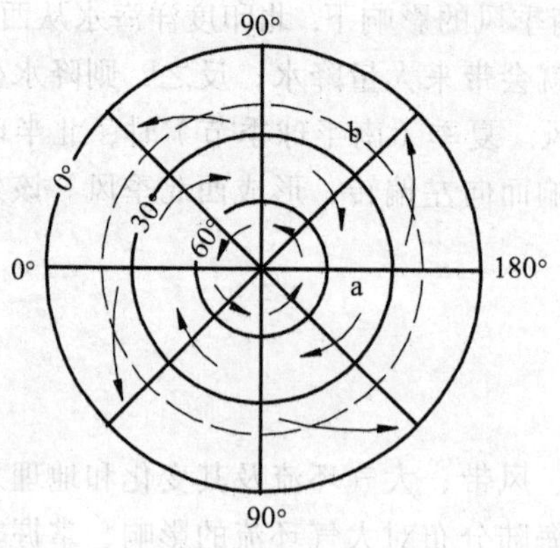

图 7.32

14. 图中 b 处的气候特征是（　　）。

A. 炎热干燥　　B. 高温多雨　　C. 温和干燥　　D. 温和湿润

解析：该题考察南半球近地面风带分布。学生要熟悉南半球风带知识、南半球极地的经纬网轮廓、南半球的气候类型及其特征。从图中根据极地应是东风带判定该地是南半球。a处于西北风控制下，b处受副热带高压控制，为热带沙漠侵，炎热干燥。答案：13B14A。

经典试题 2

（2007 江苏卷）图 7.33 为“以极点为中心的半球示意图”，图中箭头表示地球自转方向。读图回答 9 题。

9. b 气压带是（　　）

A. 副热带高气压带　　B. 赤道低气压带

C. 副极地低气压带　　D. 极地高气压带

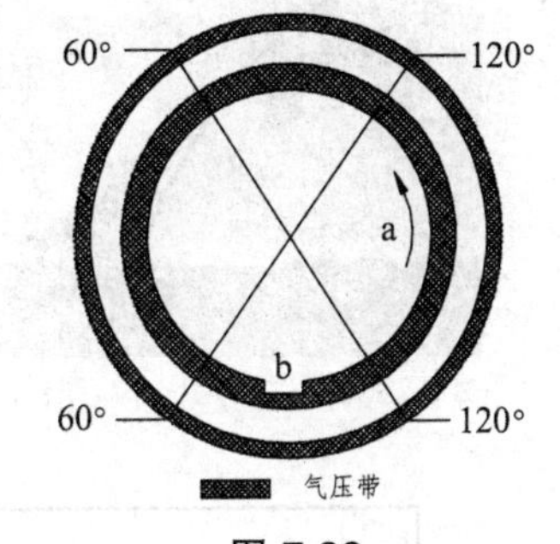

图 7.33

解析：该题考察极地为中心的半球图的海陆分布、洋流分布、气压带分布，具有较高的综合性。从图中可以看出，地球自转为逆时钟，得知是北极半球图。图中 a 处为太平洋，洋流为北太平洋暖流，b 为副热带高压带。学生要能通过地球运动方向判断所在极地地区，熟悉大洋和洋流分布，具备气压带分布知识。答案：A。

四、天气与气候类型

1. 天　气

1）锋　面

锋面就是温度、湿度等物理性质不同的两种气团的交界面，或者叫做过渡带。锋面与地面的交线，称为锋线，也简称为锋。锋面的长度与气团的水平距离大致相当，由几百公里到几千公里，宽度比气团小得多，只有几十公里，最宽的也不过几百公里。垂直高度与气团相当，几公里到十几公里。锋面有冷暖、移动、静止之分。锋是冷暖气团交界地区，空气活动十分活跃，可以形成一系列的云、雨、大风、降水等天气。在中国一年四季都有锋的活动，其中冷锋活动最为经常，且能在全国广大地区出现。在春夏之交，往往会有准静止锋活动。锋的活动常经历着生成、加强和消亡的过程，一般历时 3 ~ 5 天左右。

（1）冷锋：锋面在移动过程中，冷气团起主导作用，推动锋面向暖气团一侧移动，冷锋过境后，冷气团占据了原来暖气团的位置，气温下降，气压上升，天气多转晴好。冷锋在中国一年四季都有，尤其在冬半年更为常见。冷锋可以分为第一类型冷锋和第二型冷锋。第一型冷锋的坡度约为 1/100，其天气和暖锋天气相似，只是云雨次序和暖锋相反。在东亚，这种冷锋一般由西北向东南移动，是影响中国的重要天气系统之一。冬季的冷锋一般较强，影响范围较大，有时可达南海；夏季冷锋较弱，影响范围较小，一般只达到黄河流域。第二型冷锋坡度较大，约为 1/70，它在近地面层处有时近于垂直或前倾。在地面锋前，多为对流性天气，有时伴有飑线，可产生冰雹、龙卷风等剧烈天气。但因锋面的云系受到多种因素的影响，特别是受地形的影响更大，故在多山的中国，锋面的云系常常和典型特征相差较远。第二型冷锋在中国较少，春季见于长江流域，秋季见于黄河流域（见图 7.34 和图 7.35）。

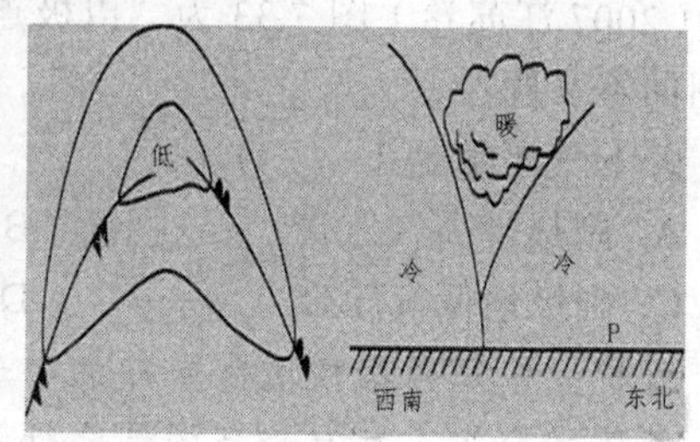

图 7.34　冷锋、暖锋与锢囚锋

		冷锋	暖锋	准静止锋
图示	锋图	暖气团 冷气团	暖气团 冷气团	暖气团 冷气团
	简图	冷锋	暖锋	准静止锋
	大气图	暖气团 冷气团	暖气团 冷气团	暖气团 冷气团
	雨区	主要在锋后	暖锋前部	延伸到锋后很大范围
天气特征	过境前	单一暖气团控制，温暖晴朗	单一冷气团控制，低温晴朗	单一气团控制，天气晴朗
	过境时	暖气团被冷气团抬升，常出现阴天、下雨、刮风、降温等天气现象	暖气团沿冷气团徐徐爬升，冷却凝结产生连续性降雨	暖气团平衡抬升或爬升，形成持续性降水
	过境后	冷气团替代了原来暖气团的位置，气压升高，气温和湿度骤降，天气晴朗	暖气团占据了原来冷气团的位置，气温上升、气压下降，天气晴朗	单一气团控制，天气晴朗
天气实例		我国大多数降水天气，北方夏季的暴雨，冬春季节的大风、沙尘暴、寒潮	华南地区春暖多晴“一场春雨一场暖”	华南“清明时节雨纷纷”，江淮地区的梅雨季节，贵阳冬半年“天无三日晴”

图 7.35　锋面活动

（2）暖锋：锋面在移动过程中，暖空气起主导作用，推动锋面向冷气团一侧移动。暖锋坡度较小，约为 1/150。其典型的云序为卷云、卷层云、高层云，地面锋线附近为雨层云，在高层云处开始降水，多为连续性降水。如暖空气不稳定，暖锋上也可出现积雨云等对流性天气。在中国，暖锋较为少见。暖锋多在中国东北地区和长江中下游活动，大多与冷锋联结在一起。暖锋过境后，气温上升，气压下降，天气多转云雨天气。

（3）准静止锋：冷暖气团势力相当，锋面移动很慢，称为准静止锋。在这期间，冷暖气团同样是互相斗争着，有时冷气团占主导地位，有时暖气团占主导地位，锋面来回摆动。静止锋的天气和第一型冷锋相似，唯云雨范围比较宽广，在中国华南的南岭一带和云贵高原地区，较为常见。此外，由于冷锋南下后受地形阻挡而呈准静止状态，可停留十天或半月之久，造成阴雨连绵的天气。

（4）锢囚锋：暖气团、较冷气团和更冷气团（三个性质不同的气团）相遇时先后构成的两个锋面，然后其中一个锋面追上另一个锋面，即形成锢囚。锢囚锋兼有冷、暖锋的天气特征。典型的锢囚锋在中国虽不多见，但在西北、华北、华东等地区，冬半年常出现地形锢囚锋。

2）气旋与反气旋

（1）气旋。

北（南）半球，气旋是大气中水平气流呈逆（顺）时针旋转的大型涡旋（见图 7.36）。在同高度上，气旋中心的气压比四周低，又称低压。小气旋的水平尺度为几百千米，大的可达三、四千千米。气旋的垂直气流是上升的，多阴雨天气。气旋中，天气常发生剧烈的变化，按气旋形成和活动的主要地区或热力结构进行分类。按地区可分为温带气旋、热带气旋和极地气旋性涡旋等；按热力结构可分为冷性气旋和热低压等。夏秋季影响我国东南沿海地区的台风就是气旋的一种。

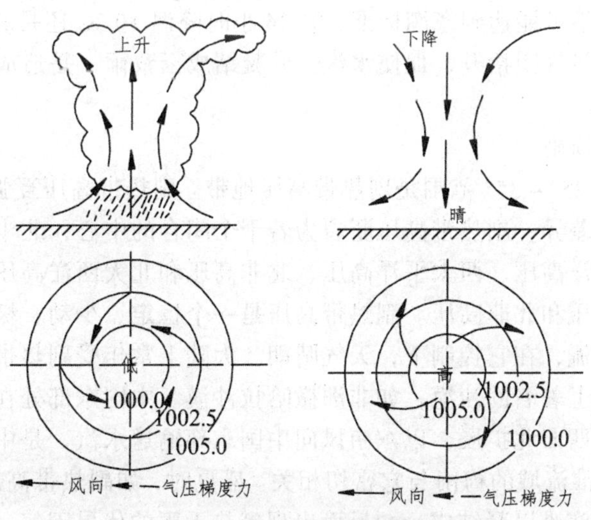

图 7.36　气旋与反气旋

（2）反气旋。

反气旋是占有三维空间的大尺度的空气涡旋。它的中心气压最高，逐渐向外递减，也称高气压。在北半球，反气旋区域内的空气为顺时针方向流动。其直径小的有几百公里，大的有五、六千公里，如冬季亚洲大陆上的反气旋和夏季太平洋上空的副热带高气压。在南半球作反时针方向旋转。在天气图中，反气旋是等压线呈闭合、气压值自中心向外递减的高压区，又称高压，范围以最外一条闭合等压线代表。由于反气旋中的空气向四周辐散，形成下沉气流。反气旋控制时，一般天气都比较好，冬季多晴冷天气，夏季多晴热高温天气，春秋两季多风和日丽、秋高气爽的天气。

反气旋按结构分为冷性反气旋（冷高压）和暖性反气旋（暖高压）。冷高压（如西伯利亚高压）通常到 3 ~ 4 km 高度强度减至很弱，暖高压（如副热带高压）是深厚系统，可伸至对流层顶。反气旋按生成的地理位置分为温带反气旋、副热带反气旋和极地反气旋。按反气旋的结构分为冷性反气旋（冷高压）和暖性反气旋（暖高压）。

温带冷性反气旋与寒潮：

冬半年大陆表面强烈辐射冷却，空气在大陆上聚集而形成冷高压。东亚的蒙古—西伯利亚高压是世界上最强大的冷高压，它向偏东方向移动的特点是引起大规模的冷空气活动，导致所经地区形成大风降温天气。在冷空气前缘与暖空气交锋处，形成云雨天气，冷高压的主体到达地区维持晴朗天气。

中央气象局曾规定，如冷高压活动过程中，冷空气入侵，使气温在 24 小时降温 10 °C 以上，最低气温在 5 °C 以下，同时伴有 6 级左右的偏北大风，作为发布寒潮警报的标准。全国性的寒潮一般于 9 月下旬开始活动，一直到次年 5 月才结束。

夏季冷空气活动不可能达到寒潮标准，但 24 小时降温 10 °C 还是有的。夏季冷空气向东南方向活动，它迫使暖气团抬升，促使水汽上升凝结成云致雨，是造成中国东部地区降水的重要原因。

副热带反气旋与梅雨：

在南北半球纬度 25° ~ 35° 范围是副热带高压地带。副热带高压夏强冬弱，夏大冬小。由于海陆分布及地形的差异，副热带高压断裂为若干个闭合的中心，北半球副热带高压带在夏半年分裂为：东太平洋高压、西太平洋高压、北非高压和北大西洋高压。冬半年有：北太平洋高压、北大西洋高压和北非高压。副热带高压是一个稳定、少动、极其深厚的暖性高压，具有大范围的下沉气流，在它控制下，天气晴朗。大陆上常年受副热带高压控制地区，气候异常干燥，形成世界上著名的沙漠，如非洲撒哈拉沙漠。中国东部处在北太平洋副热带高压西侧，夏季它逐步向西向北扩展，以东南风向中国东部输送水汽，是中国东部降水的重要水汽来源之一，夏季江淮流域的梅雨与它密切相关。盛夏时，如副热带高压脊伸展到江淮地区，脊上的下沉气流使水汽难以凝结成云，反而出现酷热无雨的伏旱天气。到冬季，北太平洋副热带高压向夏威夷方向缩小减弱，对中国天气气候影响不大。

（3）锋面气旋。

影响天气的天气系统有锋面系统、低压和高压系统，另外，还有一种锋面与地面气旋结合在一起的锋面气旋（见图 7.37）。锋面气旋又叫温带气旋，主要活动在中、高纬度，多见于温带地区。它是我国北方中高纬度地区常见的天气系统。锋面一般形成于地面气旋的低压槽中。气旋东部偏南风来自较低的纬度，气温较高，当它向北移动时，遇到较高纬度的冷空气就形成了暖锋。同样的，气旋西部气流是来源于北方高纬度地区的偏北风，南下会遇到较低纬度的暖空气而形成冷锋。

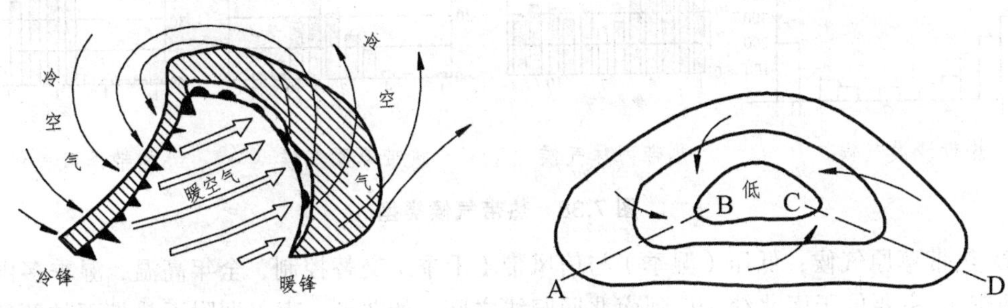

图 7.37　锋面气旋图

由于气流从四面八方流入气旋中心，中心气流被迫上升而凝云致雨，所以气旋过境时，云量增多，常出现阴雨天气，即气旋雨。在锋面天气系统中，无论冷锋还是暖锋，锋面上方的暖气团都是沿锋面抬升的，都将形成有云和降水的天气，即锋面雨。当两种系统结合在一起形成锋面气旋后，将辐合成更强烈的上升气流，天气变化将更为剧烈，往往会产生云、雨甚至造成暴雨、雷雨、大风天气。

2. 气　候

1）气候类型

全球气候多样，总的来看，可以划分为热带气候、亚热带气候、温带气候、亚寒带气候、寒带气候和高原山地气候。

世界各地冷、热、干、湿，情况千差万别，形成了各具特色的气候类型。一个地方的气候是多年天气的平均状况，一般变化不大。全球的气候大致可分为 13 种类型：热带雨林气候、热带草原气候、热带季风气候、热带沙漠气候、亚热带沙漠草原气候、亚热带季风性湿润气候、亚热带地中海气候、温带海洋性气候、温带季风气候、温带大陆性气候、寒带苔原气候、寒带冰原气候以及高山高原气候。根据气温可以判读属于热带、温带（包括亚热带和亚寒带）、寒带。若全年高温则为热带；最冷月平均气温在 0 °C 以上为亚热带或温带海洋性气候；最冷月平均气温在 0 °C 以下则为温带气候类型（不包括温带海洋性气候）。根据气温和降水配合状况可以进一步推断气候类型，并分析气候特征、成因和分布（见图 7.41）。

（1）热带气候类型（见图 7.38）。

① 热带雨林气候：全年受赤道低压控制，盛行上升气流，全年高温多雨，主要位于各洲

的赤道两侧，向南、北延伸 5°～10° 左右。如南美洲的亚马孙平原，非洲的刚果盆地和几内亚湾沿岸，亚洲东南部的一些群岛。

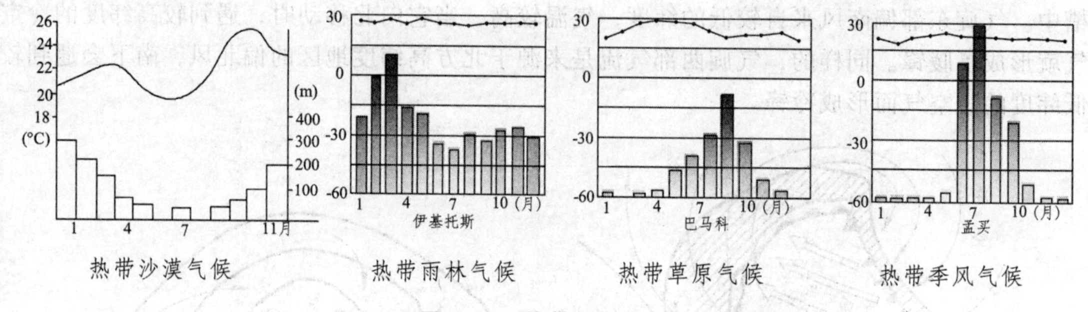

图 7.38　热带气候类型

② 热带草原气候：低压（湿季）与信风带（干季）交替控制，全年高温，湿季多雨（有干湿两季），主要位于南北纬 10° 到南北回归线之间。如非洲、南美洲附近热带雨林两侧。热带季风气候主要由海陆热力差异和气压带风带的季节性移动形成的。

③ 热带季风气候：热带气候，全年高温，夏季多雨，有旱雨两季，主要位于北纬 10° 至 25° 之间的大陆东岸。如我国台湾南部、雷州半岛、海南岛，以及中南半岛、印度半岛的大部分地区、菲律宾群岛等地。

④ 热带沙漠气候：常年受副热带高气压带和信风带控制，全年高温少雨。主要位于回归线附近，大陆内部和西岸（南、北纬 15°～30°）。如非洲北部、西南亚和澳大利亚中西部等地。

（2）亚热带气候（见图 7.39）。

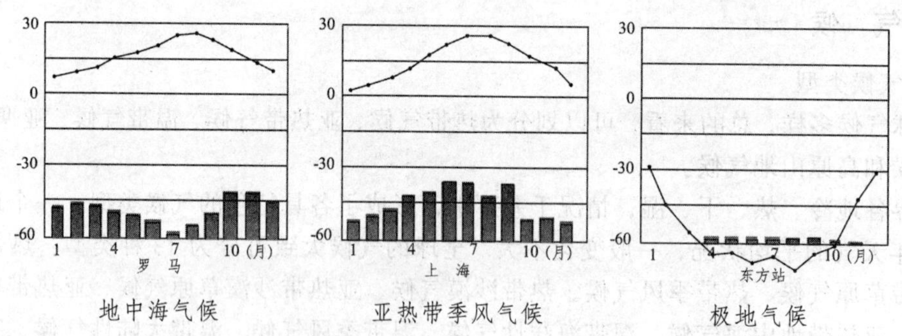

图 7.39　亚热带、寒带气候类型

① 亚热带季风气候和季风性湿润气候：海陆热力性质差异，夏季炎热多雨，冬季低温少雨。主要位于南北纬 25°～35°之间的大陆东岸。如我国东部秦岭淮河以南、热带季风气候型以北的地带，以及日本南部和朝鲜半岛南部等地.季风性湿润气候分布在北美洲东南部、南美洲阿根廷东部地区及澳大利亚的东南部等地。

② 地中海气候：受副热带高气压带和西风带交替控制，夏季炎热干燥，冬季温和多雨，

主要位于南北纬 30°～40° 之间的大陆西岸。包括地中海沿岸、美国加利福尼亚州沿海、南美智利中部沿海、南非的南端和澳大利亚的南端温带。

（3）温带气候（见图 7.40）。

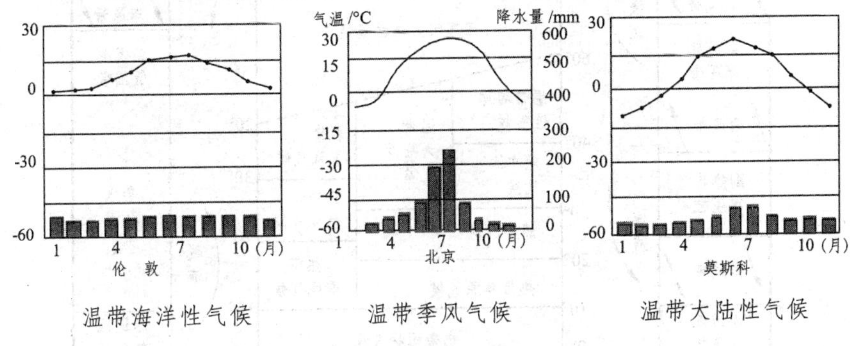

图 7.40　温带气候类型

① 温带海洋性气候：受中纬西风和副极地低气压控制终年温和多雨全年温和，降水均匀，最冷月大于 0 °C。主要位于南北纬 40°～60° 大陆西岸，西欧最为典型，分布面积最大，在南、北美大陆西岸相应的纬度地带以及大洋洲的塔斯马尼亚岛和新西兰等地也有分布。

② 温带季风气候：海陆热力性质差异，夏季高温多雨，冬季寒冷干燥，主要位于北纬 35°～55° 之间的大陆东岸。如我国华北和东北、朝鲜的大部、日本的北部以及苏联远东地区的一部分等地。

③ 温带大陆性气候：深居大陆内部，受大陆气团影响，冬季严寒，夏季炎热，全年干旱少雨，主要位于南北纬 30°～60° 之间的大陆内部，如亚欧大陆和北美大陆北冰洋沿岸等地。

（4）寒带气候寒带（见图 7.39）。

极地冰原气候：受冰洋气团影响，极地冰原气候全年严寒，地面多被巨厚冰雪覆盖，又多凛冽风暴，植物难以生长。极地冰原气候主要位于南北两极附近，如格陵兰、北冰洋的若干岛屿和南极大陆的冰原高原等地。

极地苔原气候：冰洋气团和极地大陆气团影响终年严寒。最热月平均气温 1～5 °C，降水少，蒸发弱，云量较高。自然植被主要是苔原（苔藓、地衣类）。苔原气候分布于主要分布在亚欧大陆和北美大陆北冰洋沿岸。

2）气候的影响因素（见图 7.42）

（1）太阳辐射。

纬度位置是影响气候的基本因素，决定该地区所处的热量带。因地球是个很大的球体，纬度不同的地方，太阳照射的角度就不一样，接受太阳光热的多少就不一样。一般是纬度越低，气温越高；纬度越高，气温越低。各地区所处的纬度位置不同，是造成世界各地气温不同的主要原因。

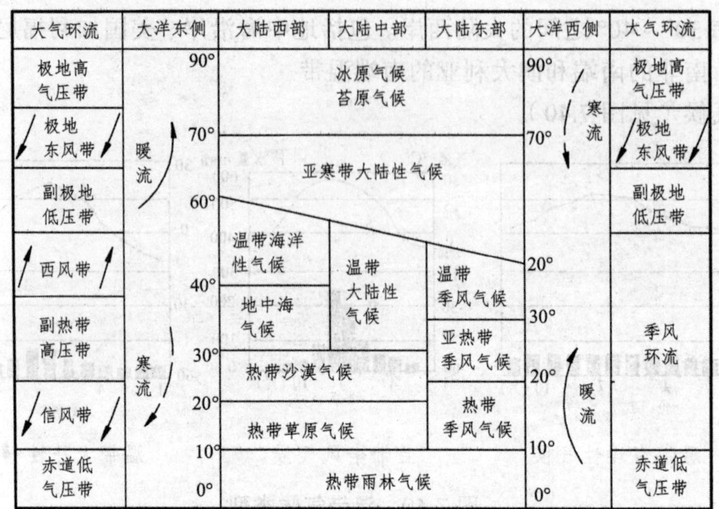

图 7.41　世界气候类型分布示意图

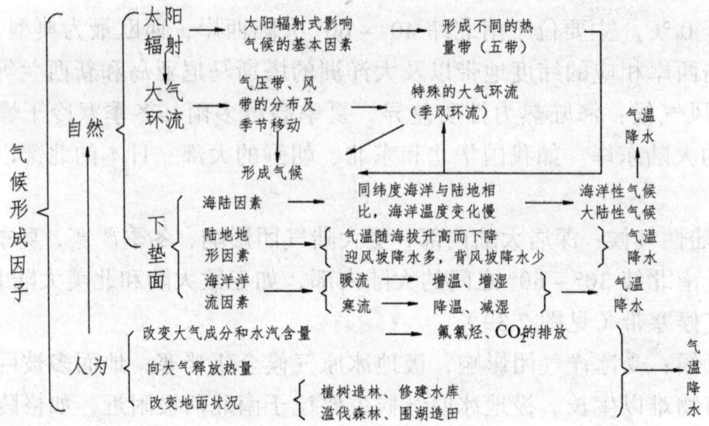

图 7.42　气候成因

（2）大气环流。

大气环流是形成各种气候类型和天气变化的主要因素，是大气中热量、水汽等输送和交换的重要方式。在不同气压带和风带控制下，气候特征尤其是降水的变化有显著的差异。加之风带和气压带随季节的移动，从而形成各种不同的气候类型。

（3）下垫面。

下垫面状况不同，其热容量、反射率不同。海陆分布改变了气温和降水的地带性分布。由于海洋和陆地的物理性质不同，海洋增温降温慢，陆地增温降温快，海洋与陆地表面空气中所含水汽的多少也不同。在海洋或近海的地区，气温的日变化和年变化较小，降水比较丰富，降水的季节分配也比较均匀，多形成海洋性气候。在内陆则往往形成大陆性强的气候。

地形的起伏能破坏气候分布的地带性。地形是一个非地带性因素，不同的地形对气候有不同的影响。海拔高度影响气温和降水，从而形成垂直带分布。同一纬度，地势越高，气温越低；降水在一定高度的范围内，是随高度的升高而增加。热带地区的高山，从山麓到山顶，先后出现从赤道到极地的气候变化。另外，高大的山脉可以阻挡气流的运行，山脉的迎风坡和背风坡的气温与降水有明显的差异。迎风坡降水较多，背风坡降水较少。

洋流对其流经的大陆沿岸的气候也有一定的影响。从低纬度流向高纬度的洋流，因含有大量的热能，对流经的沿海地区，起有增温增湿的作用；从高纬度流向低纬度的洋流，水温低于周围海面，对所流经的沿海地区有降温减湿作用。因而在气温上，洋流可以调节高、低纬度间的温差。在盛行气流的作用下，使同纬度大陆东西岸气温显著不同，破坏了气温纬度地带性的分布。

（4）人类活动。

温室气体使全球气温升高，臭氧层破坏，酸雨危害。另一方面植树造林、修水库等可调节局部气候。

3. 教学建议

1）教学要求

本部分内容要求学生能运用图表说明大气受热过程，绘制全球气压带、风带分布示意图，说出气压带、风带的分布、移动规律及其对气候的影响；运用简易天气图，简要分析锋面、低压、高压等天气系统的特点；理解低压（气旋）和高压（反气旋）系统的气压分布、气流状况及天气特征，了解常见的天气系统对我国天气的影响；学会运用简易天气图说明天气系统的活动特点；通过阅读气象台天气图、“锋面气旋图”学会分析各地天气形势，提高运用地理知识分析实际问题的能力。

2）高考特点及教学指导

（1）气候知识。

气候相关知识是地理学科的主干，也是高考中不可回避的重点内容。气候的考查多集中于形成因素的理解、气候特点的描述、气候类型的判断以及气候对其他地理事物和人类活动产生的影响。考查方式往往以相关的地理事物为背景，以一定的问题为中心，多个知识点同时考查。教学中要引导学生分析气候的形成与气压带、风带及其变化和移动的关系，气候类型与地表、洋流的关系，以及气候类型与人类活动的相互影响；了解全球气候变化趋势及其原因。理解地球温室效应、臭氧层破坏、酸雨等气候变化现象产生的原因及危害；学会判断气候类型。

（2）天气知识。

天气系统也是高考的重点。此类题多与区域地图、半球极区地图、等压线图、经纬网图等相结合，以读图填图或一组选择题的形式出现。教学中要引导学生熟知几种常见的天气系统（高低气压、气旋、锋、锋线、槽脊）的结构、特点、产生原因及对过境地区气候的影响。地理教学中引导学生判读天气图、分析预测天气变化（包括风向、降水、气温、气压等），了解常见灾害性天气的形成及分布及其影响；引导学生判读区域、分析等压线、预测天气变化以及气压、气温、降水等值线图、柱状图等图形语言的解读和应用，分析南北半球气旋反气旋风力场和气压场的区别及其对气候的影响及寒潮、台风、暴雨、大风等气象灾害的危害及防御。

经典试题 1

（2008 四川文综）1. 如图 7.43 所示若 M 点吹东南风，则该天气系统所处的位置和性质分别为（　　）。

A. 北半球、气旋　　B. 北半球、反气旋

C. 南半球、气旋　　D. 南半球、反气旋

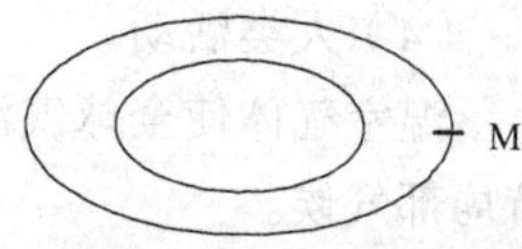

图 7.43

2. 若该天气系统生成于太平洋海域，则其中心移动的方向通常为（　　）。

①南、②西、③北、④东南、⑤西北。

A. ①②③　　B. ②③④　　C. ②③⑤　　D. ③④⑤

解析：该题考察在等压线图上通过风向判断气压系统的性质和移动路径。1 题 M 点吹东南风表明该气压系统中心气压低，为低压系统，再分析其风向右偏，因而应为北半球。2 题其移动方向是先向西运动，再转向北，再向西北。在天气预报图上很容易知道。该题具有一定难度，需将气压系统、地转偏向力、台风路径联系起来。答案：1A2C。

经典试题 2

（2006 重庆卷）图 7.44 是乌鲁木齐（43°47′N）、拉萨（29°40′N）、重庆（29°31′N）和海口（20°02′N）四城市的气温、日照年变化曲线图。读图回答 4 ~ 6 题。

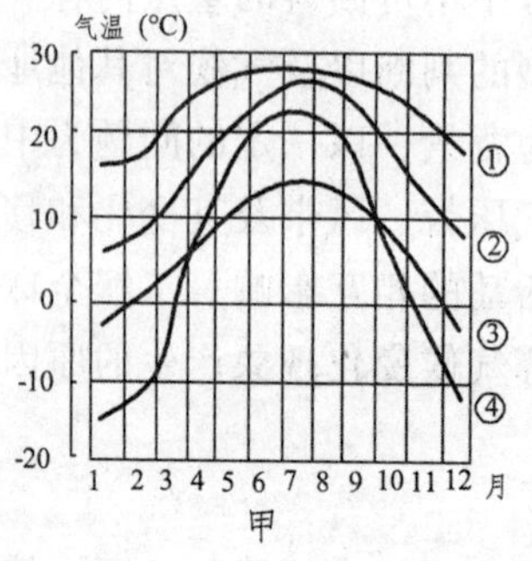

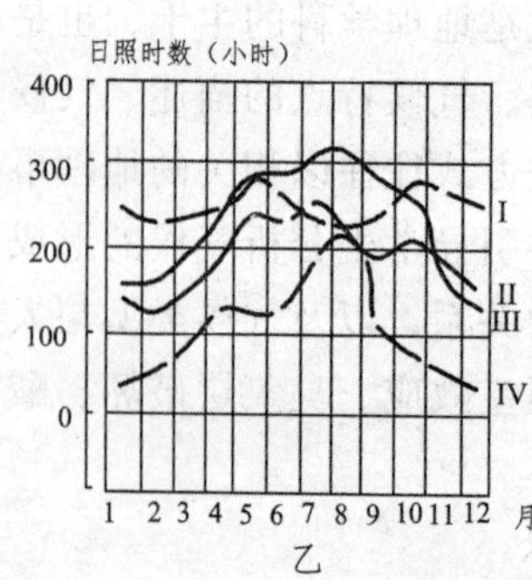

图 7.44

4. 甲图中能反映气温受地势影响较大的曲线是（　）。

A. 1　　B. 2　　C. 3　　D. 4

5. 乙图中代表重庆、拉萨日照年变化的曲线是（　）。

A. Ⅱ、Ⅰ　　B. Ⅱ、Ⅲ　　C. Ⅳ、Ⅰ　　D. Ⅳ、Ⅲ

6. 四城市中气温曲线与日照曲线组合正确的是（　）。

A. 1－Ⅲ　　B. 2－Ⅱ　　C. 3－Ⅳ　　D. 4－Ⅳ

解析：该题考察重庆市的气温变化和日照时数。通过与与其同纬度的拉萨、以南的海口、以北的乌鲁木齐的对比反映重庆的特征。甲图中分析，气温年变化小的是地势高、低纬或高纬的地区，低纬度、地势低的地区温度整体较高。由此判断①②③④为海口、重庆、拉萨、乌鲁木齐。乙图中，太阳辐射与所处纬度、地势高低和气候特征有关。干旱、纬度低、地势高的地方辐射强，纬度高的地方季节变化大。Ⅰ、Ⅱ、Ⅲ、Ⅳ应该是拉萨、乌鲁木齐、海口、重庆。但该题出题不严密。4题中受地形影响大的应该有两个：拉萨和重庆，选项却只有一个。该题要能从图中分析平均气温和气温年较差及其成因，分析日照时数总数和年较差及其成因。懂得气温、日照时数的影响因素，懂得我国各地的气候特征。该题带有乡土地理特色。通过比较法来进行。答案：4C5C6D。

经典试题 3

（2006 天津卷）7. 图 7.45 的四条线中，反映秦岭降水状况的是（　）。

A. a　　B. b　　C. c　　D. d

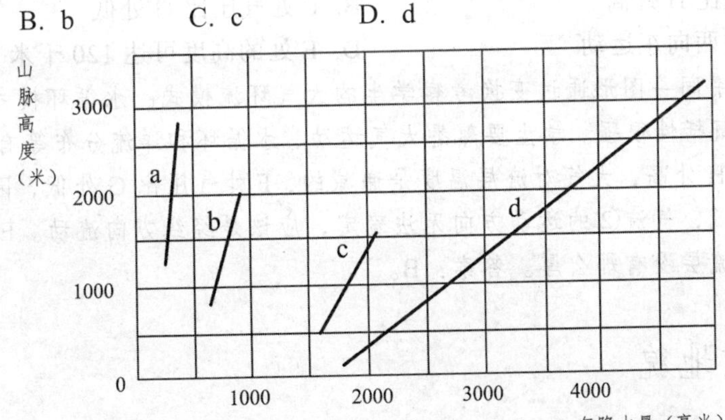

图 7.45

8. 在我国，具有类似于 d→a 山脉的年降水量地域变化规律的现象是（　）。

A. 煤炭资源分布　　B. 气温水平变化

C. 经济发展水平　　D. 地表高低起伏

解析：该题考察秦岭山脉的降水变化规律。山地一般是山腰地带降水最多。秦岭淮河是

800 mm 降水的分界线，因而确定在秦岭山脚下降水不会超过 1 000 mm，从而确定只有 b 线才适合秦岭。d→a 山脉的年降水量地域变化规律是湿润地区降水的基数大，增长空间大，从地域上来看，类似于东东南向西北内陆的变化，经济发展水平也具有类似变化。但该题具有一定的难度，学生要明白我国降水量的分布，懂得降水量在山地的垂直变化规律。但该题不是很严密，7 题秦岭北坡和南坡降水有差异，应该明示；8 题经济与高度的关系不完全类似于降水量与高度的关系。答案：7B8C。

经典试题 4

（2008 北京文综）构建模式图，探究地理基本原理、过程、成因及规律，是学习地理的方法之一。读图 7.46，回答 3 ~ 5 题。

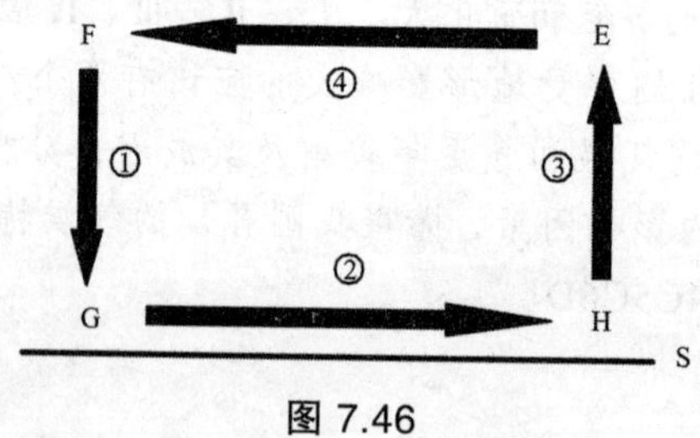

图 7.46

3. 如果该图为大气环流模式，S 线代表地球表面，则（　　）。

A. E 处气温比 H 处高　　B. F 处气压比 G 处低

C. 气流②自西向东运动　　D. E 处的高度可达 120 千米

解析：该题用同一图形通过变换考察学生的大气环流模式、水循环模式和洋流模式，综合性、抽象性、概括性很强。学生要熟悉大气运动、水循环和洋流分布等有关知识。3 题，E 处气温不可能比 H 处高，大气对流层温度是递减的，F 处气压比 G 处低，因为高空气压柱更短，气压比地面低，气流②的运动方向无法确定，应该是经线方向流动。E 处的高度不可能达 120 千米，对流层没有那么厚。答案：B。

五、地质地貌

1. 地质构造、地质演变、地质过程

1）地质构造

地质构造是指地壳中的岩层受地壳运动的作用发生变形与变位而遗留下来的形态；是组成地壳的岩层和岩体，在内外地质作用下（多为构造运动），发生变形和变位后，形成的几何体，或残留下的形迹。地质构造因此可依其生成时间分为原生构造（primary structures）与次

生构造（secondary structures 或 tectonic structures）。次生构造是构造地质学研究的主要对象，而原生构造一般是用来判断岩石有无变形及变形方式的基准。构造也可分为水平构造、倾斜构造、断裂和褶皱。

（1）褶皱。

沉积岩层原始状态呈水平层状。经地壳运动，原始岩层受挤压，产生波状弯曲，称为褶皱。褶皱的基本形式分为背斜和向斜。背斜是指褶皱中心岩层向上隆起，两侧岩层向外倾斜；向斜是指褶皱中心向下凹陷，两侧岩层向中心倾斜。通常情况下背斜成山，向斜成谷，但也可能出现背斜是谷，向斜成山的地形。这是因背斜中心部分岩层向上变曲产生张力，导止岩层破裂，易受风化和剥蚀，被蚀成谷，称次成谷；向斜部分受挤，凹地接受风化崩落物堆积，基岩受保护，最后反而残留成山。有的背斜一侧可能岩层软硬相间，软岩易受蚀成谷地，硬岩抗蚀力强，突起成岭。所以背斜和向斜应根据岩层倾向和岩层新老接触关系来判别。

（2）断层。

地壳运动沿节理面两侧岩块发生相对位移，称为断层。断层种类很多，最基本的是正断层和逆断层。断层可能组合出现，两侧断裂上升，中间陷落成为陷落谷地。

研究褶皱、断层等地质构造现象对建设有重要意义。例如，地下水常在断层带出露；电站、桥梁、水坝不宜设在有断层的部位，因断层带岩石破碎，地基不稳。

2）国内地质演变、地质过程理论

中国地处环太平洋构造带和特提斯构造带的丁字接合处,具有中国特色的大地构造特征。“波浪状镶嵌构造学说”、“地质力学”、“多旋回构造”、“地洼说”和“断块构造说”是老一辈地质学家对中国大地构造特征的总结，被称为“中国五大地质构造学派”。

（1）地质力学。

地质力学由李四光创立，是地质学的一门分支学科，是研究地壳构造和地壳运动规律及其起因的学科。其研究内容包括构造体系的深入调查、构造体系与沉积建造、岩浆岩建造、变质岩建造和矿产资源的生成联系，古生化以来全球大陆运动和海洋运动问题，地壳运动问题等。地质力学对中国石沙、煤田和金属矿产预测以及工程和矿山建设起重要作用。

（2）波浪状镶嵌构造学说。

波浪状镶嵌构造学说是张伯声教授创立的一种地壳构造和地壳运动理论学说。这一学说的思想萌芽于 1959 年。当时主要阐明的问题是，相邻二地块在不同地质历史时期都以它们之间的活动带为支点带，互作天平式摆动，并相应地引起支点带本身与之同时做激烈的波状运动。

（3）多旋回构造运动学说。

多旋回构造运动学说，即地壳运动的多旋回理论，是黄汲清教授于一九四五年提出来的。该学说是在地槽发展单旋回观点上的进一步发展。所谓单旋回，是德国地质学家史蒂勒提出来的地槽褶皱带发展的模式。他认为，地槽发展初期以下沉为主，有大量蛇绿岩出现；以后地槽型沉积褶皱成山，与此同时有大量花岗岩侵入，随后有安山岩喷发和各种小侵入体；最后褶皱带遭受剥蚀，地槽转化为地台，并有玄武岩喷溢。多旋回构造运动学说认为，板块运动说与多旋回构造运动说可以互相补充，互相结合。在研究中国大地构造过程中，把这两种学说密切结合起来，是地质工作者的长期任务。

（4）断块构造学说。

断块构造学说，是中国科学院地质研究所张文佑教授等，继承与发展李四光教授的地质力学思想，吸取了“地槽地台说”、“板块说”等的合理部分，在分析与综合中国及世界大量地质、地球物理资料的基础上发展起来的。断块说在研究方法上，强调运用地质力学与地质历史分析相结合的方法，对地球的构造形成与形变进行辨证分析，将构造旋回的划分与构造形成、形变过程联系起来。断块学说吸取了有关大地构造学说的优点，使许多疑难问题从理论上得到科学的解释，因此受到国内外地质界的普遍重视，并已在石油、铁矿、地震地质、水文工程等项生产实践中收到一些实际效果。

（5）地洼学说。

是中南矿冶大学教授、中国科学院长沙大地构造研究所所长陈国达院士所倡导的学说。地洼学说认为，在地壳演化史上，不只活动区可以转化为“稳定”区，而“稳定”区也可转化为新的活动区。大陆地壳的发展过程，并非如地槽—地台说认为的那样，直线地仅由地槽阶段发展到地台阶段，而是多阶段、螺旋式的升进。通过活动区与“稳定”区之间的互相转化递叠，按照“否定之否定”法则向前发展。

2. 形成地貌的力量、各种地貌类型及其成因

1）内力作用

内力作用的能量是来自地球内部热能、化学能、重力能以及地球旋转能等、促使地球内部和地壳的物质成分、构造、表面形态发生变化的各种作用。其能量主要包括来自地球自转产生的旋转能和放射性元素蜕变产生的热能。内力作用使地球表面变得高低不平，形成高山和盆地，是塑造地球表面形态的主力军，对地壳物质的形成和发展起主导作用，也是形成地形的基本力量。内力作用表现形式有两种，即垂直运动和水平运动，具体体现为地壳运动、岩浆活动、变质作用和地震等。

（1）地壳运动。

地壳运动又称构造运动或大地构造运动，是指引起地壳结构改变和地壳物质变位的一种运动。例如，海侵、海退、隆起和凹陷等。根据地壳运动方向，可分为水平运动和垂直运动两种基本形式。地壳物质大致平行于地球表面，即沿着大地水准面切线方向进行运动，叫水平运动，主要由地球水平方向作用力引起的，表现为地壳岩层的水平移动，使岩层在水平方向上遭受不同程度的挤压力和引张力，产生褶皱和断裂构造。如我国的昆仑山、祁连山等以及世界上许多山脉，就是通过挤压褶皱而形成的。所以，有人将水平运动称造山运动。地壳

物质沿着地球半径方向缓慢的升降运动称垂直运动，通常表现为大规模隆起和相邻地区拗陷，引起地势起伏或海陆变迁，故有人将垂直运动称造陆运动。水平和垂直运动虽有区别，但实际在时空上常有联系。

（2）岩浆活动、火山爆发。

地球内部能量的积聚和释放可能表现为岩浆活动。地球内部物质在热能累积到一定程度，变为灼热的岩浆产生巨大压力，它冲破地壳薄弱常喷出地表，即为火山喷发。火山喷发物包括气体、熔岩、火山灰等，通过火山口喷出，其中大部分火山物质在火山口周围堆积，形成火山锥。如长白山顶部天池即为火山口积水而成，周围16座山峰都是火山岩堆积而成。大洋底部同样有火山喷发，在海岭处形成新的洋底，有的火山物质堆积露出海面，形成火山岛，如太平洋中的夏威夷群岛。

（3）地震。

地壳自然快速颤动叫地震，它是地球内部能量释放经常发生的有规律的自然现象。地下发生地震处称震源，它在地面下的深度即震源深度。和震源相对应的地面上的一点叫震中。地震引起的振动以波的形式从震源向四周传播，称地震波。质点振动方向与震波传播方向一致，称纵波，在地壳内波速约5～6公里/秒；质点振动方向与震波传播方向相垂直，称横波，在地壳内的波速约3～4公里/秒。由于地震波波形不同，波速不等，纵波速最快，故地震时人们首先感到上下跳动，而后横波到达，人们才感到左右摇晃。地震强度以震级和烈度来表示。震级是地震能量等级和释放能量的大小，烈度是地震在一定地点产生或可能产生的破坏程度的度量（见图7.47）。

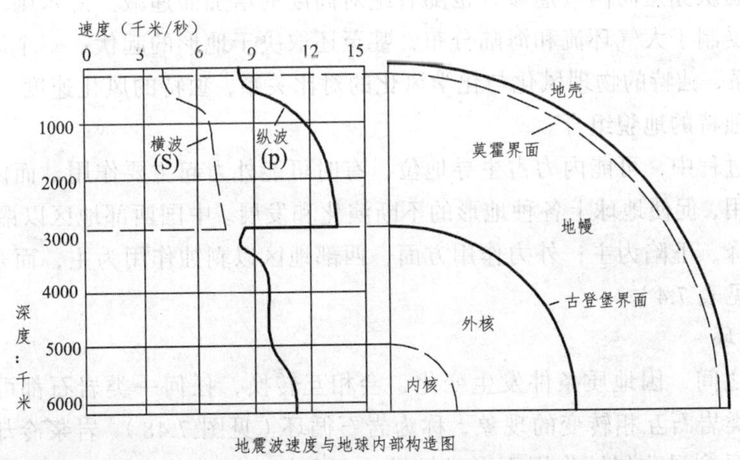

图7.47 地震波的传播与地球内部结构

地震的诱发因素有多种，由地下岩石的构造活动而引起的叫构造地震，波及范围广，并可造成巨大破坏；由火山喷发而引起的叫火山地震，一般影响范围和强度均不大；岩洞崩塌引起陷落地震；人们钻探、修水库等也可诱发地震，称人为地震。按震源深度可分为深源地震，深 300 ~ 700 公里；中源地震，深 70 ~ 300 公里，浅源地震，深 < 70 公里；其破坏性大。

地震可能造成巨大灾难，故要做好地震预报工作。实践证明，震前是有异常现象的，如地球磁场、重力场异常，地应力、地倾斜变化，地下水位及地下水化学成分突变，某些动、植物及天气异常等。人们综合各方面的预兆，可以提前发出即将发生地震的地点、时间和强度的地震预报和临震预报，但地震具有一定的突发性，或发生震中迁移，所以准确预报并不容易。

2）外力作用

指由太阳辐射、重力、日月引力、水流、风力等来自地球外部的营力（通过大气、水、生物等）所引起的作用。来自地球外部，主要是太阳辐射能，包括风化、堆积、侵蚀、搬运固结成岩作用。

外力作用的强弱和形式与气候因素有着密切的关系。例如寒冷的冰川覆盖地区以冻融崩解、冰川作用为主，干旱地区流水作用不显著而风沙作用占据优势，温暖潮湿地区的流水作用最为活跃。气候可以通过植被、水文对地形产生影响：植被茂密、水土保持良好的地区，植被抑制了外力侵蚀作用的发展，从而起到保护地面的作用；而植被稀疏、甚至地面裸露的地区，则加强了流水、风等外力作用的侵蚀强度。

决定气候条件的主要因素是气温和降水，而气温和降水在地球上的分布具有一定规律。一般说来，气温从赤道向两极递减，也随着绝对高度的增加而递减。降水则不完全取决于纬度和高度，还受制于大气环流和海陆分布，甚至还取决于地形的起伏。一个区域具有独特的水、热对比关系，独特的物理风化与化学风化的对比关系，独特的风化速度、外力作用强度、组合，会产生独特的地貌组合。

地形演化过程中，可能内力占主导地位，有时可能外力起主要作用。而内、外营力长期不断的相互作用，促使地球上各种地形的不断演化和发展。中国西部地区以褶皱、抬升为主，东部地区以沉降、下陷为主；外力作用方面，西部地区以剥蚀作用为主，而东部地区则以沉积作用为主（见表 7.4）。

3）地质循环

三大岩类之间，因地质条件发生变化，会相互转换，任何一类岩石都可以变为另外一类岩石。这三类岩石互相转变的现象，称为岩石循环（见图 7.48）。岩浆冷却结晶而形成火成岩；火成岩受到风化侵蚀作用而形成松散的沉积物，沉积物经过成岩作用后便形成沉积岩。岩浆岩或沉积岩因外在温度压力的改变而成变质岩。同样的，沉积岩和变质岩也可能受到深埋，冷却固化变成火成岩。岩石的循环并没有一定的次序，交织成复杂的过程，不断地反复进行着。

表 7.4　外力作用与地貌形态

<table>
<tr><th colspan="3">外力作用形式</th><th colspan="2">外力作用过程和形成的地貌形态</th><th>分布地区</th></tr>
<tr><td colspan="3">风化作用</td><td colspan="2">使地表岩石被破坏，碎屑物残留在地表，形成风化壳</td><td>普遍（例：花岗岩的球状风化）</td></tr>
<tr><td rowspan="5">侵蚀作用</td><td colspan="2">风力侵蚀</td><td colspan="2">风力吹蚀和磨蚀，形成戈壁、风蚀洼地、风蚀柱、风蚀蘑菇、风蚀城堡等</td><td>沙漠地区</td></tr>
<tr><td rowspan="2">流水侵蚀</td><td>侵蚀</td><td colspan="2">使谷底、河床加深加宽，形成V形谷，使坡面破碎，形成沟壑纵横的地表形态。“红色沙漠”、“石漠化”</td><td>河流流经的高原地区</td></tr>
<tr><td>溶蚀</td><td colspan="2">形成漏斗、地下暗河、溶洞、石林、峰林等喀斯特地貌，一般地表崎岖，地表水易渗漏</td><td>河流流经的中低纬度的可溶性岩石地区</td></tr>
<tr><td colspan="2">冰川侵蚀</td><td colspan="2">形成冰斗、角峰、U形谷、冰蚀平原、冰蚀洼地（北美五大湖、千湖之国芬兰）</td><td>冰川分布的高山和高纬度地区</td></tr>
<tr><td colspan="2">海浪侵蚀</td><td colspan="2">形成海蚀地貌</td><td>滨海地区</td></tr>
<tr><td rowspan="4">搬运作用</td><td colspan="2">风力搬运</td><td colspan="2">“飞沙走石”</td><td>在干旱、半干旱地区以及滨海地区作用强烈</td></tr>
<tr><td colspan="2">流水搬运</td><td colspan="2">“泥沙俱下”</td><td>在湿润、半湿润地区作用明显</td></tr>
<tr><td colspan="2">冰川搬运</td><td colspan="2">物质迁移</td><td>冰川活动地区</td></tr>
<tr><td colspan="2">海浪搬运</td><td colspan="2">物质迁移</td><td>海滨地区</td></tr>
<tr><td rowspan="4">沉积作用</td><td colspan="2">冰川沉积</td><td colspan="2">一次沉积过程中，沉积物颗粒大小不分，杂乱堆积、形成冰碛地貌</td><td>冰川分布的高山和高纬度地区</td></tr>
<tr><td colspan="2">流水沉积</td><td>形成冲积扇（出山口）、三角洲（河口）、冲积平原（中下游）</td><td rowspan="2">颗粒大、比重大的先沉积，颗粒小比重小的后沉积</td><td>出山口和河流的中下游</td></tr>
<tr><td colspan="2">风力沉积</td><td>形成沙丘（静止沙丘、移动沙丘）和沙漠边缘的黄土堆积</td><td>干旱内陆及邻近地区</td></tr>
<tr><td colspan="2">海浪沉积</td><td colspan="2">形成沙滩等海岸地貌</td><td>滨海地带</td></tr>
<tr><td colspan="3">固结成岩作用</td><td colspan="2">形成沉积岩</td><td>普　遍</td></tr>
</table>

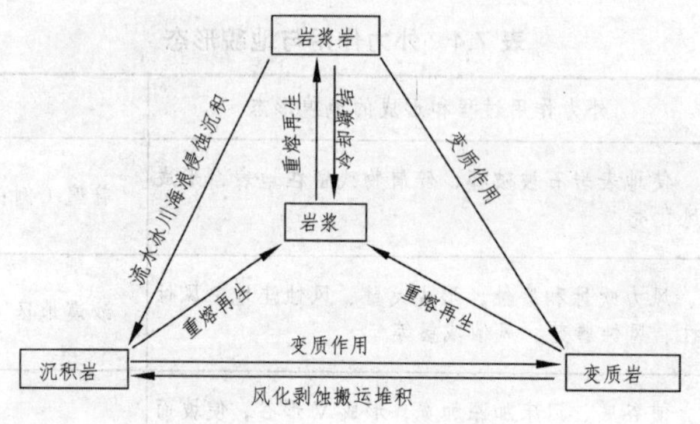

图 7.48 岩石循环示意图

3. 教学建议

1）教学要求

（1）运用示意图说明地壳内部物质循环过程。运用图表，说出地质年代的划分，以及不同地质年代的地壳运动、成矿规律和生物演化简史。简述板块构造学说的主要内容，并解释海陆分布及地表形态特征。

（2）结合实例，分析造成地表形态变化的内、外力因素。说出河流、海岸、黄土、冰川、风沙、喀斯特等地貌类型的主要特征。举例说明风化、侵蚀、搬运、堆积等外力作用对地表形态变化的影响学生要懂得地壳物质循环的机理和过程、组成及其对地表的影响。了解三大类岩石的形成、特征和判别。懂得常见的地质构造褶皱、断层的识别，知道石油、天然气及其他重要矿物质的沉积环境和储存构造，不同沉积环境的指示性矿物。能看懂地质剖面图，恢复古地理环境。

（3）能懂得各种地貌类型及其成因。尤其是河流地貌的形成、各种风景地貌的形成。

2）高考特点及教学指导

该类题多与地质剖面、物质循环示意图、等高线图等结合，与区域结合或与旅游景观结合。以图片或照片或其他生动形象的描述呈现信息，考察地质构造和地理环境及其成因以及对人类生产生活的影响。建议教学中引导学生关注地质灾害的形成及其影响，了解人类防范地质灾害的措施；关注各地方的独特的地貌特征，及其对人类生产活动、企业选址布局、居住、城乡规划建设、交通建设、旅游活动等的影响，尤其是我国西北的风成地貌、西南的喀斯特地貌、东南的丹霞地貌、青藏的冰川地貌及其变化是关注的重点。教学中要把当地的人类活动与当地自然条件尤其是气候条件联系起来。

经典试题 1

（2009 江苏地理）图 7.49 为岩石圈物质循环示意图，图中Ⅰ、Ⅱ、Ⅲ分别代表沉积环境、熔融环境和变质环境，箭头线代表不同的地质过程。读图回答 5、6 题。

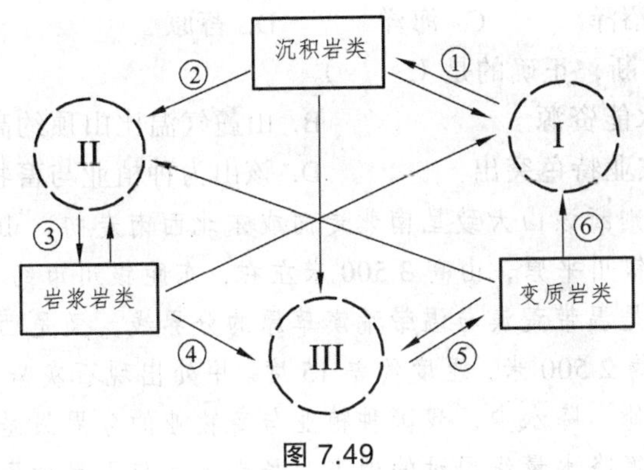

图 7.49

5. 2008 北京奥运金牌上镶的昆仑玉和大理岩的形成过程同属（　　）。

A. ②　　B. ③　　C. ④　　D. ⑤

6. 古生物进入并成为岩石中化石的地质环境和过程是（　　）。

A. Ⅰ——①　　B. Ⅱ——③　　C. Ⅲ——⑤　　D. ⑥——Ⅰ

解析：该题以岩石循环图来考察变质岩和沉积岩的形成过程。该题逻辑思维不强，效率不高，图中已经明确指明了Ⅰ、Ⅱ、Ⅲ分别代表沉积环境、熔融环境和变质环境，只要明白昆仑玉和大理岩、岩石中化石属于什么岩，再对号入座就可以得出答案。该题前后两题没有递进或从不同角度并列，而是同一问题的变样重复。该题可以适度改动，让学生判断Ⅰ、Ⅱ、Ⅲ分别属什么环境，再考察昆仑玉大理岩的形成过程和 2008 北京奥运金牌上镶使用昆仑玉和大理岩的原因。该题与奥运会热点毫无关系。答案：5D6A。

经典试题 2

（2007 四川卷）图 7.50 是我国某山脉东、西坡地质剖面图。读图回答 1、2 题。

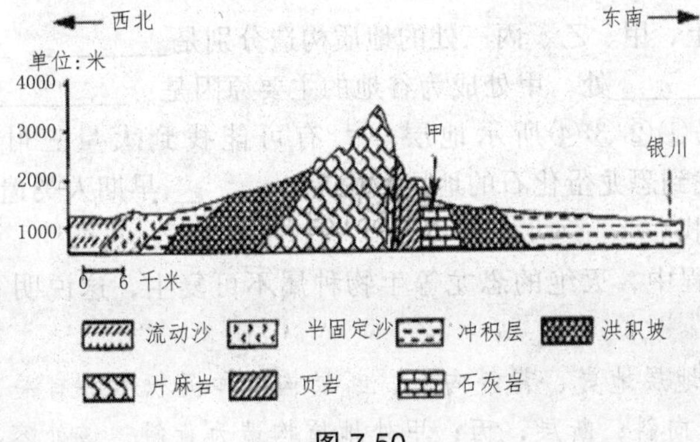

图 7.50

1. 结合图例，推断甲处岩石形成处的古地理环境是（ ）。

A. 沙漠 B. 沼泽 C. 海洋 D. 苔原

2. 由图 1 得出的推断，正确的是（ ）。

A. 东坡有丰富的水能资源 B. 山麓气温比山顶约高 21 °C

C. 该山以西绿洲农业特色突出 D. 该山为种植业与畜牧业的分界线

解析：从图中可以判断该山大致呈南北走向或东北西南走向，山地东西不对称，西侧坡度和缓，东侧以断层临银川平原，山高 3 500 米左右，东距银川市约 30 公里左右，据此推断该山为贺兰山，贺兰山是温带荒漠与温带荒漠草原的分界线，又是西北内流区与外流区的分水岭。山顶到山底距离约 2 500 米，温度约差 15 度。甲处出现石灰岩，说明以前为海洋环境。处于半干旱干旱区交界处，降水少，我国种植业与畜牧业的分界线是 400 mm 等降水量线，贺兰山地区是 200 mm 等降水量线通过的地方，是半干旱与干旱地区的分界线。以西地区绿洲农业特色突出。答案：1C2C。

经典试题 3

（2008 上海地理）如图 7.51 所示为读“某地地质剖面图”，读图回答下列问题。（10 分）

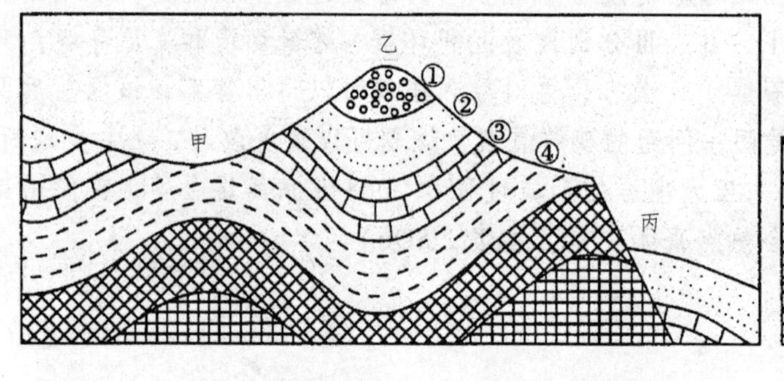

图 7.51

63. 地质剖面图上，甲、乙、丙三处的地质构造分别是________、________、________。图中，陡崖出现在________处。甲处成为谷地的主要原因是：________。

64. 在图中数码①②③④所示地层中，有可能找到大量三叶虫化石的地层数码是________，有可能找到恐龙蛋化石的地层数码是________，早期人类遗迹应该到________数码代表的地层中去寻找。

65. 地球演化过程中，灭绝的恐龙等生物种属不可复生，这说明了地理环境的演化具有________性。

解析：该题考查地层地史、背斜向斜、断层构造和沉积作用有关知识，具有较强综合性。答案：63 背斜；向斜；断层；丙；甲处地质构造为背斜，该处容易形成断裂，岩石比较破碎，因此更容易受到流水侵蚀作用，地势逐渐降低，而形成山谷。64 答案：④；②；①。65 不可逆。

经典试题 4

（2009 天津文综）如图 7.52 所示为读我国北方某区域等高线地形图，读图回答下列问题：

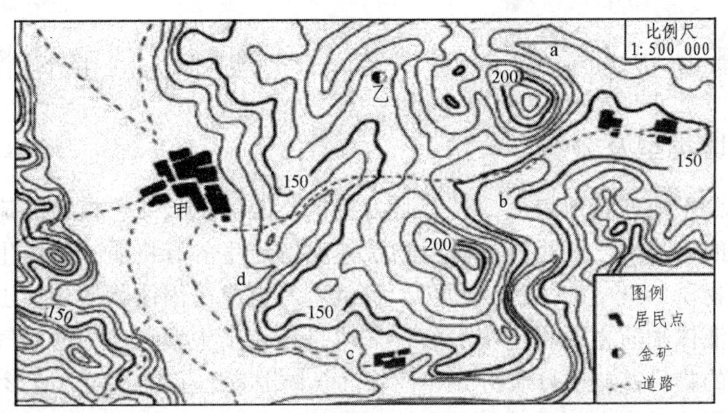

图 7.52

4. 地质队员发现乙处有金矿出露，考虑流水的侵蚀、搬运作用，能找到沙金（沉积物中的细小金粒）的地方是（　　）。

A. a　　B. b　　C. c　　D. d

解析：该题考察等高线的判读、村落和集市布局、金矿选址，从图中可以看出甲所在的位置为一地势开阔交通便利的山间平地。从乙到 d 是一条河流，乙处有金矿出露，顺着河流流到 d 处进入平坝，容易沉积下来，在此处可以找到金矿。该题学生需要有等高线判断能力、存在区位选择的知识和金矿沉积的有关知识。答案：4D。

经典试题 5

（2009 广东地理卷）“莫问桑田事，但看桑落洲。数家新住处，昔日大江流。古岸崩欲尽，平沙长未休。想应百年后，人世更悠悠。”读唐朝诗人胡玢的诗，结合图 7.53 和所学知识，回答 9、10 题。

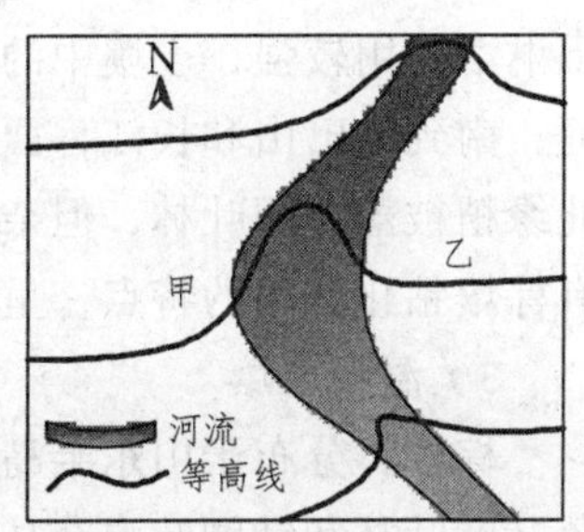

图 7.53　某河段示意图

9. 下列叙述正确的是（　　）。

A. 曲流的东岸是侵蚀岸

B. “数家新住处”应位于乙地

C. 诗中叙述的情境一般发生在河流的上游

D. 河流流向为自南向北

10. 内力作用主要影响河流的（　　）。

A. 流向　　B. 含沙量　　C. 汛期　　D. 流量

解析：该题以唐诗的形式引入地理问题，具有新意。该题考查曲流的形成、河岸侵蚀和堆积、等高线图等有关知识。凸岸侵蚀，凹岸堆积，内力作用主要从大地构造、地势起伏方面影响河流流向。河流曲流一般在下游形成。该题具有较强综合性。答案：9B10A。

六、土壤地理、植物地理，自然地理环境的整体性与差异性

1. 我国土壤类型及分布

土壤是指覆盖于地球陆地表面，具有肥力特征，能够生长绿色植物的疏松物质层。土壤由岩石风化而成的矿物质、动植物、微生物残体腐解产生的有机质、土壤生物（固相物质）以及水分（液相物质）、空气（气相物质），腐殖质等组成。固体物质包括土壤矿物质、有机质和微生物等，液体物质主要指土壤水分，气体是存在于土壤孔隙中的空气。土壤中这三类物质是土壤肥力的物质基础。母质组分和性状、气候因素、生物因素、地形因素、时间因素、人类因素使土壤形成过程和土壤性状具有不同的特点，从而形成不同的土壤类型。

1）热带土壤

砖红壤：分布于海南岛、雷州半岛、西双版纳和台湾岛南部，大致位于北纬 22° 以南地区。在热带季风气候条件下，植被为热带季雨林，土壤风化淋溶作用强烈，土层深厚，质地黏重，肥力差，呈酸性至强酸性。

2）亚热带土壤

赤红壤：分布于滇南的大部，广西、广东的南部，福建的东南部，以及台湾省的中南部属于南亚热带季风气候区，植被为常绿阔叶林。土壤风化淋溶作用略弱于砖红壤，土层较厚，质地较黏重，肥力较差，呈酸性。

红壤和黄壤、黄棕壤：长江以南的大部分地区以及四川盆地周围的山地地区属于中亚热带季风气候区，植被为亚热带常绿阔叶林，土壤为红壤，而有些土壤中腐殖质少，土性较黏，因淋溶作用较强，土壤中的氧化铁水化，土层呈黄色，为黄壤。黄棕壤分布于北起秦岭、淮河，南到大巴山和长江，西自青藏高原东南边缘，东至长江下游地带，植被为亚热带季风区北缘植被落叶阔叶林，但杂生有常绿阔叶树种，既具有黄壤与红壤富铝化作用的特点，又具有棕壤粘化作用的特点，呈弱酸性反应，自然肥力比较高。

3）温带土壤

棕壤：分布于山东半岛和辽东半岛一带，此地气候为暖温带半湿润气候。植被为暖温带落叶阔叶林和针阔叶混交林，土壤为棕壤，黏化作用强烈，土层较厚，质地比较黏重，表层有机质含量较高，呈微酸性反应。

暗棕壤：分布于东北地区大兴安岭东坡、小兴安岭、张广才岭和长白山等地，这些区域为中温带湿润气候。在温带针阔叶混交林下形成。土壤呈酸性反应，腐殖质的积累量多，是比较肥沃的森林土壤。

寒棕壤：分布于大兴安岭北段山地上部，北面宽南面窄。属寒温带湿润气候，植被为亚寒带针叶林。土壤经漂灰作用，酸性大，土层薄，有机质分解慢，有效养分少。

褐土：分布于山西、河北、辽宁三省连接的丘陵低山地区，陕西关中平原。暖温带半湿润、半干旱季风气候，植被以中生和旱生森林灌木为主。土壤淋溶程度不很强烈，有少量碳酸钙淀积。土壤呈中性、微碱性反应，肥力较高。

黑钙土：分布于大兴安岭中南段山地的东西两侧，东北松嫩平原的中部和松花江、辽河的分水岭地区。气候为温带半湿润大陆性气候，植被为产草量最高的温带草原和草甸草原。土壤腐殖质含量最为丰富，腐殖质层厚度大，呈中性至微碱性反应，土壤肥力高。

栗钙土：分布于内蒙古高原东部和中部的广大草原地区，是钙层土中分布最广，面积最大的土类。气候为温带半干旱大陆性气候，草场为典型的干草原。土壤腐殖质丰富，土壤颜色为栗色，土层呈弱碱性反应，区内沙化现象比较严重。

棕钙土：分布于内蒙古高原的中西部，鄂尔多斯高原，新疆准噶尔盆地的北部，塔里木盆地的外缘。气候比栗钙土地区更干，大陆性更强，植被为荒漠草原和草原化荒漠。土壤腐殖质的积累弱，土壤呈碱性反应，地面普遍多砾石和沙，并逐渐向荒漠土过渡。

黑垆土：分布于陕西北部、宁夏南部、甘肃东部等黄土高原上土壤侵蚀较轻，地形较平坦的黄土源区。气候为暖温带半干旱、半湿润气候，植被与栗钙土地区相似。土壤腐殖质的积累和有机质含量不高。

荒漠土：分布于内蒙古、甘肃的西部，新疆的大部，青海的柴达木盆地等。气候为地温带大陆性干旱气候。植被稀少，以非常耐旱的肉汁半灌木为主。十壤基本上没有明显的腐殖质层，土质疏松，缺少水分，土壤发育程度差。

4）高山土壤

高山草甸土：分布于青藏高原东部和东南部，在阿尔泰山、准噶尔盆地以西山地和天山山脉。气候温凉而较湿润高山草甸植被。土层薄，土壤冻结期长，通气不良，土壤呈中性反应。

高山漠土：分布于藏北高原的西北部，昆仑山脉和帕米尔高原。气候干燥而寒冷。植被的覆盖度不足10%。土层薄，石砾多，细土少，有机质含量很低，土壤发育程度差，碱性反应。

2. 植被类型

植被就是覆盖地表的植物群落的总称。植物的生长或者植被的发育受生态因子（即自然条件）如阳光、温度、水分、矿物质（土壤）、氧气、二氧化碳等控制。其中阳光、温度、水分、矿物质地区性变化较大，而且有一定分布规律。植被类型的分布具有一定的规律性，与气候、土壤、地形、动物界及水状况等自然环境要素密切相关。植被类型有多种划分方法：可按地理环境特征划分，如高山植被、温带植被；可按不同地域划分，如天山植被、中国植被；还可依植物群落类型划分，如草甸植被、森林植被等。

我国主要的植被类型有以下几种：

草原：组成草原的植物大多是适应半干旱气候条件的草本植物。

荒漠：荒漠的生态条件极为严酷，夏季炎热干燥，土壤贫瘠。荒漠的植被稀疏，植物种类贫乏，这里生长的植物十分耐旱。

热带雨林：热带雨林分布在全年高温多雨的地区，植物种类特别丰富，终年常绿，大部分植物都很高大。

常绿阔叶林：常绿阔叶林分布在气候比较炎热、湿润的地区，这里的植物以常绿阔叶树为主。

落叶阔叶林：落叶阔叶林分布区四季分明，夏季炎热多雨，冬季寒冷，这里的植物主要是冬季完全落叶的阔叶树。

针叶林：针叶林分布在夏季温凉、冬季严寒的地区，这里的植物以松、杉等针叶树为主。

3. 地理环境的整体性与差异性

1）地理环境的整体性

整体性是指陆地环境由地貌、气候、水文、植被、动物和土壤等组成，各要素相互联系、相互制约、相互渗透，构成了陆地环境的整体性。陆地环境各要素不是孤立存在和发展的，而是作为整体的一部分发展变化着；某个要素发生变化，必然引起其他要素发生相应变化，甚至导致环境整体的变化。

（1）内在联系性。

能量转换和物质循环是自然地理环境最基本的运动形式，在其运动的过程中，自然地理环境的某一要素必然影响另外的要素，某一部分必然影响另外的部分，它们相互作用、相互联系，共同组成自然地理环境的整体。该属性是整体性最基本的内容。

（2）空间组合性。

在自然地理环境内部，各组成要素和组成部分按纬向地带性规律，以一定的方式进行排列组合，从而呈现其特定的空间结构。该属性是内在联系性在空间上的反映。

（3）动态演变性。

自然地理环境外部的能量和物质输入具有可变性和阶段性，同时，所有组成要素和组成部分都有自身演化发展的特点，从而使自然地理环境的整体始终处在不断演化发展的过程中。该属性是内在联系性在时间上的反映。

2）地带性分异规律

（1）陆地自然带。

陆地自然带是指陆地不同地区分别具有一定的热量和水分组合，形成不同的气候以及与之相应的植被、土壤类型，从而形成了具有一定宽度、呈带状分布的陆地环境。它不仅存在于陆地，而且也表现于海洋。在陆地上，既有水平自然带，又有山地垂直自然带。每一自然带都有一定的热量和水分组合，并有一个占优势的、特有的景观型，各带之间没有固定、显著的界线，总是由一带逐渐地转变为另一带。自然带的特征通常以生物气候来反映。大陆水平自然带有赤道雨林带、热带季雨林带、热带草原带、热带荒漠带、亚热带森林带、温带森林带、温带草原带、温带荒漠带、亚寒带针叶林带、寒带苔原带、极地冰原带等（见表 7.5）。

表 7.5　陆地环境的地域差异

<table>
<tr><th colspan="2"></th><th>成　因</th><th>分异特征</th><th>分布</th></tr>
<tr><td rowspan="3">地带性规律</td><td rowspan="2">水平地带性</td><td>以热量为基础划分</td><td>沿纬线（东西）方向伸展，由赤道到两极的分异</td><td>低纬度和高纬度地区。如非洲沿 20°E 经线，南北方向自然带的变化</td></tr>
<tr><td>以水分为基础划分</td><td>沿经线（南北）方向伸展，从沿海向内陆的分异</td><td>中纬度地区，如亚欧大陆中纬度地区由沿海向内陆依次为森林、草原、荒漠</td></tr>
<tr><td>垂直地域分异</td><td>水热状况的垂直变化</td><td>与等高线平行的方向（水平）伸展，沿垂直方向更替</td><td>中、低纬度的高山地区，如阿尔卑斯山、喜马拉雅山的垂直自然带分布</td></tr>
<tr><td colspan="2" rowspan="7">非地带性分异</td><td>海陆分布</td><td>地带性自然带的缺失</td><td>如由于南纬 56°～65°的地区是广阔的海洋，陆地面积很少，因此南半球大陆上缺失苔原带和亚寒带针叶林带。</td></tr>
<tr><td>地形起伏</td><td>改变了地带性分布的自然带</td><td>如南美安第斯山南段西侧为温带落叶阔叶林带，东侧的巴塔哥尼亚高原因受地形影响，处于西风背风处，形成温带荒漠带</td></tr>
<tr><td>地形轮廓限制</td><td>地带性自然带空间分布范围受到约束</td><td>如南北美洲西部沿海地区，各自然带紧逼海岸，其空间分布范围受到极大的约束，而且与东部地区的自然带割断，这是由于科迪勒拉山系分布于美洲大陆西部沿海地区造成的结果。</td></tr>
<tr><td>局部水分变化</td><td>自然地理现象的斑块状分布</td><td>如我国天山等山麓地带，因为高山冰雪融水形成了较为丰富的地下水或地表水，形成众多的绿洲。</td></tr>
<tr><td>局部环流和洋流</td><td>大陆东岸和西岸景观不同</td><td>信风带大陆西岸，西欧温带海洋性气候纬度范围</td></tr>
<tr><td>局部岩石性质的变化</td><td>土壤不同</td><td>四川盆地</td></tr>
<tr><td>人为作用</td><td>形成不同的景观</td><td>防护林、填湖造田、培育水稻</td></tr>
</table>

① 由赤道到两极的地域分异。

水热对比关系的差异是水平自然带更替的主要原因。大体沿纬线方向延伸，沿纬度变化方向更替的自然带，称为纬度自然带，主要由于太阳辐射强度自低纬至高纬的逐渐减小所致。表现：自然景观和自然带沿着纬度变化的方向作有规律的更替。

② 从沿海向内陆的地域分异。

大体沿经线方向延伸，沿经度变化方向更替的自然带，称为经度自然带，主要由海陆位置差异引起水分条件之不同所致。自然景观和自然带从沿海向大陆内部呈现森林带——草原带——荒漠带的有规律变化。

③ 山地垂直地域分异。

随着山体高度的增加，自然带依次更替。由于温度随高度增加而减低造成水热条件差异所引起。垂直分带现象在不同地理地带中有不同的表现。各纬度自然带与相应的垂直自然带之间有明显的相似之处。在高山地区，随着海拔高度的变化，从山麓到山顶出现了自然景观的依次变化。

（2）海洋自然带。

海水的温度、盐分、养分等都存在着水平方向和垂直方向的分异，故海洋环境也存在着水平的分带和垂直的分带。例如，水平方向上可分为热带海域、亚热带海域、温带海域和寒带海域等；垂直方向上可分为上层、中层和下层等。由于海水的流动性，加之海洋生物以动物为主，有较大的活动性，故分带较大陆简单。

3）非地带性分布规律

由于海陆分布、地形起伏、洋流等非地带性因素引起的无规律分布的影响，陆地自然带的分布不具备地带性规律或者陆地自然带地带性规律，表现得不很完整或不很鲜明，使自然环境更加复杂，称为非地带性，又称隐域性。例如，由于岩石组成、地形起伏、地质构造等所引起的大的山地、高原、平原等都是典型的非地带性自然综合体；又如，在母岩、地形、排水条件等非地带性成土因素影响下形成的隐域土，虽与一定的生物气候条件相联系，但其形成和分布都不受生物气候地带的严格制约。同样，受局部地形或土壤等因素影响而形成的隐域植被，可分布在不同的植被地带内，夹杂在显域植被中间，不形成独立的植被地带。

4）地带性与非地带性之间的关系

（1）非地带性因素叠加在地带性因素之上，使地带性分布规律变得不很完整或不很鲜明。

（2）地带性因素影响是普遍的、基本的；非地带性因素的影响是局部的、特殊的。如澳大利亚大陆，其东部受大分水岭的阻挡和沿岸暖流影响，分布着热带雨林和亚热带森林，但从整体讲，地带性因素起主导作用。

（3）在两种因素相互作用、相互制约下，形成了复杂的地理环境。如我国处在同纬度的两广地区和横断山区，前者因受东南季风影响，属于热带雨林和季雨林；后者因受地形影响而成为高山植物区。地表各地的地理环境都具有所在地带的地带性特征，同时又不同程度地受非地带性因素的影响，具有非地带性特征，使自然环境更加复杂。

4. 教学建议

1）教学要求

要求学生能举例说明某自然地理要素在地理环境形成和演变中的作用，举例说明地理环境各要素的相互作用，理解地理环境的整体性，运用地图分析地理环境的地域分异规律，了解生物在陆地环境形成过程中的作用、植被类型和土壤类型、土壤的组成和结构特征、植被的生理活动、演替及其在陆地环境中的作用。了解各种土壤类型、动物、植被类型的特征、分布及其对生产生活的影响及各种土壤改良的措施和合理利用的途径。了解植物生长规律、生物生态系统、食物链、营养循环的有关知识。了解各自然带的植被土壤特征、季相变化、影响自然带和自然景观形成的因素。

2）高考特点及教学指导

本部分内容考查各大洲自然带、自然景观类型的类型及分布的特点，自然带水平分布（经向地带性和纬线地带性分布）和垂直分布的规律，以及非地带性分布规律。该类题多以读图分析的形式出现，有时也有成组选择题。多与各地自然景观的差异、旅游感知活动、自然环境和气候差异相结合。与区域或气候类型相结合，以自然带随高度、纬度、经度的变化示意图呈现，或跟气候资料表格的资料相结合。教学中要引导学生熟知各地自然带分布的水平带谱和垂直带谱，并能依据相关信息推测自然景观类型，分析自然地理环境整体性的规律和差异性的形成原因；熟悉土壤分布及封特征，了解土壤与植被和自然带的联系，了解土壤的形成过程和影响因素，理解土壤特征与农作物种植或与农牧业的关系；把区域分析和自然带规律结合起来。

经典试题 1

（2008 四川灾区文综）绿色植物新陈代谢的总趋势是，白天通过光合作用消耗 CO_2 制造 O_2，夜间则消耗一定数量的 O_2。由此导致静风林区 CO_2 浓度的日变化。如图 7.54 所示为 60°N，80°E 附近某静风林区 CO_2 浓度日变化。完成 3 ~ 5 题。

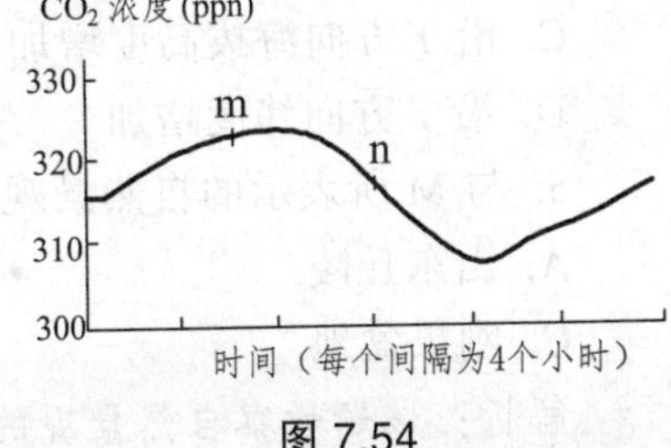

图 7.54

3. 日出时，CO_2 浓度变化趋势为（　　）。

A. 继续上升　　B. 开始下降

C. 继续下降　　D. 开始上升

4. 若图中数据采集于秋季，则图中 m、n 两点的时间可能是（　　）。

A. 0 时、6 时　　B. 6 时、12 时

C. 12 时、18 时　　D. 18 时、24 时

5. 该地所在地区及其森林类型为（　　）。

A. 北美、常绿阔叶林　　B. 朝鲜半岛、落叶阔叶林

C. 东欧、针阔叶混交林　　D. 西伯利亚、针叶林

解析：该题考察 CO_2 浓度的日变化。日出时，CO_2 浓度开始下降，因为光合作用开始，CO_2 开始被消耗，到傍晚到最低。傍晚后呼吸作用产生 CO_2，浓度开始上升，在日出前达最大值。由此推测 m、n 两点的时间为 6 时、12 时。再由题知道该地位于 60°N，80°E 附近，可知是西伯利亚、针叶林。答案：3B4B5D。

经典试题 2

（2006 江苏地理）图 7.55 是“陆地自然景观类型分布与水热条件关系示意图”，读图回答 4、5 题。

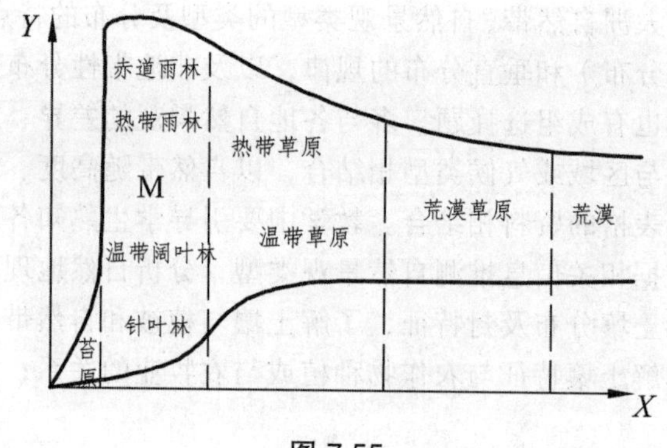

图 7.55

4. 对自然景观分布规律影响因素的叙述，正确的是（　　）。

A. 沿 *X* 方向干燥程度增加

B. 沿 *X* 方向热量增加

C. 沿 *Y* 方向海拔高度增加

D. 沿 *Y* 方向纬度增加

5. 与 M 所表示的自然景观类型相一致的地区是（　　）。

A. 山东丘陵　　B. 江南丘陵

C. 刚果盆地　　D. 西欧平原

解析：该题考察自然景观的分布规律。从图中看出沿 *X* 轴显然降水减少，干燥度增加，沿 *Y* 轴热量增加。纬度降低。M 处推测应该是亚热带常绿阔叶林。江南丘陵与此类似。学生要对世界自然带的分布规律及我国的自然带的分布熟悉。答案：4A5B。

第三节　人文地理知识

一、产业发展与布局

1. 区位论

区位论是为寻求合理空间活动而创建的理论，不仅研究各种经济活动主体（农场、工厂、交通线、旅游点、商业中心等）与其他客体（自然环境条件和社会经济条件等）的位置，而且探讨形成条件与技术合理性。由于其实用性和应用的广泛性，使区位活动成为人文地理学基本理论的重要组成部分。经典的区位理论主要包括：杜能的农业区位论、韦伯的工业区位论、克里斯泰勒的中心地理论和廖什的市场区位论（见图 7.56）。

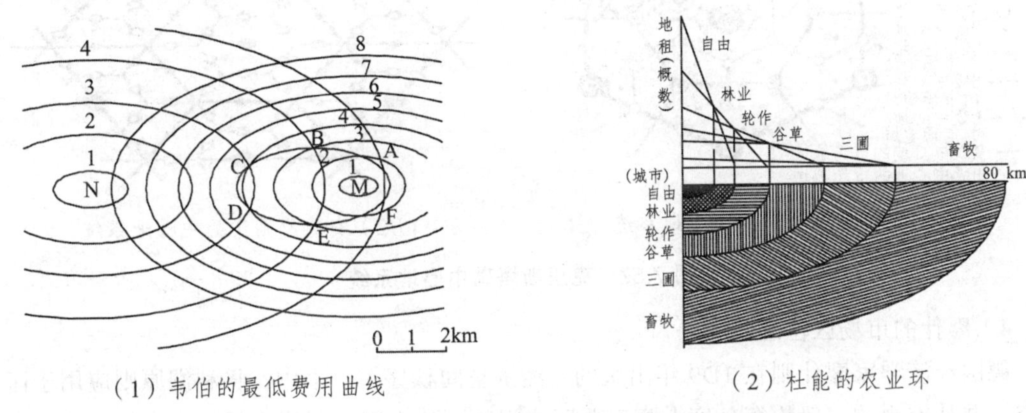

（1）韦伯的最低费用曲线　　（2）杜能的农业环

图 7.56　韦伯的最低费用曲线与杜能的农业环

阅读材料：古典区位论

1）杜能的农业区位论

古典区位论的区位是指厂商经营生产活动的位置，如何确定最佳位置就是古典区位理论所关心的问题。德国经济学家杜能最早注意到区位对运输费用的影响，是在 19 世纪初叶他所出版的《孤立国对于农业和国民经济之关系》（1826）一书中。杜能指出距离城市远近的地租差异即区位地租或经济地租，是决定农业土地利用方式和农作物布局的关键因素。由此他提出了以城市为中心呈六个同心圆状分布的农业地带理论，即著名的“杜能环”。

2）韦伯的工业区位论

德国经济学家韦伯继承了杜能的思想，在 20 世纪初叶发表了两篇名著《论工业区位》（1909）和《工业区位理论》（1914）。韦伯得出三条区位法则——运输区位法则、劳动区位法则和集聚或分散法则。他认为运输费用决定着工业区位的基本方向，理想的工业区位是运距和运量最低的地点。除运费以外，韦伯又增加了劳动力费用因素与集聚因素，认为由于这两个因素的存在，原有根据运输费用所选择的区位将发生变化。

3）中心地理论

德国地理学家克里斯塔勒的中心地理论最具代表性，在其名著《德国南部的中心地》一书中，克里斯塔勒将区位理论扩展到聚落分布和市场研究，认为组织物质财富生产和流通的最有效的空间结构是一个以中心城市为中心的、由相应的多级市场区组成的网络体系。在此基础上，克氏提出了正六边形的中心地网络体系（见图 7.57）。

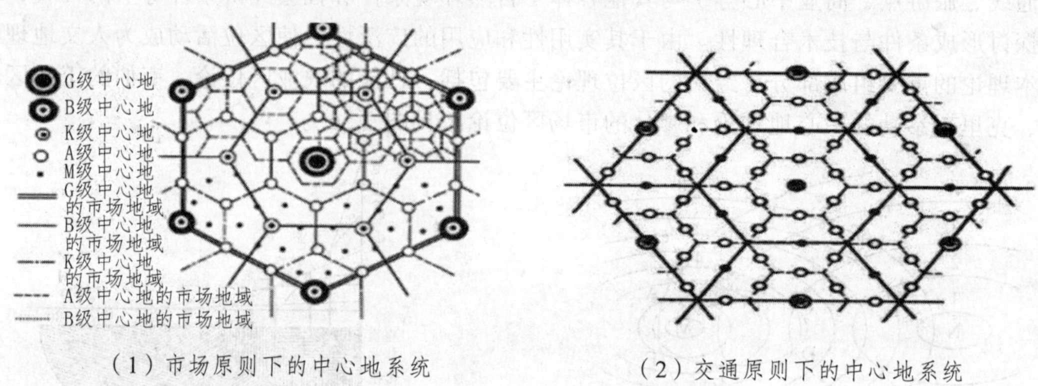

（1）市场原则下的中心地系统　（2）交通原则下的中心地系统

图 7.57 克里斯塔勒中心地系统

4）廖什的市场区位理论

德国经济学家廖什则在 1D9 年出版的《经济空间秩序》一书中，将利润原则应用于区位研究，并从宏观的一般均衡角度考察工业区位问题，从而建立了以市场为中心的工业区位理论和作为市场体系的经济景观论（见图 7.58）。

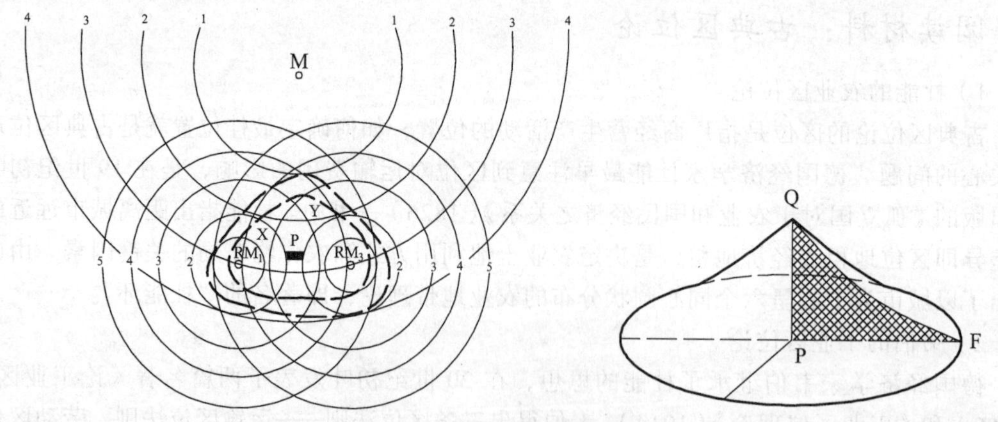

图 7.58 廖什的等费用区廖什的市场区区与区位圆锥体

2. 农业发展

1）农业产业发展的区位因素

由于农业生产是自然生产同经济生产密切结合的物质生产部门，因此，影响农业生产的因素包括：自然因素、社会经济因素、技术条件。自然条件包括气候、水源、地形、土壤、热量、光照、温差；社会经济因素包括市场需求、交通、国家政策、农业生产技术、工业基础、劳动力；技术条件包括良种、化肥、机械、灌溉等（见图 7.59）。

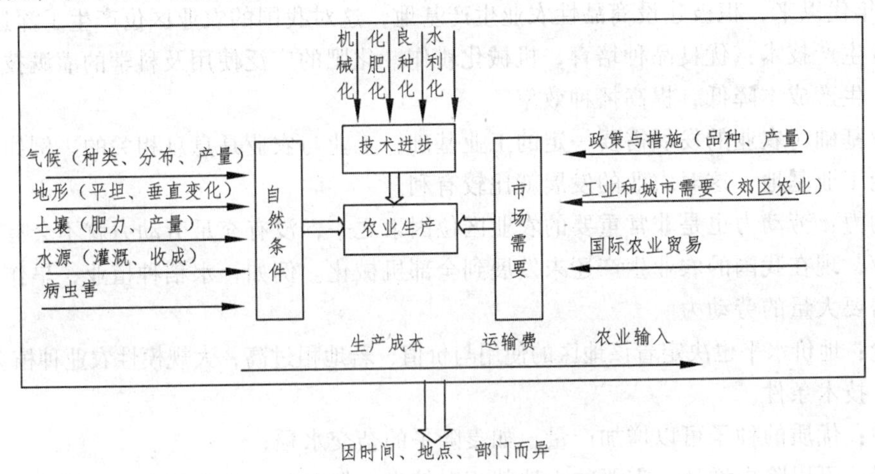

图 7.59　农业生产的影响因素

（1）自然条件。

自然因素对农业区位有很大的影响，但这些影响并非都是决定性的，人类可通过多种途径对自然因素进行改造（有限度的），减小不利因素的影响，以达到充分利用自然的目的。

气候：热量、光照、降水等是影响农作物分布与农业发展的最重要气候因素。动植物生长发育气候条件各异，气候条件分布地域差异明显。所以，地区农业的选择要充分考虑当地的气候因素。

地形：地形区不同，农业类型不同。平原地区地势平坦，土层深厚，有利于实现农业的水利化和机械化，适宜发展耕作业；山地地区耕作不便，且不易于水土保持，适宜发展畜牧业.山地自然条件的垂直分异，使农作物分布垂直化，多样化。

土壤：土壤是农作物生长的物质基础，土壤不同，作物各异（例如我国东南丘陵广泛分布着酸性的红壤，适宜种植茶树等。土壤的肥沃程度也对农业的影响较大。例如我国东北平原（黑土）、华北平原（钙质土）等地土壤肥沃，大豆单位面积产量较高。

（2）社会经济条件。

市场：市场的需求量影响了农业生产的类型和规模。市场是最富变化的因素，市场的大小、区位、产品的价格、竞争对手以及政府鼓励或抑制政策等都从不同方面影响部分国家或地区农业区位选择的主导因素着市场的需求量，进而影响农业的区位。

交通运输：交通运输对农业有重要影响。例如园艺业、乳蓄业等，由于其产品保鲜期较短，需要方便快捷的交通运输方式。交通运输条件的改善大大缩短了产品运输的时间，加之保鲜、冷藏技术的发展，使市场和农产品生产地在地域上出现分离，即地域分工，并逐渐形成跨地区以至世界性的农业区域专业化。

政策：世界各国的农业，都受到国家政策以及政府干预的影响。例如，我国政府从 20 世纪 80 年代以来，积极建设商品性农业生产基地，这对我国的农业区位产生了深远的影响。

农业生产技术：优良品种培育，机械化耕作，化肥的广泛使用及科学的灌溉技术，使产量提高，生产成本降低，提高播种效率。

工业基础：农业的发展需要一定的工业基础，工业与农业是息息相关的。例如，我国的东北是老工业基地，这对农业的发展就比较有利。

劳动力：劳动力也是非常重要的农业区位因素之一，没有充足劳动力就不会有集约和发达的农业，现在我国的农业生产还未发展到全部机械化。例如，水稻种植业，旱作谷物农业等，就需要大量的劳动力。

地价：地价水平也决定着该地区的使用与价值，若地租过高，大规模性农业种植会受阻碍。

（3）技术条件。

良种：优质的种子可以增加产量，如袁隆平的杂交水稻；

化肥：可以除虫增产，需要的土地就相对较少，但对环境危害很大，会减少土地的使用寿命。

机械：用农业机械代替手工播种和收割可以节省时间，提高效率，获取更大的效益。

灌溉：科学的灌溉技术，应根据当地的气候决定。如：以色列缺水，发明了滴灌的方法。

阅读材料：世界主要农业地域类型

由于动植物的不同地域分布，以及自然条件、社会经济条件的地域差异，世界上形成了在一定地域内的较稳定的、区域性的多种农业地域类型。农业地域类型可作为基层的农业区，是农业区划的基础。

（1）自给传统农业。

① 传统旱作谷物农业。

为定居农业，需水量少，但需灌溉，自给自足，以种植旱作谷物为主，一般有饲养家畜的传统。精耕细作，多为文明起源地。光热条件好，降水不足或不稳定，灌溉是保证产量的重要条件。灌溉水源缺乏，生产效率低，生态环境容易受到破坏。分布于我国的北方地区，中南半岛的山地、丘陵，印度的德干高原和西部地区，印度河，尼罗河和两河流域等。该区域农业发展应加强水利设施建设，发展节水技术，注意水土保持。

② 谷物家畜农业。

谷物家畜农业是一种种植旱作谷类与饲养家畜相结合的农业类型。多位于气候湿润，人口密集区域。耕作强度高，丘陵地区水土流失严重；平原，特别是低洼地区，如果灌溉不当，易引起盐渍化。分布于中国东部的华北与东北，中南半岛的高原地区，印度的南部高原和西部地区，巴基斯坦、阿富汗以及西亚的两河流域的附近地区。该区域农业发展应注意保持水土和排水工程建设。合理灌溉和施用农家肥。

③ 热带定居农业。

在热带迁移农业的周围，逐渐发展起来的定居农业。分布于西非几内亚湾沿岸及其北部副热带较干旱地区与东非高原；拉丁美洲玻利维亚以北的安第斯山区高原与墨西哥南部与尤卡坦半岛的南部。该类农业对原生生态环境仍然有一定的影响。农业发展中要注意加大农业基础设施建设，保持水土和生态系统或移民到其他区域。

④ 热带雨林迁移农业。

迁移农业是一种古老的、比较原始的农业生产方式。没有固定的农田，通过砍伐、焚烧，用原始的方法种植农作物。分布于热带雨林地区的低地、丘陵地区。该区域往往人口稀少，森林茂密，农业发展容易造成水土流失，导致生态平衡的破坏。可以考虑向定居农业转变或移民到其他区域。

⑤ 游牧业。

靠放牧牲畜为主的一种自给性农业，为典型的粗放农业。分布于人烟稀少，难以进行定居农业的干旱半干旱地区。超载放牧对草场生态系统产生破坏，可以考虑发展定居圈养畜牧业或移民到其他地区。

⑥ 水稻种植业（季风水田农业）。

需要投入大量劳动力的精耕细作的集约农业。多为小农经营；单产高，商品率低；机械化水平低；水利工程量大；科技水平低。分布于东亚、东南亚、南亚的季风区以及东南亚的热带雨林区，水旱灾害频繁。气候高温多雨；地形平坦、土层深厚。劳动力丰富；种植历史悠久；粮食需求大。经营规模小；机械化、科技水平低；农业发展应加大科技投入，适度扩大种植规模，加大科技投入；适度规模经营；建设水利工程等。

（2）商品化农业。

① 地中海式农业。

夏干冬雨，经济发达，耐旱的农作物、木本经济作物与饲养牲畜结合。分布于地中海沿岸，希腊、罗马古代文明的所在地。传统的多样化农业已被专业化的商品性农业所替代，为市场提供商品的园艺业占据重要地位，为工业提供原料。牲畜放牧与农业在地区上分离，厩肥不能用于补充农田的营养元素，农田多依靠休耕来恢复地力。农业发展应合理布局，发展循环经济和生态经济，保护土壤肥力。

② 混合农业。

是一种在同一农场中将种植业和畜牧业有机结合在一起的农业生产地域类型。分布于欧洲、北美、南非、澳大利亚、新西兰以及我国珠江三角洲等地。农业规模大，机械化程度高；家庭经营；农业生态系统良性发展；较强的市场适应性。这些区域往往气候温和湿润；地形平坦、土壤肥沃；灌溉便利。农业发展应合理安排劳动力复合农事活动、修建水利工程，跨地区调水等。

③ 高度发达的商品化混合农业。

种植小麦和玉米；生产规模大，机械化程度高；家庭经营；商品率高。分布于美国、加拿大、澳大利亚、阿根廷、俄罗斯、乌克兰等地。这些区域气候温和、降水较多；地形平坦；土壤肥沃。交通便利；科技发达。农业成本较高，能耗大，片面追求商品化。农业发展应降低能耗，提高能源利用率；发展清洁能源、新能源。

④ 乳畜业。

乳畜业是随着城市的发展而产生的一种面向市场的农业地域类型，其生产对象是奶牛；产品主要是牛奶及其制品。分布于北美五大湖周围地区、西欧、中欧以及澳大利亚和新西兰等地，容易对环境产生污染。该种农业类型的关键因素是市场的远近和饲料的供应。农业生产中应注意生态环境的保护。

（3）企业化大农业。

① 牧场畜牧业。

是一种进行大规模商品畜牧业生产的农业地域类型。商品率高，生产规模大，经济效益好，专业化程度高。分布于美国、澳大利亚、新西兰、阿根廷、南非等地，这些区域属干旱、半干旱的温带大陆性气候，天然草场面积辽阔。农业发展中应注意改善交通运输条件；培育良种；开辟水源；种植饲料作物。

② 园艺业。

园艺业是为城市提供蔬菜、水果、花卉等的商品性农业是密集型、专业化的生产。需要交通运输和保鲜技术。分布于大城市周边。农药化肥的大量施用容易对环境产生影响。应发展绿色产业。

③ 种植园农业。

是热带地区种植单一经济作物的大规模的密集型商品农业.在世界的经济作物中占有重要地位。分布于拉丁美洲、东南亚、南亚、撒哈拉以南非洲及我国海南岛的国营橡胶农场。这些地区气候高温多雨。该种类型农业生产、销售多受发达国家市场和资本控制，在国际贸易中处于不利地位，应发展行业组织保护协会。

2）农业的可持续发展

（1）农业发展对环境的影响。

不合理的农业生产强度、不合理的农业生产方式和不生态的农业技术导致我国农业环境遭到不同程度的破坏，已成为农业发展的制约因素。农业资源衰退、自然灾害加剧、农用化学物质污染、畜禽粪便污染、水源短缺、水土流失、沙漠化、土壤次生盐渍化等问题日益严重。不合适地大量使用农药，造成土壤、水体污染和农畜产品有害物质残留；过量和不合理地施用化肥，引起蔬菜、地下水硝酸盐积累和水体富营养化等现象比较普遍。农业环境恶化危害人体健康，危害农业生产。农业环境破坏还会降低农业环境的生产力及抗御自然灾害的能力，而且会对气候产生不利的影响，导致旱涝灾害频繁发生，进而危害农业生产和人民生命财产安全（图 7.60）。

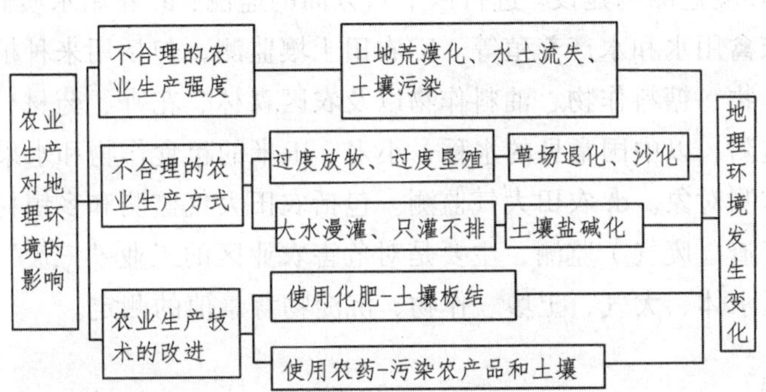

图 7.60　农业生产对环境的影响

（2）区域农业的可持续发展。

农业环境是整体环境的重要组成部分，主要包括土地、森林、草原、水资源、空气等，具有广泛性、整体性、区域性的特点，是农业的基本物质条件。农业环境保护不仅对发展农业生产至关重要，而且在整个环境保护工作中也占有极为重要的地位（见图 7.61）。

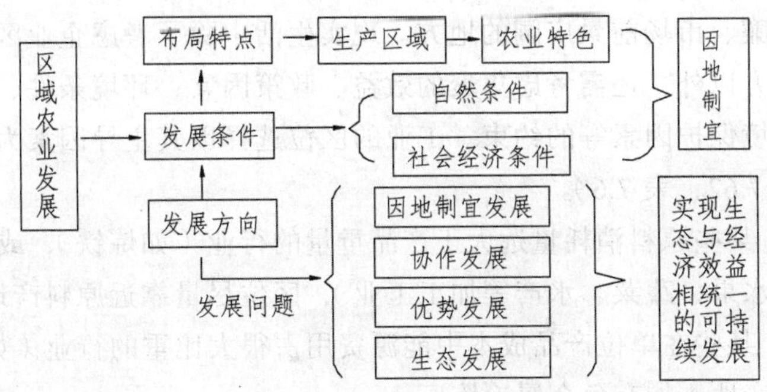

图 7.61　区域农业可持续发展

① 合理调整农业产业结构，发展生态农业、产业农业。

② 强化农业环境管理，制定保护和改善农业环境、防止污染和生态破坏的法规，建立健全农业环境管理体制。

③ 积极防治工矿企业（包括乡镇企业在内）的“三废”污染，治理农村面源污染，加强农业生态村建设。

④ 加强农业技术革新，强化生态化地利用农业土地，防治农药、化肥污染，积极推广综合防治病虫害技术，大力发展有机肥、复合肥，合理施用化肥，提高化肥的利用率。

⑤ 制定有利于农业综合开发的技术经济政策，引导农业可持续发展。运用经济、行政、法律、技术等手段，使经济发展与农业环境相协调，达到既发展农业经济又改善农业环境。

⑥ 加强农业环境监测网建设。进行以下六方面的监测：a. 农用水质监测，包括农田灌溉用水、农村家畜家禽用水和水产养殖等。b. 农田土壤监测，包括用来种植各种粮食作物、蔬菜、水果、纤维作物、糖料作物、油料作物以及农区森林、花卉、药材、草料等的农业用地土壤。c. 农作物监测，以中国常见的水稻、小麦、玉米的粮食作物和水果、蔬菜、菜叶、烟草等作物为主要监测对象。d. 农田大气监测。包括农田大气监测和乡镇村落大气监测。e. 工业三废（废水、废渣、废气）监测，主要是对危害农业区的工业“三废”进行监测。f. 背景值调查测定，包括水体、大气、土壤、作物、沉淀物背景值的测定。

3. 工业布局

1）企业选址

（1）厂矿企业指向。

常考虑的区位因素主要有：原料、动力（燃料或电力）、劳动力、市场、交通运输、土地、水源、政府政策等。企业选址时首先应考虑工厂的选址、考虑动力、劳动力等因素；从经济利益看，厂址应当选择花费生产成本最低、获得利润最高的地方。把工厂建在原料和动力充足、劳动力质优价廉、市场前景广阔的地方。现实生活中除了考虑企业区位指向把工厂建在具有明显优势的地方以外，还需考虑集聚的效益、政策因素、环境条件、对区域社会经济发展的宏观效益、环境保护因素等的约束。工业的区位选择以其主导因素为指向，形成不同的指向型工业（见图 7.62、表 7.6）。

① 原料指向。某些原料消耗量远大于产品重量的行业（如炼铁），或原料不易运输且容易变质的行业（如水果、蔬菜、水产等加工工业），区位尽量靠近原料产地。

② 能源指向。某些在单位产品成本中能源费用占很大比重的行业（如电解铝），区位尽量靠近廉价的能源产地。如有色金属冶炼厂。

③ 市场指向。某些产品不易运输的行业（如硫酸），或随时需根据市场需求变化调整产品的行业（如日用品工业），区位多靠近销售市场。例如饮料厂，其成品体积比原料大，运输中又易损耗，空瓶装上液体物质后，重量又增加很多。故就地销售较好。类似的工业还有家具厂（成品）、印刷厂、食品厂等。

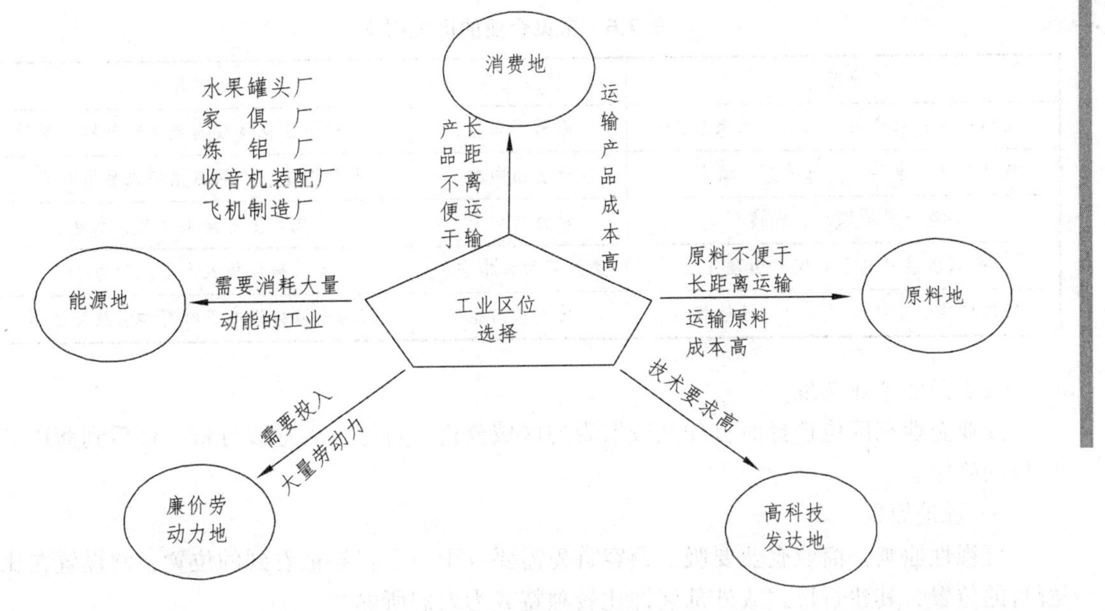

（1）工业区位选择

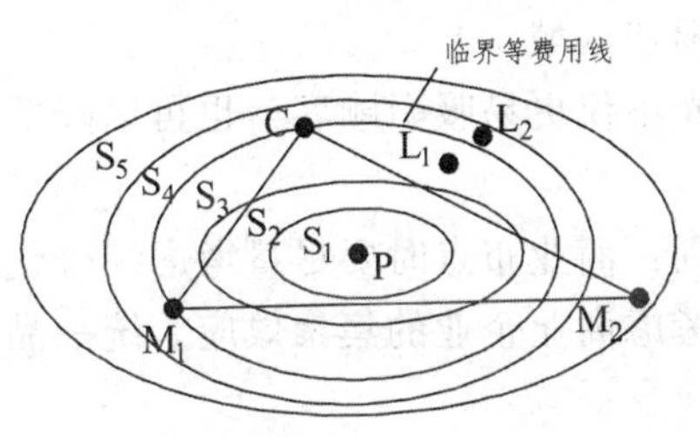

（2）劳动费用最低区位

图 7.62　劳动费用最低区位图及工业区位的选择

④ 劳动力指向。需占用大量劳动力并在产品成本中工资占较大份额的行业（如采矿、缝纫等），在其他条件相似的情况下，多选择在劳动力资源充裕和工资水平不高的地区发展。例如，普通服装、电子装配、包带、制伞、制鞋等工业。

⑤ 技术指向。有些高技术工业，要求靠近科技中心；对技术熟练程度要求较高的行业（如特种手工艺、陶瓷等），多在有生产历史传统和熟练工人较多的地区发展。例如电子制造工业、卫星、飞机、精密仪表等工业及其研发基地。

⑥ 环境指向。有些企业要求有优质水源（如酿酒业），或清洁幽静的环境（如电子工业）；有些污染性企业，则往往寻求偏远对人类影响小的区域，或选择对环境污染不敏感区域或在环境自净能力较强的地区建厂。

表 7.6 常见企业的区位因素

工业部门	区位因素	选择理由
甘蔗制糖业、水产品加工业、水果加工业	原料指向型	运输原料成本较高或原料易腐烂变质
瓶装饮料、家具厂、炼油厂、食品厂	市场指向型	产品增重、产品易损坏或易腐烂变质
有色金属冶炼厂、电镀厂	动力指向型	消耗大量能量（火电、水电）
普通服装、电子装配、制鞋业	廉价劳动力指向型	需要投入大量劳动力
集成电路、生物工程研究、精密仪表	技术指向型	布局时应接近高等教育和科技发达地区

（2）商业企业选址。

商业企业在区位选择时首先从较宏观的区域分析，再深入到地段分析，最后到商店具体区位的确定。

① 选址原则。

可视性原则：商业企业要吸引顾客首先需要位于一个容易被看到的位置，常设置在比较醒目的位置，其建筑形式或外部装饰比较独特或为人们所熟知。

便捷性原则：设计商场的出入口时更是充分考虑了与交通站点的联系，常设置在交通干道、交叉路口、交通场站和枢纽区域。

安全性原则：足够的灯光不仅更易吸引顾客，也可以降低交通事故和犯罪的发生率，使顾客从心理上愿意光顾商店。

集聚性原则和均衡性原则：商业布点时要尽量考虑综合化和集群化。考虑该商业布点与其他服务业的关联和配合，考虑商业企业的集聚效应。统一品牌企业还需考虑各分支企业的服务范围做到均衡布局。

② 影响因素。

区域消费环境：区域人口密度、人文环境和消费习惯影响基本购买力和特定人群购买力。只有达到维持正常利润时，商业企业才可能选择该区域。不同文化背景和不同收入阶层的消费特征有明显的差异。

交通条件的影响：是否靠近交通枢纽，以及所靠近枢纽的性质、数量和结合程度的情况。

周边商业企业的影响：商店之间的关系如同自然生态系统中的生物链，主要有竞争关系和互相促进关系。此外，还需考虑商圈功能的综合化、高级化，集聚经济优势，商业区的知名度。

2）工业布局的主要因素

（1）自然因素。分为自然资源与自然条件两类，它们是影响工业生产发展与布局的物质基础和重要的外部条件。前者包括矿产、土地、水与生物资源等；后者主要有工程与水文地质、地形、气候、陆地水文、自然灾害（如地震、滑坡与泥石流）、生态环境条件等。

（2）社会经济因素。包括地区已有的经济基础与经济发展水平、运输条件、劳动力条件、市场消费因素、经济管理体制、区域政策、价格及税收制度等。它们对工业布局，特别是工业企业选择最优区位有着重要作用。

（3）生产技术因素。包括生产工具（设备）和与它相适应的工艺流程与方法，以及劳动者掌握生产工具的技能，三者相辅相成。生产技术进步会相应地改变自然和社会经济因素对工业布局影响的程度。例如地质勘探及矿物采选冶炼技术的进步，可扩大对自然资源开发利用的广度和深度，减少工业布局对自然资源依赖的程度（见图 7.63）。

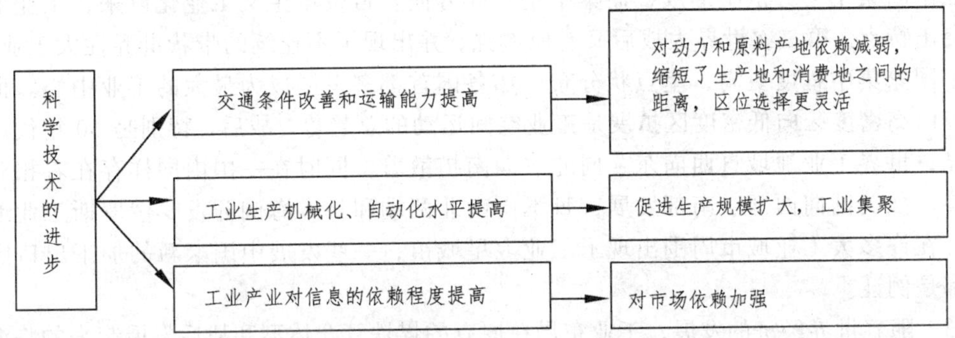

图 7.63　科学技术对工业布局的影响

（4）工业生产对环境的影响。

① 随着工业发展，工业生产对地理环境影响越来越大：一方面工业生产对原材料的需求与自然界中有限的资源、能源之间的矛盾越来越突出；另一方面，人类对能源、资源的不合理利用也会造成酸雨等严重的工业污染，并直接破坏环境（见图 7.64）。

② 高新技术产业所带来的严重的高新技术污染，应该引起人们的重视。

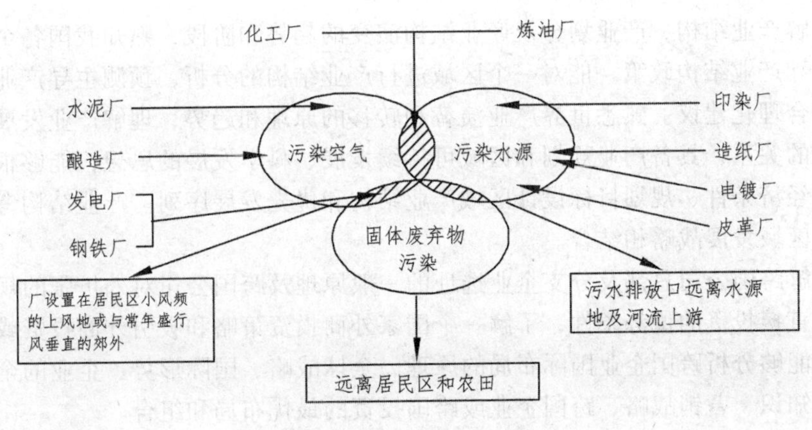

图 7.64　污染企业布局

3）世界工业布局特点

第二次世界大战后，在科学技术革命的推动下，生产工艺高度发展，世界加工工业不仅成倍增长，且兴起了新的、现代化的高科技工业部门，引起工业地域结构的变化。

（1）工业生产向大型化、系列化和综合化发展，是战后工业布局规模的主导方向。根据地域条件，以一两个工业部门为主导，发展成为综合性联合生产基地，是工业地域部门结构的特点。

（2）工业地域不同层次的集中与相对分散。集中与分散是产业空间运动的形式，工业地域在不断集中与分散中形成，而集中是主导方面。自资本主义工业化以来，工业地域集中是突出特点。第二次世界大战后又有所增强，并出现了不连续的带状世界性大工业地带。发展中国家集中程度更高，呈点状分布，如各国首都多发展成为最大的工业中心。世界工业生产由高密度区向低密度区扩展是工业空间运动的总趋势。战后，特别是60年代以来更加明显，世界工业地域自西向东、向北、向南扩散着，同时在一国内同样存在着相对分散的趋势。如美国向西部、南部发展，日本向南北两端和日本海侧开发，俄罗斯工业地域东移等。在许多大工业城市周围出现了工业卫星城镇，一些发展中国家新的加工出口区的建立等都是例证。

（3）随着世界经济的发展，工业布局在原有的煤铁复合体型和战后发展起来的临海型的基础上，又出现了临空型、临路型的新布局类型。以机场和四通八达的高速公路的中心点为中心，依托中心城市，在其周围或外围地区，发挥人才、交通信息等软环境的优势，发展起各种类型的高科技产业，以美国的“硅谷”和日本的“硅岛”为典型代表。

（4）世界各国各地区工业发展不平衡状态依然存在。工业生产集中在发达国家和几个发展中国家。如美国、原苏联、日本、西欧经济共同体合占世界工业生产的3/4以上。

（5）近年亚洲、太平洋地区工业发展迅猛，已经成为世界新的工业基地。

4）教学建议

（1）了解产业结构、产业划分及产业结构演变的趋势和阶段，熟知我国各个区域所处产业结构阶段和产业结构政策。能对一个区域进行产业结构的分析，预测主导产业，对区域产业结构提出合理化建议。熟悉世界产业演替和转移的原理和趋势，理解产业发展与区域战略和区域条件的关系，具备产业规划和区域可持续发展、科学发展的思想，能够根据世界产业形势、社会经济条件、规划目标设计区域产业结构和优先发展序列。产业结构考题多与区域经济发展、区域发展战略相结合。

（2）了解跨国公司总部及分支企业选址的一般原理及跨国公司对外扩张的规律，了解区域接受外商直接投资的优势条件，了解一个国家外商投资策略和吸引外商投资或实行对外开放的策略。能够分析跨国企业国际布局的原理、全球战略、国际形势、企业的全球化和地方化、产业链知识、营销战略、跨国企业或跨国投资的最优布局和组合。

（3）农业发展与气候、地形、水源、土壤、生态系统等自然条件密切相关，也与工业需求、交通、与城市的距离、科学技术、地方文化等密切相关。要懂得主要的农业地域类型及其特点、中国主要农作物的分布、中国的畜牧业和水产业；了解不同地方的农业地域类型、经营方式，懂得农业区位分析理论，具备古典农业区位和现代农业区位理论知识。尤其重视一些生态型农业模式、集约节约农业、农业产业化、城郊农业、设施农业的结构、布局和原理。了解世界主要农业国或农业类型的农业发展模式、特征，了解美国乳畜带、干旱地区的绿洲农业、一些地方的有机农业、西欧的商品农业、地中海的园艺业、葡萄酒业等、以色列的高科技农业等。懂得一些农作物的生长规律和生长条件，能分析其原因（如长绒棉、水稻、橡胶、新疆的葡萄等）。农业类以读图分析的形式出现。常常结合地貌地势图、或地形等高线图、农业结构图或农业有关图表、景观图、气候资料图、植物生长资料表、区域地图等进行分析。

（4）能说出影响工业区位的主要因素及其发展变化；能比较主要区位因素和主导区位因素的区别；能分析具体案例中的工业区位因素、探究工业布局的合理性或进行区位选择；能举例说明工业联系、工业集聚、工业扩散与工业地域的联系与区别。

（5）本部分内容工业和农业的区位条件分析是重点，高考常见的形式是结合具体的某个区域进行区位条件分析。该类题选择题和读图分析都有出现。考察厂址布局的因素：风向、逆温层高度、河流流向以及原料、能源、市场等指向因素，农业区位要注意各地气候特征、土壤类型、水热条件等。涉及自然人文多方面内容，学生要有综合思维，熟知各个产业或企业区位选择的要求和各地区位要素特征的分析，能看懂各类与规划有关的图形如能看懂风向图、城市规划图、等成本线图、区位选择模式图等。要具备古典区位论的思想和现代的一些规划意识，要有可持续发展的思想、环境保护、资源节约、效益最大化等意识和人地和谐的思想和区域发展战略、区域规划等的理论知识。教学中引导学生利用教师提供的乡土案例，讨论影响工业区位的主要因素及其发展变化，辨析影响工业区位的主导因素；探究本地工业联系、工业生产集聚和扩散的实例，从深层次理解工业地域的形成条件与发展特点；借助研究性学习方式，从环境维度探究工业区布局的合理性。利用乡土材料，唤起学生热爱家乡、建设家乡的社会责任感；通过对案例的剖析，树立产业活动与地理环境的协调发展观。

农民和农村问题涉及地理、政治等问题，教学中要注意我国农业政策、农村战略、新农村建设、农村环境保护问题、农村空心村、留守儿童和留守老人问题、农村社会保障制度、农村土地流转、农村城市化、产业化、农村土地整理、农业经济结构调整等热点问题。

经典试题 1

（2006 江苏地理）图 7.65 是“某城市风向频率图”，图 7.66 是“该城市冬季近地面层不同时刻气温随高度变化过程示意图”读图回答 9、10 题。

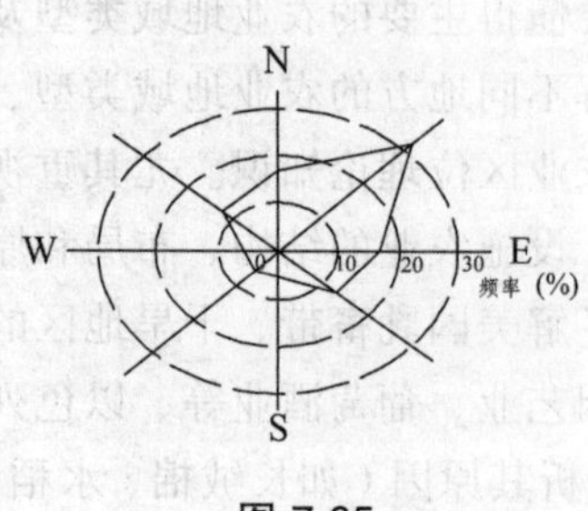

图 7.65

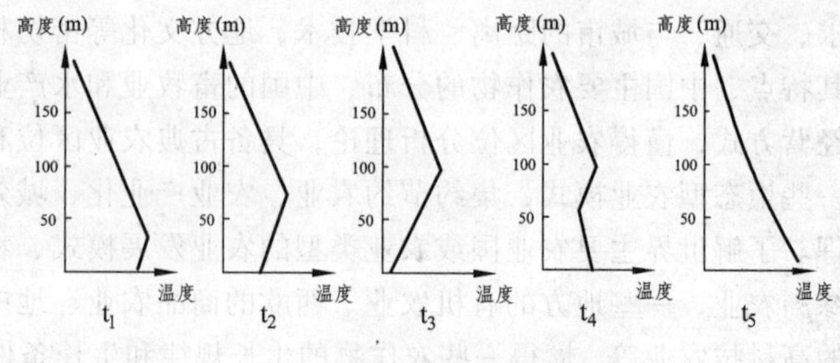

图 7.66

9. 该城市计划新建以煤为燃料的火力发电厂，最合适的在城市的（ ）。

A. 东北方　　B. 西南方　　C. 东南方　　D. 西北方

10. 该发电厂烟囱的设计高度不低于（ ）。

A. 50 米　　B. 75 米　　C. 100 米　　D. 150 米

解析：该题考察火力发电厂的布局。火力发电厂应建在主力风向的下风向，烟囱高度要高出逆温层（从图 5 看出逆温层高度上限为 100 米）。该题体现了地理知识在规划布局上的应用，具有实践性。答案：9B10C。

经典试题 2

（2006 四川文综）图 7.67 中 M_1，为能源地，M_2 为原料地，M_3 为市场，P_1、P_2 分别为甲、乙两企业所在地。据此回答 10、11 题。

10. 当企业甲选择在 P_1 时，则该企业可能是（ ）

A. 印刷工业　　B. 电解铝工业

C. 电子工业　　D. 制糖工业

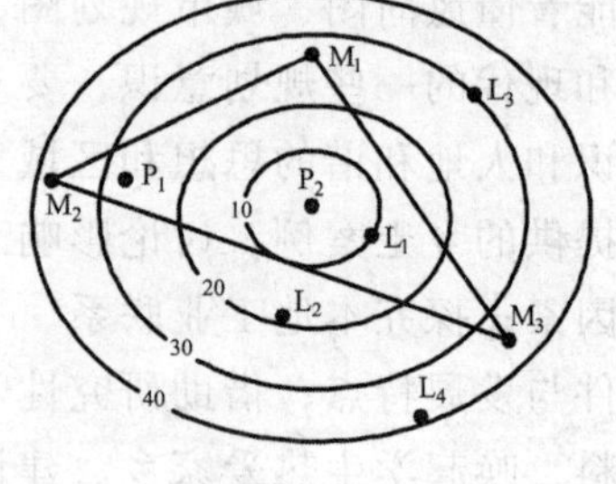

图 7.67

11. P_2 是企业乙的运费最低点。以 P_2 点为圆心的同心圆是企业乙的等运费线，即企业乙从 P_2 点移动而产生的单位产品运费（货币单位：元）增加额相同点的连线。假设劳动力费用（货币单位：元）从 P_2 点向周围降低，生产单位产品所需劳动力费用在 P_2 点为 50 元，L_1 点为 42 元，L_2 点为 28 元，L_3 点为 20 元，L_4 点为 15 元。当综合考虑运费和劳动力费用时，企业乙将从 P_2 点移向（ ）。

A. L_1 点　　B. L_2 点　　C. L_3 点　　D. L_4 点

解析：该题考察企业的指向。这里企业有三种指向：原料、市场和能源指向。P_1 点靠近 M_2，是原料指向型。11 题，根据"成本＝运输费用＋劳动力成本"，成本低，企业就会移动到那里。P_2 为等运费点，往外圈运费增加，劳动力成本减少。是否外移看劳动力成本的减少是否抵得过运费的增加。该题考察古典区位理论的有关知识，具有较强的实用性和实践性。答案：10D11B。

经典试题 3

（2007 江苏卷）图 7.68 为“五种类型产业区位选择模式示意图”。读图回答 19 题。

19. 食品工业、软件产业、服装加工业与图中所示类型相符的依次是（　　）。

A. ④、②、③　　B. ④、⑤、②

C. ③、②、①　　D. ①、③、⑤

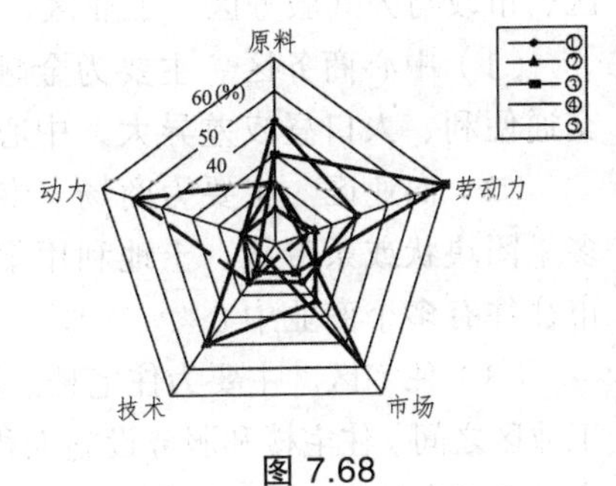

图 7.68

解析：该题考察行业的指向性和国际转移。要能看懂雷达图。懂得各种行业的指向。从图中可以看出，①、②、③、④、⑤分别属于原料指向、技术指向、劳动力指向、市场指向和动力指向。食品工业、软件产业、服装加工业分别属于市场指向、技术指向和劳动力指向。答案：19A。

经典试题 4

（2007 全国卷 2）36.（15 分）某城市将建印染厂、水厂、污水处理厂、科技园区和生态公园。图 7.69 中的 A、B、C、D、E 五处可供选址，该地盛行东风。据此并读图 7.69，回答问题。

在 A、B、C、D、E、五处中：

（1）印染厂宜选址于①，理由是②；

（2）水厂宜选址于③，理由是④；

（3）污水处理厂宜选址于⑤，理由是⑥；

（4）科技园区宜选址于⑦，理由是⑧；

（5）生态公园宜选址于⑨，理由是⑩；

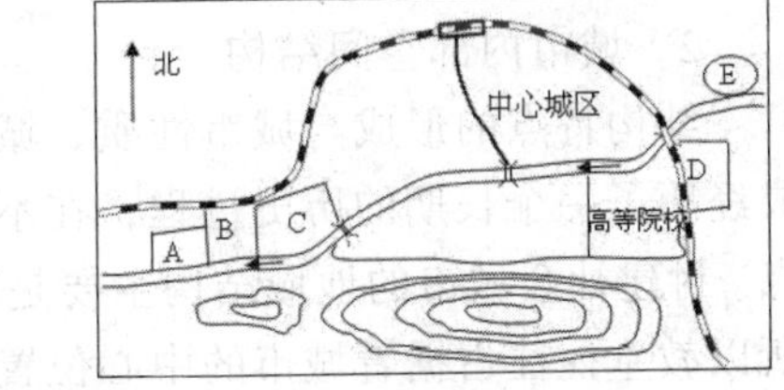

图 7.69

解析：该题考察某城市印染厂、水厂、污水处理厂、科技园区和生态公园的选址。该题需分析风向和河流水流方向，以布局水厂和污染企业，水厂应在河流上游，污染企业要在下风向。科技园区靠近高校；生态公园靠近城区，在城区与污染企业之间起隔离作用，也方便市民游览；污水处理厂在河流的最下游，以便收集所有污水，并加以处理再排放入河。答案：（1）①B②在居住区的河流下游和盛行风向的下风向（2）③E④在城区河流的上游（3）⑤A⑥在城区污染源的下游（4）⑦D⑧靠近高等院校（5）⑨C⑩在污染型企业与居住区之间。

二、聚落与人口

1. 城市空间

1）城市功能分区

分区是按功能要求将城市中各种物质要素，如工厂、仓库、住宅等进行分区布置，组成一个互相联系、布局合理的有机整体，为城市的各项活动创造良好的环境和条件。根据功能分区的原则确定土地利用和空间布局形式是城市总体规划的一种重要方法。可划分为商业区、居住区、市政与公共服务区、工业区、交通与仓储区、风景游览区与城市绿地、特殊功能区等。

（1）中心商务区。主要为金融机构、大商场、高档写字楼等，建筑物密集、高楼林立、交通便利、人口昼夜差异大，中心商务区内部经济活动存在明显的分异。

（2）商业区。主要为商场、专卖超市等位于市中心、主街两侧、主街与内环线交叉处，多呈团块状或条带状。土地利用集约建筑物林立、交通便利、人流量大，占地面积小。大城市往往有多个商业中心。

（3）住宅区。主要为住宅楼、服务设施等。是城市最基本的功能区，一般分布在商业区与工业区之间。住宅楼和服务设施面积大范围广，高低级住宅区有分化现象。高级住宅区和低级住宅区两者在位置上背向发展。高级住宅区往往位于城市外缘，与高坡、河流上游、科教文化区和风景区相联系，环境较佳；低级住宅区多在内城、低地、工（商）业区附近，环境较差。

（4）工业区。主要为工厂等，多分布在城市外围，并不断向市区外缘移动，并趋向于向交通干线两侧分布巨大厂房、交通便利，集中成片，具有集聚效益

（5）文化区。主要为博物馆、科技馆等分布于较为僻静的地区，具有较好自然环境、独特美观的建筑、发达交通等。

2）城市内部空间结构

结构特点的形成与城市性质、城市发展历史及自然环境等因素有关。城市地域结构的形成经历了一个长期的历史过程，在不同的社会和经济制度下，城市地域结构有不同的发展特点。封建社会城市的地域结构主要是服从于统治权力的需要。中世纪欧洲的精神主宰是宗教，所以教堂往往占据着城市的中心位置，并以其庞大的体积和超出一切的高度控制着城市的整体布局。而在中国，则是以行政权力为中心，城市围绕着皇宫与衙门布局。进入工业社会后，城市的地域结构主要由资本和市场来决定。城市的经济活动导致了城市地域结构产生分异，形成各种功能区。从总体结构模式来看，城市结构可以分为三种（见图 7.70）：

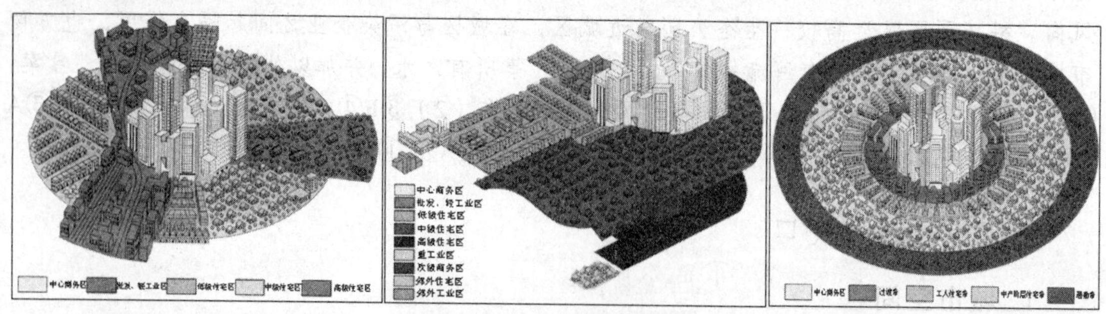

扇形模式多核心模式同心圆模式

图 7.70 城市内部空间模式

（1）同心圆模式。

由美国芝加哥大学社会学教授伯吉斯于1925年最早提出，认为城市以不同功能的用地围绕单一的核心，城市各功能区经过不断侵入和迁移；呈同心圆状自核心向外扩展形成同心圆结构。由内而外分别为：

① 中心商务区。是城市商业、社会活动、公共交通的集中点。

② 过渡带。初期是住宅区，后由于商业和轻工业的侵入，环境逐渐恶化。后成为新来移民的居住地区。

③ 工人住宅带。这里是产业工人集中的住宅区。居民多数从过渡带迁来，因为不希望离工作地点太远而集居在此。

④ 中产阶层的住宅带。住房条件较好，主要是中产阶层和政府公务人员等的住宅区。

⑤ 通勤带。是上层和中上层人们的住宅区。

（2）扇形模式。

美国土地经济学家霍伊特（Homer Hoyt）提出在小汽车等交通工具的影响下，城市的发展从市中心向外沿主要交通干线或沿阻碍最小的路线向外延伸，形成呈扇形或楔形的功能区结构。中央商务区位居中心区；批发和轻工业区沿交通线从市中心向外呈楔形延伸居住区，呈现为由低租金向中租金的过渡，高房租沿一条或几条城市交通干道向郊区成楔形延伸。

（3）多核心模式。

美国地理学者哈里斯和乌尔曼发现，认为原有市中心区由于地价高、交通和居住拥挤等原因使得远离中心的郊区也出现了新的核心，除了CBD为大城市的中心外，还有支配一定区域的其他中心的存在，城市可以围绕不同的点，以同样强度发展起来，形成多核心模式。

（1）中心商务区是城市交通的焦点。

（2）批发业务分布在市中心附近，这里既有方便的交通条件，又可接近市场。

（3）低级住宅区多在中心商务区和中级住宅区附近布置。而中级住宅区和高级住宅区，为了寻求好的居住环境，则向城市的另一侧发展。

3）城市不同功能分区的形成原因

（1）历史因素。

历史因素是城市功能分区的基础。城市的发展和更新改造要考虑继承和保持原有城市特色。区内早期设立的活动可以不断吸引相同的活动。所以，早期的土地利用对日后的土地功能分区，有着深远的影响。尤其在中国，城市的发展背景复杂，历史因素对城市功能区的形成作用更明显。城市的功能分区是一个动态的过程，原有的功能分区也可能完全改变（见图7.71）。

（2）经济因素。

在市场竞争环境下，经济因素对城市地域功能分区的形成、发展、变化起着越来越重要的作用。地理位置、交通通达度等区位条件的不同造成土地价格或地租水平的差异；城市的商业、工业、住宅等各种功能活动本身特点具有明显差异，推动了城市土地利用格局的分异和动态发展。城市中心通达度越好，土地价格或租金越高；从市中心延伸出来的主要公路的两旁和公路的交会处，通达度也相对较高，租金比较昂贵；远离公路的地区，租金则比较低。经济因素在市场竞争环境下对城市的分区形成、发展和变化起着越来越重要的作用（见图 7.72）。

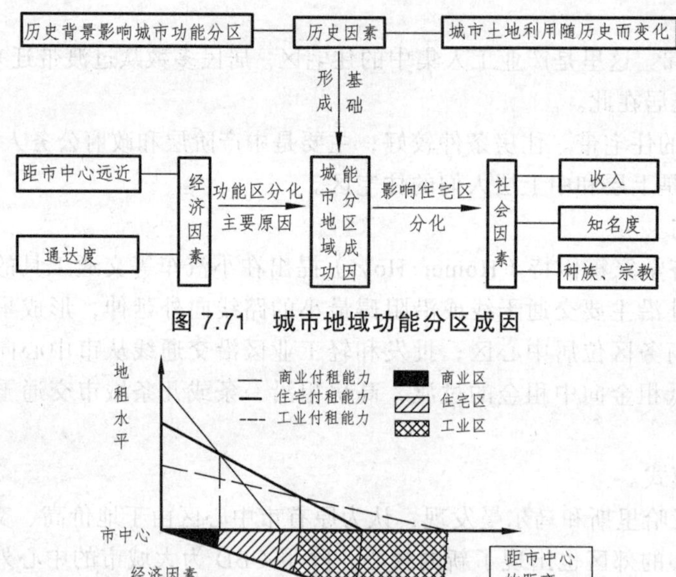

图 7.71 城市地域功能分区成因

图 7.72 城市土地利用与付租能力图

（3）社会因素。

社会因素主要影响住宅区的分化，职业、收入水平、民族和宗教信仰等方面的差异，往往影响人们对住宅区的选择。收入水平对住宅区分化有着重要的影响。除了收入，种族因素对住宅区分异的影响也很大。在西方多种族聚居的城市里，这种因素对城市的影响很明显，可形成种族聚居区。由不同职业、不同社会阶层、不同种族及不同文化的人组成，形成了不同的社会群体，相应地形成了不同级别的住宅区。另外，知名度和宗教信仰对于住宅的选择有很大的影响。

（4）政策因素。

政策因素对城市功能区的形成，也起着重要作用。城市规划、旧城改造反映了政策对城市功能分区的影响。制定政策和城市规划可以干预城市社会经济的发展，引导或划定不同的功能区。

2. 城市化

城市化是城市人口的增多和农村人口的减少，生活方式从农村人口向城市人口生活方式的转变以及城市数量和面积的增大。

1）影响城市的区位因素

（1）自然地理区位因素。

① 地形因素：世界上的城市大多位于平原地区；热带城市分布在高原；山区城市分布在河谷或在比较开阔的低地分布。

② 气候因素：大多数分布在降水适度、气温适中的中低纬度地带。这个地带内，沿海地区的气候条件一般比内陆地区优越，人口又向沿海地区聚集，使世界城市多数集中在临海的边缘地带。

③ 河流因素：河流具有供水、运输（河运的起点或终点、河流汇合处、河口）和军事防卫功能。河运的起点或终点，两条河流的汇合处，河流弯曲处、河口适宜布局城市。

（2）社会经济区位因素。

① 自然资源：在矿产资源丰富的地区易出现城市（工矿业城市），是新兴城市的主要区位因素；工业革命后，科学技术和社会生产力发展很快，人们对自然资源开发利用的种类和数量不断增加，随着对矿产资源开发利用和工矿业的发展，在矿产资源丰富的工矿区出现了一批新兴城市。如在煤矿、石油、金矿、铁矿附近发展形成城市。

② 交通：交通运输对城市区位也有重要的影响。城市分布的趋势是向交通便利的位置集中，世界上的城市一般都建在主要交通线上，沿海、沿江、沿铁路干线、沿高速公路可以形成城市的轴线。不同交通运输时代，城市产生的区位因素不同。交通线的变化，会对城市的分布和发展带来影响（如京杭运河沿岸的扬州、济宁的衰落）。

③ 政治、军事、宗教：城市多为政治中心；有些是由军事中心发展起来；有些是宗教活动的中心。古代的雅典、罗马、西安、洛阳，现代的省级行政中心城市、巴西利亚、美国华盛顿、澳大利亚堪培拉、巴基斯坦伊斯兰堡为政治中心而建；美国的圣地亚哥、阿那波利斯、英国的普利茅斯、法国的土伦、日本的佐世保和我国的旅顺等，都驻扎大量军队，拥有大量军事设施，为有名的军事城市；麦加、麦利那、梵蒂冈、拉萨最早则由宗教中心发展而来。

④ 旅游、科技：旅游业的兴起使一些著名景区附近形成旅游集散和观光休闲的城市。科学技术的兴起也能形成城市。

（3）城市区位因素的变化。

随着时代的发展，影响城市区位的主要因素也在不断变化。交通、自然资源仍有巨大影响，军事、宗教因素对现代城市影响减弱，科技、旅游等在区位中影响增强。如因科技而形成的日本筑波科学城；因旅游因素而兴起的城市如桂林、泰安、黄山市等。

2）城市化不同发展阶段

（1）初期阶段，城市化水平低，发展较慢。

农业生产水平较低下，剩余农产品有限，在一段时间里，人口增长速度不快，区域经济结构第一产业为主，现代工业规模较小，技术落后，资金不足。城市化水平较低，发展较慢，如19世纪初的美国和当今部分欠发达地区（见图7.73）。

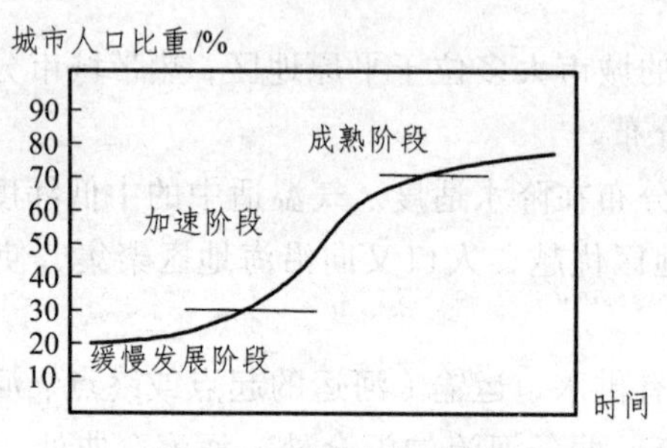

图7.73　城市化阶段

（2）城市化中期，城市化发展的加速阶段，人口和经济活动向城市迅速聚集，产业结构向工业转移。

随着工业化基础的初步建立，建设规模和速度加快，需要大量劳动力。农业劳动生产率也大大提高，为非农业活动的发展提供了日益可靠的粮食、原料和劳动力。营养卫生和医疗技术的改进，使死亡率明显下降，人口猛增并向城镇迅速集聚。如19世纪的英国和当今许多发展中国家。我国目前处于此阶段的中期。

（3）城市化后期，城市化发展的成熟阶段，城市化水平比较高。

城市人口比重的增长趋缓甚至负增长。区域经济结构以第三产业为主。现代工业因技术、管理水平提高，工业上剩余的大量劳动力调整到第三产业。人口再生产进入低出生率、低死亡率、低自然增长阶段，从事农业的绝对人口规模已经不大，人口向城市转移的过程显著放慢，甚至停滞。出现环境污染、生态破坏和社会等问题，中心区表现出衰退的迹象，出现了郊区城市化现象。

阅读材料：世界城市化特征

（1）生产力的发展推动城市化的演进。

在第一次产业革命之前，由于生产力发展相当缓慢，世界城市化的进程也表现得十分缓慢。到十八世纪中叶，由于蒸汽机的发明和使用，生产力得到了很大的发展，欧美各国相继实现了产业革命，在很大的程度上促进了经济的发展，城市化才开始加速发展。到十九世纪下半叶，1870年比利时工程师格拉姆在前人的基础之上发明了电动机，电力在工业领域开始代替蒸汽成为主要的能源和动力的来源，带领人类进入了被称为“电气时代”的第二次工业革命。这次生产力的发展迅速地推动了经济的发展，并使得城市化也进入了迅速发展的时期。

二十世纪四五十年代，随着原子能技术、航天技术、电子计算机的应用，人工合成材料、分子生物学和遗传工程等高新技术的发展，人类进入了第三次产业革命，世界经济得到了空前的发展，也使得世界城市化进入了空前发展的阶段。

（2）发达国家与发展中国家城市化具有明显区别。

① 发达国家。

起步早。第一次产业革命就是从发达国家开始的，他们的生产力发展更早，经济发展也更早。

城市化水平高。由于很早就进入了产业革命，而且经过了很长时间的发展，经济水平也达到了非常高的程度，城市化水平很高。

出现逆城市化现象。从二十世纪七十年代中期开始，发达国家的经济水平已达到相当高度，人们在物质财富有了充分保障的前提下开始追求精神上的享受。出现了与城市化过程相反的人口流动现象。

② 发展中国家。

起步晚，发展快。发展中国家比发达国家更晚进入工业社会，在第二次世界大战之前，大多数发展中国家的城市化水平很低。随着发展中国家纷纷取得民族独立和经济发展迅速，城市化发展得以推进。

城市化水平较低。由于乡村人口基数大、增长快，发展中国家的城市化水平还是远远落后于发达国家。

城市发展不合理。城市经济畸形发展，农村人口涌入城市，出现了城市人口压力过大，因此带来了就业困难、住房紧张、交通拥挤、治安混乱等一系列的问题，严重制约了城市经济的发展。

3）城市化对地理环境的负面影响

（1）资源短缺。

耕地面积减少。随着城市数量和人口数量的增加，城市用地和交通用地规模扩大，占用大量耕地。产业和人口的大量集中、用水量增大导致水资源短缺。

（2）生态破坏。

过量开采地下水，导致地面沉降、海水入侵、水质恶化，生态系统的结构和功能受到破坏。

（3）环境污染。

城市化过程中产生大量的大气、水、固体垃圾和噪声污染。随着城市规模扩大，家庭生活、工矿企业、交通工具等生产活动排放大量烟尘、废水、固体废弃物和噪声等。污染严重的城市空气污浊出现酸雨、光化学烟雾等，水体富产生营养化、赤潮、水体重金属污染等，对城市生态系统和城市生产生活带来负面影响，损害人体健康。

（4）社会问题。

城市化过程中，乡村人口无序迁入，城市人口急剧增长，出现交通拥挤、住房紧张、居住条件差、就业困难、社会秩序混乱，导致时间、能源浪费，产生社会治安，贫困、内城衰落等城市问题。

3. 人　口

1）人口迁移

（1）影响人口迁移的因素。

社会经济因素成为人口迁移的主要因素；自然环境仍是影响人口迁移的基础因素。原始的狩猎生活使人类的生存和发展直接受到环境制约。土地是农业生产的主要对象，其不可移动性决定农业人口的相对稳定性。现代工业要求劳动资料、劳动对象和劳动力以及市场各生产要素之间形成良好的配合，而生产条件本身又是不断变化的，这就要求劳动力不断进行迁移，以达到上述优化配置（见图 7.74）。

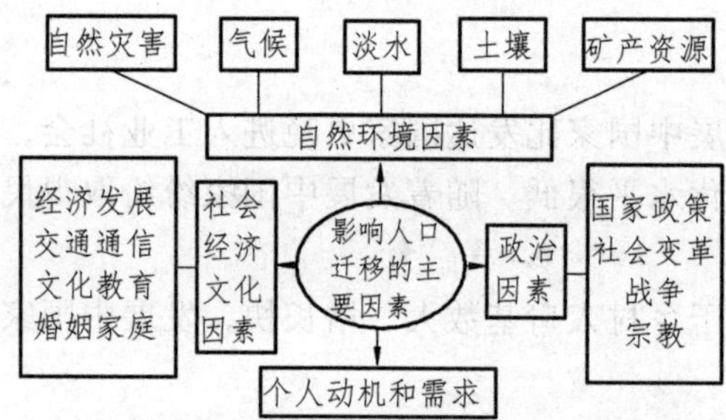

图 7.74　影响人口迁移的因素

① 自然环境因素。

气候：通过影响人的生产和生活导致人口迁移，如美国老年人向“阳光地带”迁移。

水资源的分布及其变化：逐水草而居是早期人口迁移的基本形式。

土壤：通过影响农业生产导致人口迁移。

矿产资源：通过开发利用影响人口迁移。

② 社会因素。

社会因素是主要的经常起作用的因素。交通和通讯的发展缩短了地区之间的距离，减少了迁移的困难；文化教育事业的发展促进人口迁移；婚姻是青年人口迁移的重要因素，家庭在未成年人和老年人迁移中是重要因素。

③ 政治因素。

国家政策、战争及政治中心的改变。

（2）人口迁移的影响。

① 对迁出地的影响。

积极影响：缓解了当地人地矛盾，有利于保护环境；加强了迁出地与外界的经济、技术和思想文化联系，有利于社会经济的发展；减轻人口压力，有利于缓解迁山地的人地矛盾，充分合理地开发和利用土地资源，对保护当地生态环境有积极作用。消极影响：使迁出地（尤其是农村）劳动力严重缺乏，造成人才大量流失，阻碍当地社会经济发展，影响当地经济发展。

② 对迁入地的影响。

积极影响：为迁入地提供丰富而廉价的劳动力或高素质人才资源，促进各地经济和文化交流；有利于迁入地自然资源开发，推动区域经济发展和社会文化进步；有利于改善迁入地综合环境效益。

消极影响：扰乱当地社会治安，就业压力、交通居住拥挤，给生态环境、资源带来压力。

阅读材料：世界人口的迁移

1）中国历史上的人口迁移

历史上的人口迁移：自秦汉以来，由于移民支边、战争、自然灾害等原因，我国人口主要从黄河流域向长江、珠江流域迁移，促进了民族大融合，推动统一的多民族国家发展；有利于各民族的经济文化交流和江南的开发，推动中国古代经济重心南移；使人口分布日渐合理，人口资源得到充分开发和利用。

新中国：从新中国成立到20世纪80年代由于就业、支边、采矿、开发、招生、毕业生分配等原因，出现人口迁移，但人口迁移规模小，频率低。此时期是计划经济，具有严格的户籍管理；限制农民进城。此时的人口迁移以辽、鲁、沪、川等省迁出为主。

20世纪80年代后：由于务工、经商、学习，人口迁移日趋活跃，流动人口大量增加，出现人口从农村向城市内地和沿海（城市和工矿区）迁移。农村经济体制改革，剩余劳动力激增，户籍制度改革为流动人口大量涌现提供契机，城乡和地区之间巨大的收入差距是促使人口大量流动的根本原因。

2）世界人口迁移

15世纪末至16世纪初，由于地理大发现与新航线开辟；资本主义发展与殖民扩张，人口迁移主要从旧大陆移向新大陆；从已开发国移向未开发国家，即欧洲移向美洲。16至19世纪由于奴隶贸易，人口迁移主要为非洲到美洲的迁移。19至20纪世前叶，由于殖民主义者招工开发东南亚和美洲，人口迁移方向主要为亚洲和美洲。

3）人口增长的模式

（1）第一阶段：低增长阶段。原始社会、农业社会时期，原始社会以采集、狩猎经济为主，生产力水平极为低下，人口增长出现高出生率、高死亡率、低自然增长率，人均寿命短，人口增长，极为缓慢，属于“高-高-低”模式。目前分布于热带原始森林等地区和极少数生产方式落后地区（见图7.75）。

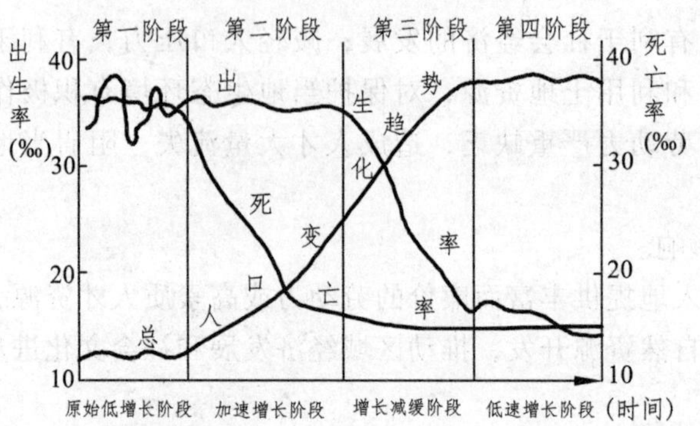

图 7.75 人口的增长阶段

（2）第二阶段：传统型加速增长阶段。奴隶社会、封建利社会、资本主义社会初期，以手上劳动为基础的自然经济。工业化初期人口增长出现高出生率、较低死亡率、高自然增长率，人均寿命有所延长，人口增长缓慢，属于传统型“高-高-低”模式。目前分布于较落后的发展中国家或地区，如坦桑尼亚、尼日利亚等地。

（3）第三阶段：工业化后期，出现于发达国家（18 世纪末，19 纪末 20 世纪初）、发展中国家（20 世纪 50 年代至今）。以近代科学技术为基础的工业化生产使生产力水平明显提高，医疗卫生事业迅速发展，粮食产量大幅度增加。人口增长出现较高出生率、低死亡率、较高自然增长率，人均寿命继续延长，人口快速增长，属于传统型，“高-低-高”模式。目前分布于亚、非、拉等洲的发展中国家或地区（如坦桑尼亚、肯尼亚等）、印度、中国、巴基斯坦等。

（4）第四阶段：新技术革命时期，目前主要是发达国家。现代科学知识的普及和医疗卫生技术的进步，人类生活水平和文化水平的提升，人们的生育观念和生育行为的变化导致低出生率、低死亡率、低自然增长率。人均寿命进一步延长。人口增长出现零增长或负增长。属于现代型，“低-低-低”模式，主要分布在发达国家（如意大利、匈牙利、瑞典、德国、英国、法国等地）和部分发展中国家（如韩国）。

4. 教学建议

1）教学要求

（1）了解人口增长的概念及影响人口增长的因素，理解、掌握各个时期人口增长模式；能够通过比较人口统计资料数据，分析人口增长模式的转变及其特征，了解人口增长模式的地区分布及其成因，能够通过分析环境对人口的影响，树立对资源、环境的保护意识，培养可持续发展观念，养成良好的行为习惯。

（2）理解文化对人口的影响，激发学生探究社会问题的兴趣和热情；通过不同地域文化对人口发生持续的作用，让学生养成正确的人口观；能够比较不同文化的社会根源。

（3）理解区域城镇分布及城镇人口规模、乡村聚落布局的主导因素、城市带形成的主要区位因素；懂得城市等级或服务范围、卫星城的布局；懂得交通规划、城市空间形态、城市功能分区、城市内部的地域结构、中心商务区建设原理，并能运用于具体城市布局规划分析中。

（4）懂得具体产业、项目的规划分析、选址，会看懂区域规划图、城乡规划图、城市规划图、等高线、区域地质图、等时（交通用时）线图。

（5）培养学生具有区域发展战略思想、区域规划分析的方法、可持续发展、统筹规划的思想。

2）高考特点及教学指导

（1）城市发展和布局的区位分析。

教学中要引导学生进行城市经济发展的区位优势分析，了解我国城市化进程的主要特点和我国城市化过程中产生的问题以及解决途径等。结合当地实际引导学生注意城市化中城市历史文脉文物保护问题、旧城改造、空心村改造、再城市化、逆城市化、郊区城市化、城市郊区化、城市土地集约节约利用问题、城市环境保护问题等热点问题。结合具体实际，分析一个城市发展的区位条件，具体产业、项目的布局，或区域的发展战略。

（2）人口城市化规律和逆城市化。

教学中要引导学生关注中国城市化进程和城市发展政策，关注中国老龄化和老龄化社会，理解影响人口迁移的因素、我国人口迁移的现状和原因、人口政策及其形成和变化的历史背景；关注我国农民工现象，关注我国户籍政策和计划生育政策和妇女儿童问题；引导学生使用和分析人口统计图表、人口的年龄、性别结构示意图和人口素质、人口普查资料。

（3）商业与交通布局。

该类题多与区域地理、古代商路、近现代重要交通建设、城区商业设施建设结合。教学中引导学生分析交通线形成后对社会经济、自然环境的影响、交通线路布局原则、环境对交通运输布局的影响和制约，理解商业区、商业中心的布局原则，选址要求，了解重要商路的历史背景、重要意义；关注我国对外贸易的发展，关注城区交通格局和贸易设施布局，要特别关注重大交通建设项目的布局条件、意义。复习本部分内容时，可以以我国或世界主要的交通线为线索，串起沿线地区较为重要的地理事物进行复习。

经典试题 1

（2009 重庆文综）图 7.76 是某城镇用地布局规划方案示意图。读图回答 8，9 题。

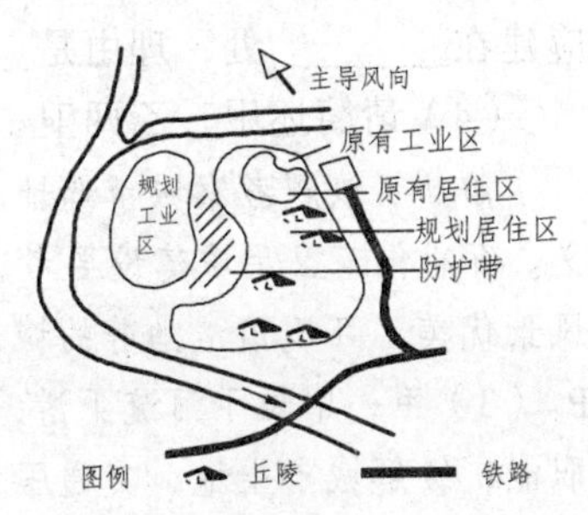

图 7.76

8. 该方案突出优点是规划中的（　　）。

A. 居住区紧靠旧城、临近铁路

B. 居住区环境好、建筑工程量小

C. 工业区靠近水源、铁路交通方便

D. 工业区地势平坦、位于主导风下风向

9. 适合布局在防护带的是（ ）。

A. 停车场、日用品仓库　　B. 幼儿园、日用品仓库

C. 幼儿园、医院　　D. 医院、停车场

解析：该题考察城市规划布局的问题。对一个城市规划方案的评价，对防护带地区的产业布局。该题中，居住区临近铁路不是件好事、居住区环境好、建筑工程量小从图中并不能看出，相反这里是山地附近，工程量应较大，工业区并不靠近铁路，因而8题中只有工业区地势平坦、位于主导风下风向正确。9题中防护带即要兼顾工业区的需要，也要兼顾居住区的需要，因而设立停车场和日用品出库比较合适。答案：8D9A。

经典试题2

（2008江苏卷）8. 图7.77为我国某特大城市示意图。读图回答下列问题。（10分）

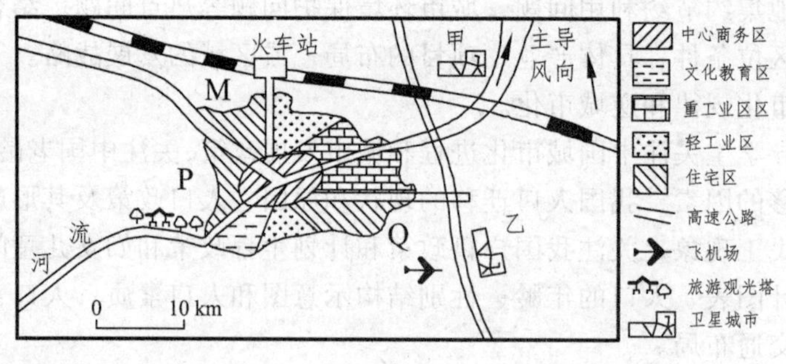

图7.77

（1）早期该城市选址的有利条件是________、________。（2分）

（2）目前该城市的空间形态属于____________。M、P、Q中____________处是高级住宅区。（2分）

（3）拟在甲、乙两处规划建设高新技术工业城和石油化工城两座卫星城市。石油化工城应建在________处，理由是________。（3分）

（4）请简述甲、乙两卫星城建设对该城市发展的意义。（3分）

解析：该题考察城市选址、城市空间形态、城市功能分区、卫星城的布局和卫星城建设的意义。石油化工卫星城建设要考虑其污染，建在城市主导风向下方和河流的下游。高级住宅应建在风景优美，环境清洁幽静的城郊地带。答案：（1）水运便利，取水方便。（2）集中式或团块式；P。（3）甲；甲位于河流下游，位于与盛行风向垂直方向的郊外，水陆交通便利。（4）分担城市职能；缓解城市土地、交通压力；有利于保护和改善城市环境；促进城市合理化发展。

经典试题 3

（2006 四川文综）图 7.78 为甲、乙两国人口再生产类型转变图。据此回答 4 ~ 6 题。

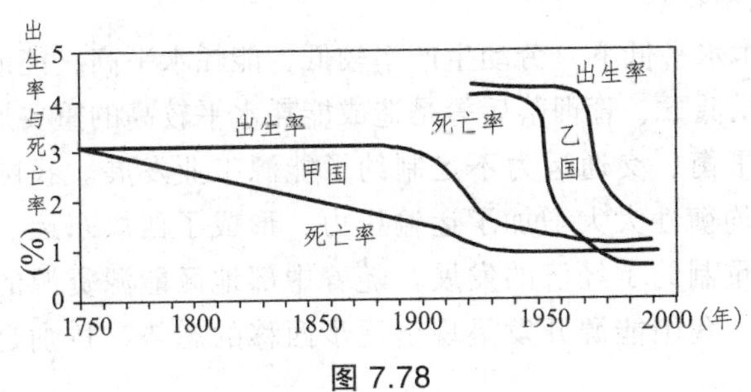

图 7.78

4. 目前与甲国 1890—1920 年人口再生产类型相同的国家是（　　）。

A. 韩国　　B. 古巴　　C. 新西兰　　D. 埃及

5. 乙国 1970 年以后人口出生率迅速下降的主要原因可能是（　　）。

A. 自然灾害频繁，饥荒严重

B. 政局动荡，长期战乱

C. 政府宏观调控力度大

D. 抚养孩子成本上升，夫妇不愿多生孩子

6. 由图可作出的正确判断是（　　）。

A. 目前甲国城市化水平高

B. 乙国可能分布在撒哈拉以南的非洲

C. 目前甲国为人口净迁出国

D. 目前乙国劳动力短缺。

解析：该题考察人口地理有关知识。考生要懂得人口转变的类型和各国人口转变的差异。甲国在 1890—1920 年，属于后期扩张阶段，人口出生率下降，死亡率继续下降。埃及目前属于此阶段。1990 后，死亡率和出生率都基本停止下降，处于低位静止状态，是人口转变的高级状态，发达国家多属此种类型。乙国则在 1970 后，出生率才迅速下降，死亡率也下降，主要由政策原因引起，这种变化比较剧烈，发展中国家多属此种类型。答案：4D5C6A。

三、资源、能源利用

1. 能源利用

1）能源利用的历史

人类利用能源经历了几个阶段：木材在 18 世纪消费结构中长期占据首位，到 19 世纪下

半叶，煤炭取代木材成为主要能源；1965 年，石油首次取代煤炭在世界能源消费结构中占据首位，开启了“石油时代”。目前在发达国家中，石油在各种能源消费结构中已占主导地位。

2）中国的能源利用特点

（1）能源工业技术水平低下，劳动生产率较低，能耗水平高，能源利用率低下。产业结构的不合理、能源品质低下、管理落后等是造成能耗水平较高的重要原因。

（2）能源分布不平衡、交通运力不足制约了能源工业发展。我国能源资源存储的西富东贫和消费分布的不均衡性大大增加了运输压力，形成了西煤东运、北煤南运的大批量、远距离输送格局，严重制约了经济的发展。随着中部地区能源资源的日渐枯竭，开发条件的逐步恶化，近年来，我国能源开发呈现出逐步西移的态势，特别是水能资源开发和油气资源的勘察。

（3）能源供需形势依然十分紧张。我国的能源生产经过 50 年的努力，取得了十分显著的成绩，能源紧张的矛盾明显缓解。然而与经济的长远发展需要相比，仍存在着较大的差距，特别是洁净高效能源，缺口依然很大。

（4）能源环境问题日趋严重，制约了经济社会发展。以城市为中心的环境污染进一步加剧，并开始向农村蔓延，生态破坏的范围仍在继续扩大。农村生活用能严重短缺，过度的薪柴开发造成大面积植被破坏，引起了水土流失和土壤有机质减少等严重生态问题，随着农业生产机械化和化学化的发展，农业生产的能耗量急剧增长，乡镇工业能耗直线上升，能源利用率严重低下。

阅读材料：我国能源的对策

随着我国能源危机的凸现，解决能源需求的问题越来越紧迫，我们必须深谋远虑地策划和慎重地考虑如何更好地利用新能源，同时发展矿产能源新技术，厉行节约，合理使用能源，走能源与环境，能源与经济发展良性循环的路子。

（1）节能减排。节约能源，减少浪费，发展节能技术，发展能源矿产利用新技术，特别是洁净煤技术，减少环境污染。

（2）两种市场发展战略，拓展国际合作。进一步勘探开采国内油气田，尤其是西北地区和海洋油气田，实时关注国外油气资源市场，继续在中东、中亚、非洲及南美等地油田投资，加大与外国石油公司及国际石油市场的合作，加强石油战略储备，充分利用国内外两大市场，巩固能源利用基础。

（3）积极开展可再生能源或新能源的研究利用

继续开发水电，充分发挥河流、湖泊的发电、灌溉、航运、养殖、旅游等多种功能。开发海洋潮汐能、波浪能，建设潮汐电站。开发地热、太阳能，核能和风能。我国的地热资源丰富，可以用于采暖，育种、养殖、疗养、旅游等。太阳能是一种巨大而且对环境无污染的能源，它将是未来能源科学发展的方向之一。风能威力巨大，分布地域广阔，具有较好的发展前景。核的优点有能量密集、地区适应性强，可作为一种可以大规模集中利用的能源替代矿物能源。开发生物质能源，我国生物质能源资源丰富，有大片的山地丘陵及未利用地可以用于生物质能源植物的栽培，有大量的农作物秸秆可以用于生物质能源的提取，具有广阔的前景。

2. 资源开发

1）我国资源特点、分布及其主要问题

（1）水资源。

我国水资源较为充足，总体来看，夏秋多，冬春少，南多北少，东多西少。各年之间变率大，南方有余、北方不足。水土资源配合欠佳，淡水日趋紧张，浪费和污染严重。

（2）水能资源。

主要分布在西南地区，长江水系多。雅鲁藏布江、珠江和黄河上游也较多。总体看开发利用的较少，开发难度较大。

（3）土地资源。

我国土地资源类型丰富多样，地多、平地少。土地资源分布不均，生产力差异显著。耕地主要集中于东部季风区的平原、盆地和丘陵。草地集中于西北干旱和半干旱的高原和山地及青藏高原。林地集中于东北、西南山区和东南沿海山地。土地资源存在湿地减少、耕地锐减、质量退化、水土流失、土地沙化、次生盐碱化、酸化、草场超载、森林破坏等问题。

（4）矿产资源。

我国矿产资源较为丰富，但贫矿多，富矿少；伴生矿多，分选冶炼困难；分布不均，煤、铁、石油产区北方居多，有色金属南方居多。资源形势较为严峻。开采中存在着浪费资源、生态破坏严重、乱采乱挖、利用率不高等现象。

（5）海洋资源。

我国海洋资源分布在近海大陆架。海洋中有丰富的生物资源、能源资源、化学资源、矿产资源等。海洋资源开发中存在过渡捕捞、技术落后、开发利用程度低、海洋生态破坏、海洋污染等问题。

（6）生物资源。

我国由于地域条件复杂，气候环境多样，植被类型丰富，生物资源多样，地区分布不均匀。生物资源利用存在森林资源减少、草场退化、超载等问题。

（7）能源资源。

我国能源资源分布不均。煤炭主要集中于北方地区尤其是华北；石油主要集中在东北、华北；天然气主要在西北、西南；水能主要集中于西南：青藏高原太阳能和风能丰富。我国能源利用中存在能源短缺、产销不平衡、浪费严重、污染严重等问题。

2）资源开发对策

中国的发展速度很快，资源的开采也相当大，加上中国资源的利用率低，按照这种增长方式我国将面临资源短缺的危机。

（1）合理开发自然资源。

首先，应合理地开发资源，提高资源的利用率，获得最佳的经济、生态和环境效益；其次，转变资源利用方式，改变传统的“先发展后治理”的发展模式，注重生态建设和环境保护；再次，实施开源与节流并重战略，注重资源的整体性、多用性与国际性，实现资源的综合开发与利用。

（2）控制人口增长，提高人口素质。

人口数量增加，必然导致资源开发加速，对资源环境产生巨大压力；而维持一定必要的人口数量和较佳素质的人口是开发资源、改善和保护优质环境的基本条件。人类要谋求对自然资源的永续利用，促使人和自然的持续发展，必须采取切实可行的措施。如控制人口的增长，提高人口的素质；采用经济、行政等手段，促进人口转变；改变经营理念，改变传统的消费模式，提倡适度消费和多元消费等。

（3）加强科技攻关，提高资源利用效益。

科学技术扩大了人类认识自然的范围，提高了获取资源、改造环境的能力，成为社会生产和发展前进的动力；另一方面科技革命带来生产工具的技术革新，加大了人类对自然的干预程度，加剧对有限资源的消耗和浪费，改变了生态环境，甚至动摇了人类生存的基础，使人类社会面临严峻的挑战。在资源开采利用中必须扬长避短，利用科学技术在提高资源利用效率、改善环境质量、促进自然演化和实现可持续发展等方面的作用，提高科技创新能力，建立有利于经济发展的科技体制，促进资源利用方式由粗放型向集约型转变，真正把区域的资源优势转化为经济优势，实现经济、社会和自然环境的可持续发展。

（4）开源节流。

跨流域调水、兴修水库，改变水资源的时空分布，满足用水需求，同时注意节约用水、防治水污染，进行海水淡化和水资源的价格调节。合理利用每一寸土地，切实保护耕地。“因地制宜、合理布局”安排农林牧矿的生产。保护性开采矿产资源、合理利用矿产资源，充分发挥地区优势，建立区域性矿产基地。加强海洋资源开发和保护，防止过度捕捞和海洋污染。西电东送，调节能源的区域差异，加强新能源、可再生能源的开发。植树造林，合理砍伐；退牧还草，以草定牧，建立自然保护区。

（5）改变经济增长模式和消费方式。

必须改变 GDP 主导的政绩考核制度，实施绿色评价制度。改变以资源能源的消耗和环境的污染换取经济增长速度和总量的发展方式。对产业结构进行升级，对产业布局进行优化，发展企业集群；开展清洁生产，发展循环生产节能减排；对土地土地生态化利用、集约利用；倡导低碳生活方式。

（6）加强法制建设，加大环境管理力度。

3. 教学建议

1）教学要求

本部分内容要求学生能以某种自然资源为例，说明在不同生产力条件下，自然资源的数量、质量对人类生存与发展的意义，以某区域为例，分析该区域能源和矿产资源的合理开发与区域可持续发展的关系。

2）高考特点及教学指导

该类题多以能源结构表的形式、能源结构变化图等形式与区域地理结合，多出现在读图和选择题里。教学中要引导学生了解能源的消费构成、区域能源、资源的种类及分布、自然资源的特点及其对人类活动的影响、人类对自然资源的开发利用与保护；了解能源、资源的调剂措施：跨流域调水，西电东输、西气东送、及国际石油天然气运输贸易；懂得能源、资源的开源节流，新能源的开发和利用；了解海洋渔业资源开发利用模式、滨海旅游资源、石油矿产资源的开发以及海洋空间利用、沿海滩涂资源、水资源利用和海洋盐业的发展。关注我国石油的生产、消费和出口的情况、风能、光能的地区分布和季节分布及其他新能的开发及我国的能源政策，了解世界石油、铁矿、稀土、核能等重要资源能源的国际形势和世界大国的能源资源战略和发展趋势。

经典试题 1

（2006 全国 1 卷）表 7.7 为四个国家 1998 年能源消费情况。读表 7.7，回答 6～8 题。

表 7.7

国家	能源消费总量（亿吨标准煤）	单位 GDP 能耗（吨标准煤/万美元）	能源消费构成（%）			
			煤炭	石油	天然气	水电和核电
①	13.2	14.22	69.6	21.5	2.2	6.7
②	30.7	3.73	24.9	39.7	25.7	9.7
③	7.1	1.89	17.7	51.1	12.5	18.7
④	8.5	30.7	17.3	20.6	55.3	6.8

6. 表 7.7 数据表明（　　）。

A. ①国以煤为主，且核电消费量最大

B. ②国矿物能源消费构成较均衡，且石油消费量最大

C. ③国以石油为主，且石油消费量在四国中居首位

D. ④国以天然气为主，且天然气消费量在四国中居首位

7. ①~④所代表的国家依次是（　　）。

A. 俄罗斯、美国、日本、中国　　B. 中国、美国、日本、俄罗斯

C. 美国、中国、日本、俄罗斯　　D. 中国、美国、俄罗斯、日本

8. 人均消费能源较为相近的一组是（　　）。

A. ①②　　B. ②③　　C. ③④　　D. ①④

解析：该题考察能源结构。从图中可以看出①②能源消费总量大，①是中国以煤炭和石油为主，②是美国以石油、天然气和煤炭为主，能耗低。能源消费总量高。③是日本以石油为主，能耗最低。④是俄罗斯以天然气为主，能耗高。6题要计算消费量，用消费总量乘以能源消费构成。8题人均消费能源，可用消费总量除以人口数目。①④比较接近。答案：6B7B8C。

经典试题 2

（2009重庆文综）38.（32分）阅读材料，回答问题。

图7.79是全球风电装机容量和发电成本变化图，图7.80是某区域风能资源分布图。

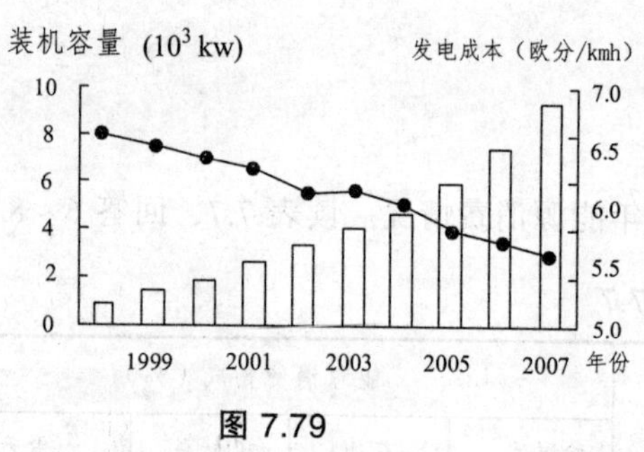

图 7.79

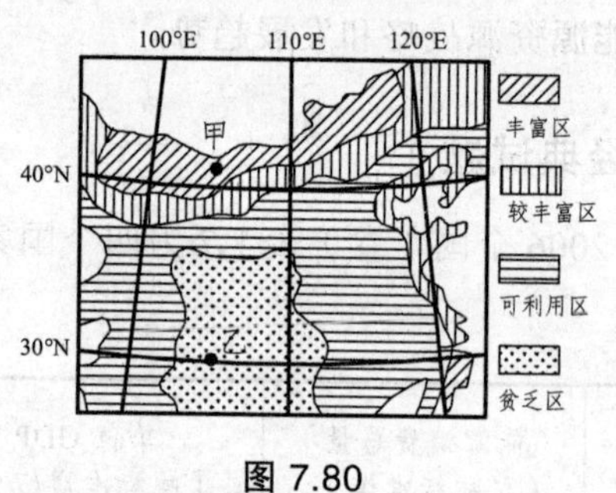

图 7.80

（4）进入21世纪，世界各国更加重视新能源的开发和利用。结合图7.79说明全球风电装机容量的变化特点，并从矿物能源供需状况、技术和环境因素分析其主要原因。（8分）

（5）从自然和市场条件分析甲地建设风力发电基地的不利因素。（6分）

（6）分析乙地风能资源贫乏的原因。该地正在开发的可再生常规能源是什么？（6分）

材料：三近年来，水资源利用中的民生问题引起我国政府高度重视。为此，我国政府加强以科学发展观为指导，进一步贯彻落实《水污染防治法》，规范取水许可管理，完善水资源综合规划，深化水价改革，加大政府投资力度，利用世界银行贷款，推动了饮水安全、节水改造等民生水利工程建设。

解析：该题考察了风能发电的有关知识。该题学生需具备风力发电的有关知识和重庆、内蒙古的区域地理特征气候、地形等。通过风电装机容量和发电成本变化图分析全球风电装机容量的变化特点、通过分析甲地所处地理环境分析该地建设风力发电基地的不利因素、乙

地风能资源贫乏的原因以及乙地正在开发的可再生常规能源的种类。从图中可以看出甲地位于我国北方的内蒙古地区，乙地就是重庆地区。答案：（4）变化特点：快速增长。主要原因：①矿物能源逐渐枯竭，能源需求增大，供需矛盾加剧；②技术进步使发电成本下降；③开发风能资源，减轻环境污染和破坏。（5）①夏季风力相对较小；②易受冰冻、雪灾、沙尘暴等气象灾害影响；③远离消费市场，输电距离远。（6）原因：①离冬季风源地远；②受盆周山地及高原影响，风力减弱。可再生常规能源：水能。

四、旅游、文化地理

1. 资源的类型与分布

1）自然旅游资源

主要是天然赋存的具有游览观光、休息疗养、娱乐体育等吸引力的地理要素，这些要素或以单体和单体组合，或以某种要素为主，辅以其他要素组合构成旅游资源。旅游资源又可细分为地文类（山岳名胜、岩溶景观、风沙地貌、海滨沙滩、火山地貌、地震遗迹、峡谷风光等）、水域风光（河流、湖泊、瀑布、泉水、溪涧、冰川、滨海等）、生物景观（森林、草原、珍稀树种、奇花异草、珍禽异兽、自然保护区）、气候与天象景观（适宜于避暑、避寒、疗养治病的气候及特殊的天象景观）等。我国地形复杂多样，山地、盆地、高原、丘陵、平原等类型齐全；气候变化类型较多，既有湿润的季风气候，又有干旱的大陆气候，还有典型的高原山地气候，呈现多种气温、降水、风的组合状态；水文特征变化多端，即有常见水文特征，也具备多种特殊水文现象，形成瀑布、冰汛等多种景观；土壤种类繁多，变化多样；生物种类多，具有多种特有动植物资源，各个自然要素变化多端，不同自然要素又可以形成不同独特组合，加强了我国旅游资源的多样性、非凡性，使我国具有多种独特的旅游资源（见表 7.8）。

表 7.8 地貌景观

	火山地貌	花岗岩地貌	红色砂岩地貌（丹霞地貌）	石英砂岩地貌	喀斯特地貌	雅丹地貌
地质作用	岩浆活动	岩浆侵入活动及断裂升降运动	风化作用及流水侵蚀作用	流水侵蚀作用	流水溶蚀作用	风力侵蚀作用
景观特点	形成熔岩台地、溶洞及熔岩隧道、堰塞湖、火山锥	球状风化、山势陡峻	丹岩碧水、山顶浑圆	独特的峰林地貌	峰林、峰丛、孤峰平原、溶洞、地下暗河	风蚀土墩与沟谷相间分布
著名景点	五大连池、富士山、夏威夷火山景观、冰岛火山景观	华山、黄山、九华山、恒山、庐山、峨眉山等	武夷山、广东丹霞山等	武陵源风景区	桂林山水、路南石林	罗布泊

2）人文旅游资源

是指能够吸引人们进行旅游活动的古今人类所创造的物质实体或以其为载体的神话传说、名人轶事等。包括历史文物古迹（历史遗迹、建筑遗址、石窟石刻等）、民族文化及其载体（可视、可感、可参与的特殊民俗礼仪、习俗风情、节日庆典、民族艺术和工艺等）、宗教文化资源（宗教建筑艺术、宗教活动场所）、城乡风貌（历史文化名城、都市风光、田园风光、古镇村落等）、现代人造设施（大型工程及文化设施）。中国有众多的民族和古老的文化、悠久的历史和独特的生活方式和价值理念，沉淀了众多的人文旅游资源。

2. 旅游资源评价

旅游资源评价及其理论研究始于 20 世纪 70 年代，评价方法分为两类：① 经验分析法。在大量调查、考察的基础上，凭经验进行评价；② 定量评价。将评价指标数量化，建立量化模型赋予一定权重，进行加权求和。旅游资源的多样性、复杂性，给定量评价带来许多困难，纯粹的定量评价往往带有机械性，而单纯的定性评价包含主观成分，只有将两者有机地结合起来，才能做出科学评价。旅游资源的评价可以是对资源本身的评价，也可以是对开发利用可行性进行分析，还可以是对客源市场进行分析。

1）资源本身的评价

主要包括旅游资源的质量特征（如其美感度、奇特度、医疗价值、体育价值等）、游览价值，丰度和集聚程度，环境容量、开发利用现状和开发潜力分析。如对旅游资源的游览价值进行评价，主要评价旅游资源的质量（优质、独特、具备较高的审美或历史文化价值）、集群状况和地域组合状况。高质量的资源价值，对游人吸引力大，开发条件好。景点众多，开发条件好；景点孤立，开发条件差。景点各异，地域组合好；景点雷同，则地域组合差。

2）开发利用可行性分析

包括气候条件对旅游业的影响（表现为旅游旺季和淡季的节律性变化），环境质量现状，铁路、公路及航空交通现状及交通建设的难易程度，服务、配套设施建设现状，旅游资源所在的区位距中心城市的距离，地区经济发展水平及对发展旅游业的扶持能力。

（1）旅游资源与旅游消费市场的距离：旅游资源与旅游客源地、经济发达地区之间的空间距离，经济距离（旅行所需的时间和费用）越长，吸引的游客越少。旅游地的最优吸引半径是有限的；市场距离近，开发条件好；市场距离远，开发条件差。

（2）交通位置及其通达性：直接影响游客的数量；交通便捷，来往耗时较少则游客多，反之就少；位置优越，交通便利，开发条件好；位置偏僻，交通不便，开发条件差。

（3）旅游区的接待能力：旅游区的配套设施关系到服务质量的高低和盈利水平；

（4）旅游区环境承载量：旅游活动容纳能力，即容人量。容人量大，有利于景区的持续发展：容人量小，对景区发展不利。超过环境承载量会对旅游资源和背景环境产生破坏，使旅游环境恶化；如果达不到承载量，会造成资源的浪费。

3）客源市场分析

包括旅游资源对各层次游客的吸引力，确定目标市场、潜在市场及市场的地理区域。

3. 旅游对社会、经济、文化和环境的影响

1）旅游业的积极影响

（1）满足人类的较高层次的需求。

旅游是一种高级的需求。它是在基础需求满足以后，才产生出来的社会行为，以高层次需求的满足为驱动力，属于精神需求为主导的范畴。追求以舒适为基础的休憩，以健康为基础的康体、疗养。满足人体生理与心理调养的需要，修学、审美、交流等方面的需要，寻求突破、探险、新奇、刺激等新的生活阅历与感受，追求生活新体验的需求以及自我在旅游活动中的实现的需求。人们总是从修学、审美、休憩、康体、交流等某种需求，或几种需求结合出发，开始旅游生涯，当体验式旅游达到了一定的积累，一部分人将会把旅游作为一种生活方式，一种定时、不定时的，与工作、日常生活同样重要的生活方式，一种自我实现中不可缺少的生存方式。

（2）促进社会经济的发展，带动交通、服务等行业的发展，增加就业机会。

旅游业是劳动密集型行业，技术构成较低，同时旅游业也是关联性很强的产业。旅游业的发展可以直接、间接地促进国民经济有关部门的发展，增加就业门路和就业机会。旅游业的发展推动商业、饮食服务业、旅馆业、民航、铁路、公路、邮电、日用轻工业、工艺美术业、园林等的发展，并促使这些部门不断改进和完善各种设施、增加服务项目，提高服务质量。旅游可以促进区域产业结构进行调整升级，带动交通、餐饮、旅游商品、服务等行业的发展；可以促进消费，引发潜在需求和创造新的需求，促进当地改善旅游基础设施，促进当地管理和服务的标准化，提高市政服务的质量和水平。随着社会的发展，旅游业日益显示它在国民经济中的重要地位。

（3）促进文化的交流，提高地方知名度。

旅游活动中和旅游推广推介活动中有利于本地乡土文化的宣传和推广，同时也容易在此过程中迎合旅游的需要或受到外来文化的影响，而使乡土文化发生变化，促进文化的交流和演替。

（4）有利于环境保护和提高当地人民的生活条件。

有利于保护重要的自然景区和名胜古迹。旅游业规划和管理有助于对本地区内的宝贵自然景观的发掘和保护，有助于保护作为旅游景点的文物古迹。同时，旅游业为环境保护提供了充足的资金，使环境保护设施和辅助设施得以施建，措施得以施行。客观上提高了当地环境质量和生活条件。

有利于提高环境质量。为了美化旅游环境而投资建设的基础设施既为旅游者创造了清新洁净的活动场所，也为环境保护做出了贡献。

有利于当地人环境意识的提高。为了发展旅游当地政府必须把环境保护、污染治理作为基础工作来加强，对市民会进行宣传教育，同时受高素质外来旅游者的影响，市民的环境意识会在潜移默化中提高。

2）旅游业的消极影响

旅游业的发展会导致环境污染，对景区动植物资源及背景环境的破坏，对文物古迹的破坏，对社会秩序的冲击，对旅游目的地的生态环境和社会文化带来负面影响。

（1）旅游业对环境的负面影响。

旅游活动对旅游区环境影响：由于旅游区本身设施的不完善和游客素养不高，随着旅游活动规模的扩大，景点垃圾遗弃量日益增加。旅游活动过程产生的垃圾对景点环境的污染以及旅游活动本身对景点自然生态平衡及旅游意境产生影响或破坏。旅游践踏使旅游区土壤板结，破坏土壤结构和土壤性状，垃圾随意抛洒堆积，破坏了自然景观，污染了景点水体，旅游噪声破坏了旅游区的安宁和影响野生动物的生活习性。

旅游开发和建设破坏旅游区环境：在旅游资源开发利用中人造建筑与旅游区整体不协调，改变或破坏了旅游区所有的且应当保留的历史、文化、民族风格和气氛。忽视旅游区的整体协调及其所蕴涵的内涵，盲目开发，造成景点丧失其旅游价值。旅游开发过程中乱开乱挖，导致水土流失加重，水土环境遭受破坏；随意引种，破坏了原生植被，加大了生物入侵的风险，对生态安全带来威胁。

（2）对社会文化的负面影响。

旅游业在对接待地社会文化的发展产生积极的影响和推动作用的同时，也会对其产生了一定的消极影响。旅游业发展，会影响当地人民的正常生活，导致公用设施紧张，资源紧缺，物价上涨。受外来文化的影响，旅游地"文化生态环境"也会遭到异地强势文化的冲击和同化，地方文化的独特性逐渐消失。为迎合旅游发展，旅游地的民俗文化出现舞台化、商品化甚至庸俗化的倾向，渐失其原有的意义、价值和特色。同时旅游发展会使旅游地道德退化、价值观改变，社会规范力减弱，居民的媚外或排外情绪直接影响当地文化的健康发展，犯罪率呈上升趋势。

4. 教学建议

1）教学要求

本部分内容要求学生能够描述中外著名旅游景区的景观特点，并从地理角度说明其形成原因。能够初步评价旅游资源开发条件，分析旅游景区的基本要素以及它们的相互影响，初步学会对旅游景区的景点、交通和服务设施进行规划设计。能够针对旅游资源和旅游条件选择合理的旅游路线。能够说明地形、气候、水文等条件与旅游安全的关系，以及应采取的安全防范措施。阐明旅游业的发展对社会、经济、文化、环境的作用和影响，说明旅游开发过程中的环境保护措施。初步理解旅游地理、旅游心理学、决策论的知识。能对表格中游客量、旅游收入、游客人均花费、人均旅游收入、GDP进行分析，比较旅游成本和效益。

2）高考特点及教学指导

本部分内容试题多与区域地理结合，试题呈现新素材、提供新信息，考查考生运用所给的信息和相关知识来认识和说明问题的能力，以情境化的新素材和新信息切入，考查某一地理概念、原理、规律，以地方文化节、红色旅游，旅游新热区、文化扩散、文化景观和著名旅游资源等考点，与现实生活密切联系，突出人文精神考查。教学中建议引导学生了解旅游业对本区地方经济、地方文化的影响，分析旅游线路沿途的地理景观的差异，客源地的主要特点，地域文化区类型、各地景观形成的主要原因，探讨旅游资源开发的优势及主要不利条件以及旅游安全问题；引导学生关注国际旅游形势、主要客源地和目的地国家的基本情况、中国的国际旅游岛建设、新兴的生态旅游、太空旅游、天文旅游、边界旅游、海洋旅游、乡村旅游等的发展，了解地方节庆民俗、学生夏令营活动、重大文化活动、旅游活动；了解世界遗产、自然保护区等名录。

经典试题 1

（2006广东地理）15. 图7.81中反映交通和信息通讯技术进步对文化扩散的空间与时间变化影响的曲线是（　　）。

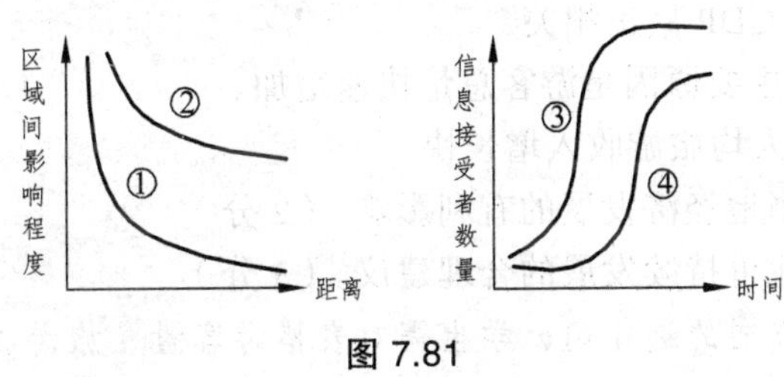

图 7.81

A. ②和③　　B. ①和③　　C. ②和④　　D. ④和①

解析：该题考察反映交通和信息通讯技术进步对文化扩散的空间与时间变化影响。从图中可以看出，②和③比④和①在相同时间和相同距离内区域间影响程度要大，信息接受者数量要高。答案：A。

经典试题 2

（2009广东地理卷）36. 张家界市是我国著名的旅游城市，其武陵源风景区1992年被联合国教科文组织列入“世界遗产名录”。根据下列资料，结合所学知识，回答（1）~（4）题。（10分）

资料一：见表7.9。

资料二：20世纪90年代后期，张家界修建了号称“世界上最高的全暴露户外观光电梯”

等人工设施，旅游接待区遍布宾馆酒店，对景区的美学价值和生态环境造成了很大的负面影响，被联合国世界遗产委员会“黄牌警告”，当地政府启动拆迁工程，拟恢复核心景区原始风貌，并控制游客数量。

表 7.9

	1989	1991	1995	1999	2003	2006
游客量（万人）	56.6	126.1	160.0	327.4	759.6	1676.0
旅游收入（百万）	24.9	44.4	256.8	946.2	3201.0	7938.0
游客人均花费（元）	44.1	35.2	160.5	289.0	421.4	473.6
人均旅游收入（元）	17.0	30.0	170.0	612.8	2033.3	4916.7
GDP（亿元）	10.83	13.44	33.35	53.76	82.51	127.54

（1）游客的旅游花费用于食、宿、行、娱、__________、__________等方面。（2分）

（2）关于张家界市旅游发展，下列叙述正确的是__________（多选题，填选项字母）。（3分）

A. 旅游收入持续增长

B. 游客人均花费逐年增加

C. 人均旅游收入与 GDP 呈正相关

D. 旅游收入提高的主要原因是游客总量快速增加

E. 游客人均花费比人均旅游收入增长快

（3）分析旅游业对当地经济发展的有利影响。（2分）

（4）提出当地旅游业可持续发展的合理建议。（3分）

解析：该题是旅游方向的选作题，学生需对表格游客量、旅游收入、游客人均花费、人均旅游收入、GDP 进行分析，获取信息，了解各要素之间的联系。结合资料二分析旅游业发展带来的影响和应对措施。试题具有较高的综合性，有一定难度，学生要有对表格数据的分析处理能力。答案：（1）游购。（2）ACD。（3）①改善产业结构；②增加就业机会；③提高居民收入。（4）①保护旅游资源（如立法保护）；②控制游客数量；③提高管理水平；④提高公众环保意识（加强环境保护）；⑤开展生态旅游和绿色旅游。

五、自然灾害与防治

1. 自然灾害的类型

自然灾害是指由于自然异常变化造成的人员伤亡、财产损失、社会失稳、资源破坏等现象或一系列事件，包括人类活动诱发的自然变异。自然灾害孕育于由大气圈、岩石圈、水圈、生物圈共同组成的地球表面环境中。自然灾害是人与自然矛盾的一种表现形式，具有自然和社会两重属性，是人类过去、现在、将来所面对的最严峻的挑战之一。

世界范围内重大的突发性自然灾害包括：旱灾、洪涝、台风、风暴潮、冻害、雹灾、海啸、地震、火山、滑坡、泥石流、森林火灾、农林病虫害等。

中国的自然灾害种类繁多，主要包括洪涝、干旱灾害，台风、冰雹、暴雪、沙尘暴等气象灾害，火山、地震灾害，山体崩塌、滑坡、泥石流等地质灾害，风暴潮、海啸等海洋灾害，森林草原火灾和重大生物灾害等。

2. 我国典型的自然灾害

1）气象灾害

（1）台风。

台风是热带洋面上的强热带风暴，在一定的条件下强烈发展形成。主要分布于我国东南沿海地区。其特征为强风、特大暴雨、风暴潮。台风危害性大，破坏农、交通、通、公共设业信施。

（2）干旱。

由于水土流失、植树被破坏、天文潮汛期、水利工程缺乏、气候变暖等原因所致，干旱期间降水少、气温高、蒸发旺盛。使河流水位下降、植被退化、粮食减产、人畜缺水，甚至引发虫灾、森林火灾和草原火灾。主要发生在我国华北、西北等干旱半干旱地区。在长江中下游地区也可能发生伏旱。

（3）洪涝。

由于气候异常，导致夏季风来得早，去得晚，降水时间长，降水强度大。洪涝灾害中洪水冲毁、淹没农田和公共设施、环境破坏，造成人们生命财产损失，同时导致水源污染和食品污染、媒介生物滋生，甚至传染病流行。洪涝主要发生在我国华北、长江中下游地区。

（4）寒潮。

由于蒙古国和俄罗斯的西伯利亚冷空气集聚南下导致大面积大幅度降温天气。寒潮冷空气势力强大、影响时间长、范围广。大风、降温造成冻害，引起雪灾，对交通运输危害不小，对人体健康带来危害。寒潮可发生于除青藏高原以外的我国所有地区。

（5）沙尘暴。

由于人类过度开发自然资源、过量砍伐森林、过度开垦土地，在天气变暖、在强对流天气作用下，地面尘土大量上扬形成。沙尘暴期间导致大风、沙埋、土壤风蚀、大气污染，生产生活受影响、影响交通安全、危害人体健康。沙尘暴主要发生于我国北方地区。

2）地质灾害

（1）地震。

由内力作用引起岩石圈的天然震动，是内能释放的强烈显示。地震是影响和危害最大的地质灾害，会造成环境的极大破坏、基础设施的致命瘫痪和人民生命财产的巨大损失。在我国主要分布于环太平洋地震带和地中海——喜玛拉推地震带之间。

（2）火山。

是在高温高压下熔融体通过孔隙或裂隙向上运移，产生的岩浆侵入或喷发现象。喷发时会有火山喷出物（岩浆、气体、固态物质）喷出。岩浆活动尤其是喷出活动，破坏环境、导致水源污染、空气污染，影响航空安全，还可能引起地震，导致生命财产和社会经济活动的重大损失。

（3）滑坡。

是在重力作用和人类活动下，斜坡上的岩体和土体，在重力作用下整体下滑，堵塞江、摧毁村、破坏森、农田、道河庄林路，造成人员伤亡。在我国西南地区的川、滇、贵三省地区分布较广。

（4）泥石流。

在重力和人类活动作用下，在降雨时山区由于崩塌或滑坡引起的饱含泥沙石块和砾石的特殊洪流。泥石流具有巨大危害，其堵塞城镇村庄，破坏森林农田道路，对人民的生命财产、生活及环境造成很大威胁。

3. 自然灾害减灾策略

（1）植树种草，改善环境。

（2）发展耐旱节水作物。

（3）利用气象卫星，加强监测和预报。

（4）水利建设，引水灌溉。

（5）低洼排水，硫浚河道。

（6）集约节约生态化利用土地。

（7）科学研究，建立灾情预警系统。

（8）加强管理，实施预防措施。

（9）宣传教育，综合治理。

4. 教学建议

1）教学要求

本部分内容要求学生懂得地质灾害的类型、分布及其成因：地震、泥石流、海啸及其防灾减灾措施，懂得沙尘暴形成及其季节分布、地域分布特点，并说明其原因，懂得森林火灾，具备林区野外生存的能力。具有风暴潮、台风、寒潮等异常天气灾害、干旱灾害，涝渍灾害知识及其防灾减灾措施。能根据气象、地质、水文等资料对一区域进行粗略灾害预测。

2）高考特点及教学指导

教学中培养学生灾害意识，引导学生了解防灾、减灾知识，关注国内外重大灾情及自然灾害灾后重建、生态恢复和环境保护动向。

经典试题 1

（2009 福建文综）图 7.82 为“5.12”汶川地震中北川县城地质灾害发育程度分区示意图。结合有关知识，读图回答下列问题。

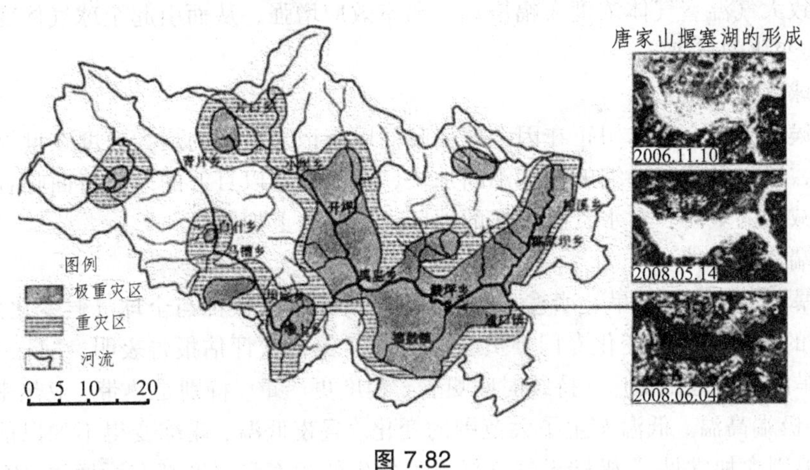

图 7.82

（1）说出汶川地震引发的地质灾害类型。据图说明极重灾区空间分布的特点。（7 分）

（2）分析唐山塞湖形成的自然原因。（8 分）

解析：该题主要涉及灾害地理问题。考察汶川地震的地质灾害类型、唐山塞湖形成的自然原因、重灾区空间分布的特点等知识。学生要熟悉四川汶川地区的地理特征、气候特征、地质特征等，能从图中分析重灾区的分布特征。但该题没有涉及汶川为什么发生地震、及灾后重建、生态恢复和环境保护等问题。答案：（1）崩塌、滑坡或泥石流。沿河谷呈条带状分布（或沿东北——西南走向和西北——东南走向分布）。（2）地质构造不稳定；岩性疏松；地形高差大、河谷陡峻（山高谷深）；地震发生引发地表物质滑落，阻塞河道；降水较多，河流水量较大。

六、气候变化、环境保护、可持续发展

1. 气候变化

气候变化是指气候平均状态统计学意义上的巨大改变或者持续较长一段时间（典型的为

30年或更长）的气候变动。气候变化不但包括平均值的变化，也包括变率的变化。《联合国气候变化框架公约》（UNFCCC）第一款中，将“气候变化”定义为：“经过相当一段时间的观察，在自然气候变化之外由人类活动直接或间接地改变全球大气组成所导致的气候改变。”

1）气候变化的原因

气候变化的原因可能是自然的内部进程，或是外部强迫，或者是人为地持续对大气组成成分和土地利用的改变。在人为因素中，主要是由于工业革命以来人类活动特别是发达国家工业化过程的经济活动引起的。化石燃料燃烧和毁林、全球土地利用变化等人类活动所排放温室气体导致大气温室气体浓度大幅增加，温室效应增强，从而引起全球气候变暖。

2）气候变化的危害

（1）全球冰川消融。

由于气候变暖，全球冰川正在因全球变暖而以有记录以来的最大速度在世界越来越多的地区融化着，冰川融化和退缩的速度不断加快，意味着数以百万的人口将面临着洪水、干旱以及饮用水减少的威胁。对水资源短缺的地区，更是雪上加霜。

（2）极端气候事件。

暴雪、暴雨、洪水、干旱、冰雹、雷电、台风等极端气候都与全球气候变化大背景有关。2007年发布的政府间气候变化专门委员会（IPCC）第四次评估报告表明，“自20世纪70年代以来，干旱的发生范围更广、持续时间更长、程度更严重，特别是热带、亚热带地区。”“过去50年里，极端高温、低温发生了大范围的变化。昼夜低温、霜冻变得不如以前频繁，而昼夜高温、热浪则愈加常见。”极端天气气候事件发生的频率和强度都有所增强，给人民生命财产安全带来极大的危害。

（3）粮食减产。

全球变暖造成粮食减产，因为全球变暖带来干旱、缺水、海平面上升、洪水泛滥、热浪及气温剧变，这些都会使世界各地的粮食生产受到破坏。亚洲大部分地区及美国的谷物带地区，将会变得干旱。在一些干旱农业地区，如非洲撒哈拉沙漠地区，只要全球变暖带来轻微的气温上升，粮食生产量都将会大大减少。全球变暖，气温升高还会导致农业病、虫、草害的发生区域扩大，危害时间延长，作物受害程度加重，从而增加农业和除草剂的施用量。此外，全球变暖会加剧农业水资源的不稳定性与供需矛盾。对于中国来说，全球变暖可能导致农业生产的不稳定性增加，高温、干旱、虫害等因素都可能造成粮食减产。全球变暖将严重影响中国长期的粮食安全。

（4）海平面上升。

海平面上升，也会带来严重破坏。例如沿海地区洪水泛滥及严重破坏、侵蚀海岸线、海水污染淡水、沿海湿地及岛屿洪水泛滥、河口盐度上升，一些低洼沿海城市及村落均会受影响。一些对岛屿以及沿海地区人口尤其重要的资源，如沙滩、淡水、渔业、珊瑚礁、环礁、野生生物栖息地均会受到威胁。面临洪灾、海水入侵、土地侵蚀流失、强热带风暴的威胁，人口密集、我国经济发达的长三角、珠三角、黄河三角洲的城市群是最脆弱的地区。

（5）物种灭绝。

人类活动导致气候变化，气温、降雨量及海平面上升，摧毁了一些生物的栖息地，而破坏的速度比生物移居的速度还要快。气候变化会导致大量的物种灭绝。

（6）空气污染。

燃煤电厂和交通系统造成空气污染。空气污染物有二氧化硫（SO_2）、氮氧化物（NO_x）、一氧化碳（CO）、臭氧及光化学氧化剂、可吸入悬浮粒子等会随气候变化而增多。

（7）臭氧层破坏。

人类大量使用制冷剂、杀虫剂等，使空气中氟氯烃增多，南极臭氧空洞扩大，北极臭氧层变薄，青藏高原上空臭氧层变薄速度加快，地面紫外线辐射增强，损害人的免疫力，人类易患皮肤癌；危及海洋生物；导致全球变暖。

阅读材料：我国环境问题

1）大气污染问题

由于干旱、大风和对流气流上升在植被被破坏的情况下，我国西北、华北（春季）常常出现沙尘天气，降低大气能见度，危害健康、交通、农业生产、村庄、城市。燃烧煤和石油排放出大量 SO_2、NO 等。

在我国南方，由于燃烧煤和石油排放出大量 SO_2、NO 等酸性气体，在降雨时溶解于水中形成酸雨，导致河湖水酸化，危害生物；土壤酸化，危害森林、农作物和人体健康，腐蚀建筑物。汽车尾气中的碳氢化合物和氮氧化合物在不利于气体扩散的谷地和大城市可能会形成光化学烟雾，降低能见度，损害植物，危害人体健康。

2000 年我国二氧化硫排放量为 1 995 万吨，居世界第一位。据专家测算，要满足全国天气的环境容量要求，二氧化硫排放量要在现有基础上至少削减 40%。此外，2000 年中国烟尘排放量为 1 165 万吨，工业粉尘的排放量为 1 092 万吨。大气污染是中国目前第一大环境问题。

2）水环境问题

无节制地排放未经处理的废污水、地下水的过度开采、经济发展与环境保护不协调、水土资源的不合理开发利用、水土流失以及化肥、农药的不合理加之水资源短缺导致了我国水环境恶化。城镇郊区大量含 N、P 的废液排入池塘、湖泊、河流，导致水中缺氧，出现富营养化现象，使河流湖泊水生生物生存受到影响。在工业、城市集中的沿海地区由于温度高，蒸发大、降水少、水体交换少，含 N、P 的工农业废水、生活污水排入大海，使水中溶解氧浓度降低，出现赤潮现象，导致生态失衡，危害水生生物的生长繁殖、水产养殖和渔业生产。

水环境问题已导致我国部分河湖萎缩、功能退化，部分湖泊咸化趋势明显。中国七大水系的污染程度依次是：辽河、海河、淮河、黄河、松花江、珠江、长江，其中 42% 的水质超过 3 类标准（不能做饮用水源），全国有 36% 的城市河段为劣 5 类水质，丧失使用功能。大型淡水湖泊（水库）和城市湖泊水质普遍较差，75% 以上的湖泊富营养化加剧，主要由氮、磷污染引起。

3）城市环境问题

由于人口增长过快，工业大量集中，缺乏科学规划，多数大城市及部分中小城市环境污染严重，交通拥挤，居住条件差，绿化面积少，社会秩序差。全国工业固体废物年产生量达 8.2 亿吨，综合利用率约 46%。全国城市生活垃圾年产生量为 1.4 亿吨，达到无害化处理要求的不到 10%。塑料包装物和农膜导致的白色污染已蔓延全国各地。

4）土地荒漠化和沙灾问题

在我国西北、华北北部、东北西部，由于气候变干滥伐、滥垦滥牧，导致生态环境恶化，耕地、林地、草地面积减少。目前，中国国土上的荒漠化土地已占国土陆地总面积的 27.3%，而且，荒漠化面积还以每年 2 460 平方公里的速度增长。中国每年遭受的强沙尘暴天气由 50 年代的 5 次增加到了 90 年代的 23 次。土地沙化造成了内蒙古一些地区的居民被迫迁移他乡。

5）水土流失问题

由于暴雨、土质疏松和人为滥垦、滥牧导致黄土高原、南方地区的部分丘陵、山地水土流失严重，淤积湖泊、水库、河床，加剧洪涝灾害。北方地区由于水土流失部分地区出现荒漠化，黄土高原地区沟壑纵横。水土流失还导致大量的表土层侵蚀，中国全国每年流失的土壤总量达 50 多亿吨，每年流失的土壤养分为 4 000 万吨标准化肥（相当于全国一年的化肥使用量）。自 1949 年以来，中国水土流失毁掉的耕地总量达 4 000 万亩，这对中国的农业是极大损失。

6）生物多样性破坏问题

中国是生物多样性破坏较严重的国家，高等植物中濒危或接近濒危的物种达 4 000 ~ 5 000 种，约占中国拥有的物种总数的 15% ~ 20%，高于世界 10% ~ 15% 的平均水平。在联合国 640 种世界濒危物种中，中国有 156 种，约占总数的 1/4。中国滥捕乱杀野生动物和大量捕食野生动物的现象仍然十分严重，屡禁不止。

2. 我国环境问题的对策

1）利用多种形式开展环境保护宣传教育，全面提高国民环境保护意识

利用多种形式大力开展环境国情、国策教育，积极宣传环境污染和生态破坏对个人和社会的危害，普及环境科学和环境法律知识，提高全民族特别是各级领导干部的环境意识和环境法制观念，树立保护环境人人有责的社会风尚。高等院校应有计划地设置有关环境保护的专业或课程，中、小学及幼儿教育应结合有关教学内容普及环境保护知识；各地区、各部门在培训干部时，应当把环境保护教育作为一项重要内容。对于民间的自发的环境保

护宣传和环境保护组织要予以鼓励和支持，对于在环境保护方面作出突出贡献的个人和组织要予以奖励。

2）加大环境保护立法力度，严格执行环境保护法律法规

立法机关要加强刑事、行政、民事等各个方面的环境保护立法，制定和完善环境保护规定和实施办法，健全环境保护法制。进行经常性的环境保护执法检查，及时处理和纠正违反环境保护法律规定的行为。对各企事业单位排污不符合标准或者破坏环境严重，应当关、停、并、转的，不管经济效益如何，要一律坚决关、停、并、转；对污染和破坏环境构成犯罪的，要坚决追究刑事责任；造成环境污染危害的，有责任排除危害，并对直接受到损害的单位或者个人赔偿损失，要保障环境侵权受害人的合法权益。对各行政主管部门的违法的行政作为和行政不作为，及其工作人员滥用职权、失职、渎职等违法行为，要依法进行惩处。

3）资源开发利用中重视生态环境的保护

按照“谁开发谁保护，谁破坏谁恢复，谁利用谁补偿”和“开发利用与保护增殖并重”的方针，认真保护和合理利用自然资源，积极开展跨部门的协作，加强资源管理和生态建设，做好自然保护工作。对具有代表性的各种类型的自然生态系统区域，珍稀、濒危的野生动植物自然分布区域，重要的水源涵养区域，具有重大科学文化价值的地质构造、著名溶洞和化石分布区、冰川、火山、温泉等自然遗迹，以及人文遗迹、古树名木，应当采取措施加以保护，严禁破坏。不得建设污染环境的工业生产设施；建设其他设施，其污染物排放不得超过规定的排放标准。加强森林植被的保护和管理，制止乱砍滥伐森林，提高森林覆盖率、造林质量和绿化工作管理水平，做好大型防护林工程建设的组织工作。在开发利用水资源时，应充分注意对自然生态的影响，会同有关部门做好环境影响评价、节约用水、保护饮用水源地、防治水土流失等项工作。加强对农业环境的保护和管理，防治土壤污染、土地沙化、盐渍化、贫瘠化、沼泽化、地面沉降和防治植被破坏、水土流失、水源枯竭、种源灭绝以及其他生态失调现象的发生和发展，控制农药、化肥、农膜及植物生长激素对环境的污染，推广植物病虫害的综合防治；根据当地资源和环境保护要求，合理调整农业结构，积极发展环境友好型农业生产。

4）大力研究开发环境保护科学技术，积极发展环境保护产业

把环境保护产业列入优先发展领域，切实加强领导，在各方面创造条件，积极支持、引导环境保护产业的发展。认真整顿环境保护产业的生产、流通秩序。加强科研部门、高等院校和企业的环境保护技术开发力量，加强科研与生产的联合、协作；开拓环境保护技术市场，组织产品科研项目的招标，促使研究成果尽快转化为生产力。引进和消化国外先进的污染防治技术和高效低耗的治理装备。

5）调整产业结构和经济增长方式

走可持续发展之路，以改善生态环境为根本和切入点，进行产业结构的升级换代。调整经济增长方式，摈弃以消耗资源、能源、占用土地、耗费人力、资金密集、劳力密集型等外延式增长方式，发展生态产业，技术密集型产业，走内涵发展的道路。实现土地集约化、资

源循环化和生态化利用，对土地利用进行生态监管，减少水土流失、水土污染。提高土地利用的综合效益。

3. 教学建议

1）教学要求

（1）主要自然灾害的类型与分布。

结合实例，简述自然灾害的类型和主要特点。运用资料，说明人类活动对自然灾害的影响。运用地图，说明世界主要自然灾害带的分布，概述我国自然灾害多发区的自然环境特点，简述地震、泥石流、滑坡等地质地貌灾害的产生机制与发生过程。分析台风、寒潮、干旱、洪涝等气象灾害的形成原因，列举虫灾、鼠灾等生物灾害带来的主要危害。

（2）举例说明地理信息技术在自然灾害预测、灾情监测和评估中的作用。以一两种自然灾害为例，列举适当的应对方法或应急措施。举例说出中国防灾、减灾的主要成就。展望人类利用高科技趋利避害的远景。

（3）比较同一自然灾害造成危害程度的地域差异。说明我国自然灾害多发区的自然环境特点。根据有关资料，说明全球气候变化对人类活动的影响。

（4）举例说明主要的资源问题及其产生的原因。举例说明非可再生资源耗竭对人类活动的影响，并说出人类采取的相应措施。根据有关资料，说出非可再生资源开发过程中应采取的环境保护措施。结合实例，说明人类对可再生资源不合理利用造成的问题，以及保护、合理利用的成功经验。

（5）根据有关资料，说出主要的环境污染问题。说出环境问题产生的主要原因及危害。说明人类与环境的相互关系，以某些环境污染事件为例，说明其形成的原因、过程及危害。归纳当前人类所面临的主要环境问题。针对某类环境污染，说出其防治的主要措施。

（6）举例说出主要的生态环境问题及其产生的原因。以某种生态环境问题为例，描述其形成的一般过程。举例说明某一区域的生态环境问题对其他区域的影响。读图说出我国不同区域的主要生态环境问题。针对某一生态环境问题，说出生态环境保护的主要措施及其作用。

（7）了解人地关系思想的历史演变。根据有关资料，归纳人类所面临的主要环境问题。联系“21 世纪议程”，概述可持续发展的基本内涵，举例说明协调人地关系的主要途径。领悟走可持续发展之路是人类的必然选择；认识在可持续发展过程中，个人应具备的态度和责任。

2）高考特点及教学指导

教学中要引导学生理解气候变化的原因、理解全球变暖的影响（冰川消融后退、雪线下降、湿地面积变化、物种多样性有所减少河流污染、海滩退化消失）及应对措施，了解环境问题产生的原因及其对人类生产生活的影响。了解食物链引起的有毒元素的富集、南极地区的环境污染、人类文明发展的环境代价，懂得退耕还林，水土保持、水源地（如三江源自然保护区）、濒危物种的保护的环境保护政策的最大意义，了解围海造田（地）、围湖开垦的后果（水土流失加剧、食物链中断、物种减少、农业污染加重，景观破坏），了解酸雨的发生和危害、土壤次生盐碱化、水体污染、臭氧层破坏、光化学烟雾、赤潮等环境问题。了解自然灾害的形成机制和防灾减灾措施和区域可持续发展的策略。

引导学生关注环境保护方面的热点话题。懂得循环经济发展和生态农业、都市农业的一般模式。懂得环境伦理道德，能分析区域的环境状况，对流域综合治理，国土整治与区域可持续发展，有深入的了解；懂得治理水土流失的措施，懂得和谐社会与科学发展的内涵和在区域的实际应用。

经典试题 1

（2006 全国 1 卷）36. 沙尘暴是指强风从地面卷起大量沙尘，使大气水平能见度小于千米的特殊天气现象。图 7.83 为我国沙尘暴主要活动路径和强沙尘暴多发区；图 7.84、图 7.85 依次表示 1464—1913 年华北地区沙尘暴按月份累计次数和逐年统计次数。分析图 7.83、图 7.84、图 7.85，回答下列问题。

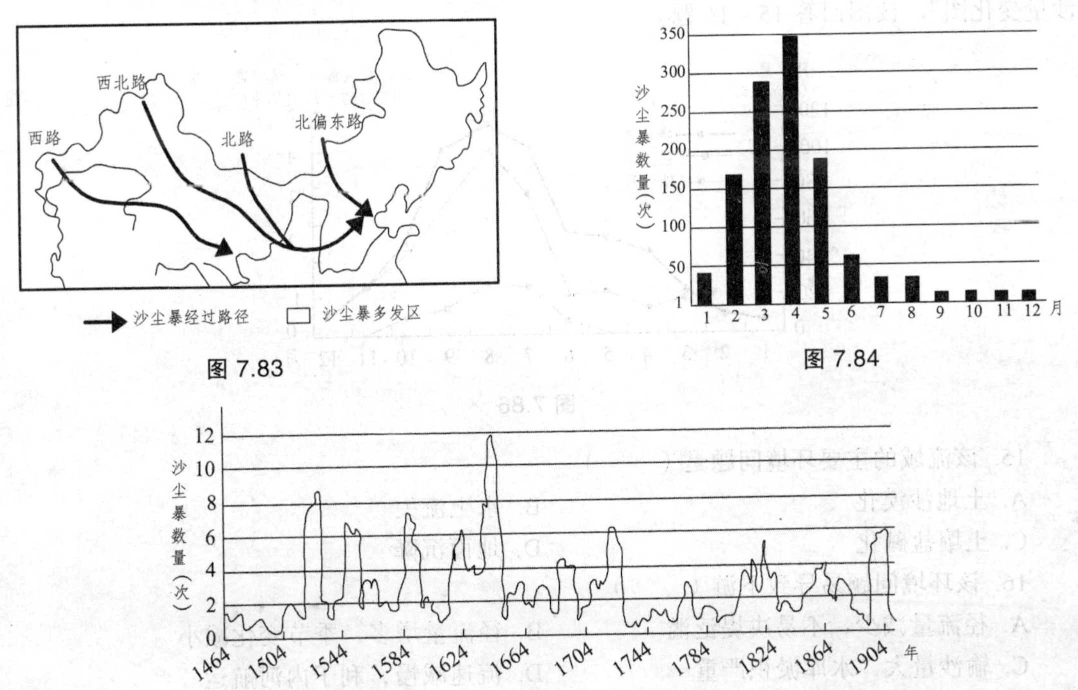

图 7.83

图 7.84

图 7.85

(1)西路沙尘暴先后影响的两大盆地是:(　　)盆地、(　　)盆地。

(2)西北路沙尘暴先后影响的地理区域有:(　　)盆地、河西走廊、内蒙古高原、高原和平原。

(3)说明图 7.83 中强沙尘暴多发区的地表环境特点。(4)指出图 7.84 所示的沙尘暴季节分布特点,并说明其自然原因。(5)在图 7.85 显示的 450 年间,沙尘暴发生次数的变化呈现出的规律。在明王朝灭亡时,沙尘暴约发生了______次。

解析:该题考察沙尘暴发生的规律。从图 7.84 可以看出沙尘暴的路径和多发地区,图 7.84 可以看出沙尘暴的季节变化特点,图 7.85 能看出历史上沙尘暴发生的规律。该题结合历史进行考察,综合性较强。学生需从图中寻找规律,需懂得我国沙尘暴多发地区的地理特征。答案:(1)塔里木盆地、柴达木盆地(2)准噶尔盆地、黄土高原、华北平原(3)干旱、半干旱(缺水),沙漠(荒漠和黄土)广布,植被稀疏(4)沙尘暴主要集中在(冬末)和春季(2、3、4、5月),(地表)增温快(3分)、表土(地表)疏松(和植被稀疏),降水少,大风天气较多(5)(一定的)周期性(起伏、节律、振荡、波动)的规律;12 次。

经典试题 2

(2008 江苏卷)图 7.86 为"我国某河流中游水文观测站多年月平均降水量、径流量、输沙量变化图"。读图回答 15~16 题。

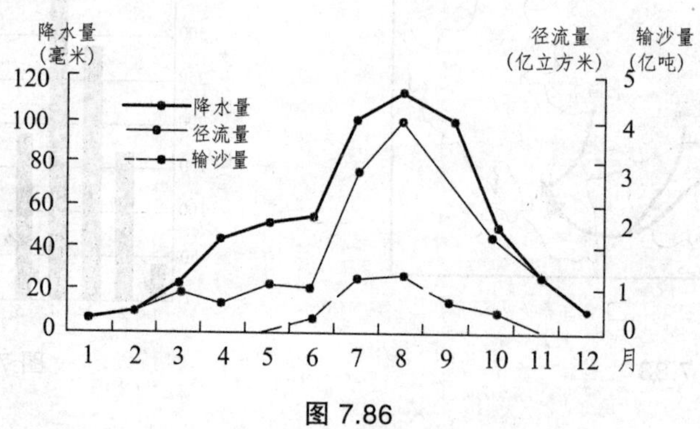

图 7.86

15. 该流域的主要环境问题是(　　)。

A. 土地沙漠化　　B. 水土流失

C. 土壤盐碱化　　D. 地面沉降

16. 该环境问题易导致下游(　　)。

A. 径流量减少,不易决堤泛滥　　B. 径流量增多,季节变化减小

C. 输沙量大,水库淤积严重　　D. 流速减慢,利于内河航运

解析:该题考察河流的水文特征及其形成原因和对造成的危害。从图中可知,降水量、

径流量和输沙量高峰比较一致，因而可以判断该河流主要的补给来源是雨水，河流洪水时携带大量泥沙入河。故其主要环境问题是水土流失，导致下游地区输沙量大，水库淤积严重。答案：15B16C。

经典试题 3

（2008 上海地理）37. 图 7.87 反映的是人口与环境发展的一种关系模式。读图分析人口数量变化与环境诸要素的相互关系，并运用可持续发展观点对“如何协调人口与环境的关系”提出自己的看法。

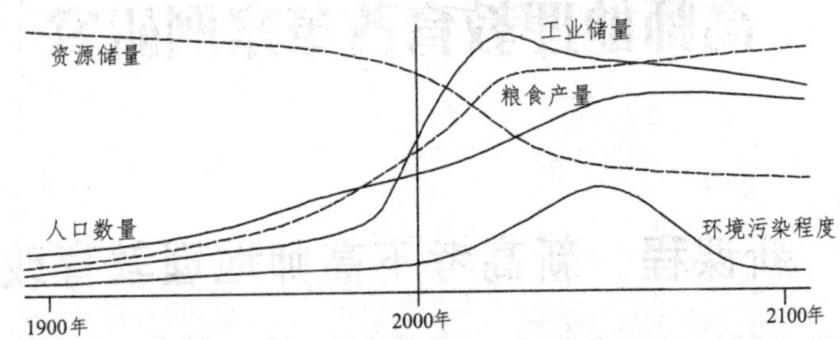

图 7.87　人口数量变化与环境诸要素相互关系模式

解析：考察我国四大地区之间的人口流动，人口数量与环境的关系。能据图分析人口数量变化与环境污染的关系，对“如何协调人口与环境的关系”提出自己的看法。（8 分）该模式显示：一个地区随人口增加，工业产值、粮食产量也随之上升，但资源减少，环境污染有所上升；当工农业生产上升，资源急剧减少，环境污染加剧，人口增长趋于平缓；当人口增长缓慢，资源的消耗与环境污染问题得到缓解。一个地区人口数量应该与该地区的自然资源与环境、工农业生产水平等相适应，从而促进地区社会经济的协调发展。答案：控制人口过快增长；开源节流，合理利用各种资源；防治污染，保护环境与生态；发展绿色农业，储备足够粮食；发展节能型、环保型工业，实现产品升级换代等。

思考题

1. 为地理高考教学设计 2～3 个专题复习计划，要求包括复习目标、知识要点、试题训练、效果检测、复习策略等环节。

2. 对本书附录地理高考疑难试题进行解析，以不同专题归类，阐述答题心得。并阐述高考地理教学中如何渗透相关地理答题思维和技巧。

第八章

新课程、新高考下基础教育及高师地理教育改革案例研究

第一节　新课程、新高考下高师地理教育改革探索

基础教育改革家喻户晓，新课程理念深入人心。新课程和新高考具有时代性、创新性、选择性、开放性、实践性，对广大师生提出了新的要求，对教师的课程观、能力素质、教师的角色、教学方法、评价模式提出了挑战。在新课程和新高考背景下，培养中学地理教师的高师地理教育必须顺应时代做相应的调整，以适应变化的形势。海南师范大学资源环境与旅游学院（以下简称海师资旅学院）是海南唯一面向中学培训地理师资的单位，同时也是具有环境评价资质和城乡规划资质的单位，成立于1982年，原为地理系，在海南地理教育领域起着领头羊的作用，在环境评价和城市规划领域也具有一定的地位。近年来，为顺应基础教育改革和地理高考改革，该学院在课程设置、教学手段、教学方法、教学理念等方面做了较大的改革，办学效益不断提高。

一、更新思想观念，改变人才培养模式

全球化背景下，知识经济和信息社会要求学生有高度的研究能力和创新能力，对信息进行选择、分析、加工，形成新信息和知识产品。创新能力的强弱决定了人力资源素质的高低。高师地理教育必须改革人才培养模式和教学模式，建构一种以学生为主体、教师为主导的新型教学模式，以人为本，以学生为主体，强调终身学习，重视学生学习方法、能力提高和素质的养成，培养德智体全面发展，专业基础扎实，知识面广，实践能力强、综合素质高的能适应新形势对未来人才的要求的创新型复合人才。

1. 实行学程分流和方向分流，突出专业特色

海师资旅学院实行学程分流和方向分流，强化学科基础，重视学生创新能力和实践能力的培养。学科分段采用“3+1”模式，即前三年安排通识教育和专业基础教育，使学生的基本素质达到较全面的提高，形成专业知识和能力框架基础；后一年进行系统的教育训练，方向专修，拓宽专业口径，满足学生不同的兴趣爱好。第6学期开设了地理教学论、教育学原理、发展与教育心理学、现代教育技术及应用、微格教学、中学课程标准与教材分析、地理课堂教学技能课程、地理高考研究等地理教育理论和技能类课程，利于学生理论联系实际、学习运用结合。第7学期开设计算机在地理教学中的应用以及地理课件等教育技术类课程对理论知识运用实际进行深化。地理见习主要集中于第5~7学期，与各层面课程相互配合进行集中教育实习。

2. 拓宽专业口径，适应市场需求

海南省资源丰富，海洋辽阔气候温和，环境优美独特，是全国最大的经济特区和海洋大省，是我国冬季避寒、热带滨海旅游、生态旅游的热点地区。目前，由于种种因，海南经济发展滞后，旅游开发缺乏规划，城市建设缺乏个性、海洋优势、生态优势没有充分发挥。海南省需要大量与地理科学相关的人才参与到社会经济建设中。作为海南省唯一的地理系，海师资旅学院任重道远。在新形势下海师资旅学院必须拓宽专业口径，培养创新型、适用型、开拓型人才，适应市场需求。

根据海南的发展，结合地理专业和院系的实际，海师资旅学院在地理教育方向的基础上，新增了两个专业：旅游管理（含旅游管理、旅游规划、旅游教育3个方向）、资源环境与城乡规划管理（含资源环境评价与管理、城乡规划2个方向）。至此，该系拥有自然地理学硕士点1个及地理科学、旅游管理、资源环境与城乡规划管理本科专业4个和生态旅游管理专科专业1个。

二、改革课程体系，强化学生人文素质的塑造和实际能力的培养

新课程理念要求学生学会求知、学会做人、学会劳动、学会生活、学会审美、学会健体，在未来社会能够健康成长和发展。知识经济和全球一体化的趋势使我们的社会比以往任何时候都迫切需要具有创新精神、创新能力和创新人格的人才。海师资旅学院审时度势，在城市规划和旅游管理专业和地理师范专业都增加了人文教育课程、实际操作的课程，提高学生文化素质和实际操作能力，促进学生学习能力的培养和学习方式的养成（见表8.1）。

表 8.1 海南师范大学资源环境与旅游学院课程结构

专 业	通识教育课时/课时专业教育课时	实践学分/课程学分	专业选修课时/专业教育课程
地理科学	32.5%/73%	16.3%/83.7%	14.6%
资源环境与城乡规划管理	31.7%/68.3	14.1%/85.9%	27.1%
旅游管理	32.2%/67.9%	14.7%/85.3%	27.1.%

（资料来源：海南师范大学本科专业培养计划 2006）

1. 优化课程结构，注意与中学高考课程接轨

为提高师范生实际教学技能，使师范拥有更高的教育素养，以适应新课程和新高考的要求，缩短师范生成长同期，海师资旅学院对课程进行了优化，注意与中学高考课程接轨。在压缩传统地理课程教学时数的同时，加强地球概论、自然地理学、人文地理学、经济地理学、中国地理学、计量地理、地理信息系统等中学必用的基本课程。人文地理课程增设人口地理、城市地理、区域分析与规划、经济地理导论、城乡规划等科目（见表 8.2）。

教师教育课程增设了教学方法与技能、中学地理课程标准与分析、地理教师技能训练、新课程理念、微格教学、地理高考研究（2008 年以后增设，由中学地理特级教师任教）等多门面向师范院校地理专业和基础教育地理课程改革的必修课程，选修课程由 4 门增加到 12 门。教学中注意借鉴现当代课程与教学论、教育心理学等理论的最新成果和引进国外同类课程中适用于我国的教学理论，关注全国和本省地理高考改革和高考研究的最新动态，使学生了解地理教学论的前沿和地理高考动态，成为学者型、研究型、适应地理高考型教师。

表 8.2 海南师范大学资源环境与旅游学院教师教育模块课程设置的变化

	2001		2006	
	课 程	占总学分的比例	课 程	占总学分的比例
必修课	心理学、教育学、教育技术学、地理教学论（含微格教学）	5.1%	发展与教育心理学、教育学原理、现代教育技术及应用、教学方法与技能、地理教学论、中学地理课程标准与教材分析、地理教师技能训练	8.9%
选修课	教育测量与评价、心理咨询、现代教育改革动态、教育科学研究方法	1.0%	中外基础教育研究、基础教育新课程改革研究、现代教学流派述评、创新性教学理论与实践、当代中国教育热点问题探讨、当代中国高等教育热点问题探讨、教育政策与法规、班级管理、教育研究方法、心理咨询、信息技术与课程整合	1.7%

（资料来源：海南师范大学本科专业培养计划 2006）

2. 完善课程层次，丰富课程形式，强化技能训练和实践环节

在原来理论层面课程的基础上，增设了强化学生动手操作、应用实践、职业技能训练，促进提高学生能力的操作层面，构建“三层次课程体系”，弥补了过去在知识理论学习和中学教育实习之间以及学生理论知识与实际工作之间缺少的操作应用的中介环节，有利于学生教学能力和工作能力的形成以及职业意识的形成。在地理科学专业教学论课程中学生用于单项技能实践和综合技能实践活动教学技能训练学时达到 1/3 以上。同时还通过到实地观摩、实验室训练、野外活动和教研活动、观看优秀教学录像、聘请外地学者学术演讲和请中学特级教师进课堂、举办讲座和进中学实习、见习等方式，促进学生理论与实际结合，增强操作能力和操作意识（见表 8.3）。

表 8.3　海南师范大学资源环境与旅游系课程层次列举

课　程	教师教育课程	城乡规划课程	旅游管理课程
理论层面	地理教学论 教育学原理 发展与教育心理学	城市规划原理国土规划 区域分析与规划 建筑设计原理	管理学原理，旅游经济学 旅游心理学、旅游学概论 宏观经济学、微观经济学
操作层面	微格教学 教学方法与技能 地理教师技能训练 现代教育技术与运用 中学地理课程标准与教材分析	城市详细规划 城市交通规划 村镇规划 土地利用规划 城市详细规划	旅行社管理，高尔夫管理与服务 旅游市场营销，酒吧服务与管理 旅游企业财务管理，餐饮服务与管理 饭店前厅管理，客房服务管理
实践层面	地理教育见习 地理教育实习	自然地理综合实习 测量地图学实习 区域与环境综合实习 环境地质学 城乡规划实习 毕业实习	公共关系实习，旅游认知实习 旅行社与导游业务实习见习，专业实习 旅行社与业务实习见习实习、见习 旅游综合实习，旅游饭店综合见习 旅游规划见习，旅游市场调查

（资料来源：海南师范大学本科专业培养计划 2006，仅选择几个有代表性的课程）

三、改革教学模式、方法和手段，突出学生主体地位

1. 教学方法多样化，突出学生主体地位

为适应新课程新高考的要求，海师资旅学院改革教学模式、方法和手段，突出学生主体地位，培养学生构建知识、自我发展、自我探究的能力。在地理教学中，采取学生能主动参与的开放的多种教学方式，鼓励学生进行探究学习、合作学习，同时注意教学方法的优选和

组合，适当变换，形成风格，力求符合现代大学生的心理特点，适合教材内容体系，与新课程理念融和，提高教学效益。如采用启发式教学、研讨式教学、案例教学等教学方式方法。启发式讲解主要用于讲基本知识理论，启发学生对问题进行思考；研讨式教学用于对热点问题和开放性话题展开研究；课程讨论式即针对教师提示和教学要点侧重探讨中学地理课改特点和教学要求；案例式教学则主要运用于地理课程教材研究。

2. 教学手段现代化，提高教学效益

海师资旅学院所有课程采用了现代教育技术，利用多媒体进行教学，大部分课程建设为网络课程，便于学生自助、自主学习、远程学习和网上答疑。海师资旅学院使用 Blackboard Learning System™（简称 BB 或毕博）加强虚拟学习环境、补充课堂教学和提供远程教学，教师可以有效地管理课程、制作内容、生成作业和加强协作。网络教学充分利用网上资源，整合地理多媒体教案及地理课件设计，使用效果较好。

3. 注重教学过程的互动，构建和谐的师生关系

新课程理念下，学生是学习的主体，应重视学生的能力发展、学生的学习过程和学习方法，重视学生的情感、价值和态度观。高师地理教育是高校教师与未来中学教师的互动，有很强的示范性。海师资旅学院重视教师与学生的互动关系，构建和谐的师生关系。如地理教学论理论教学和微格教学中，教师提供典型范例、事例，边领会、边模仿、边演练课堂教学技能；然后，学生自行设计教案、自我练习并进行角色模拟扮演、亲身体验、反复训练，最后学生互评、教师指导点评、小组互评，强化课堂教学技能的训练。

四、改革教学评价体系，注重发展性、过程性和综合性

1. 评价内容全面化，实行综合评价

新课程评价内容要顾及三大领域的培养目标：基础知识基本技能、情感态度与价值观、学习过程与方法。海师资旅学院在教学中改变以单纯知识评价为重的评价模式，转向为既重评价学生的文化素质，又重视评价学生的科研素质、学习潜力，学习思路、学习方法、学习过程；评价学生的态度、情感、行为，构建综合性评价体系。作业成绩、小组讨论成绩、实习成绩、口试成绩和闭卷笔试成绩以一定的权重构成综合评价的因子，用于全面考查学生的能力。如自然地理学（气候）部分的综合评价（见表 8.4）。

表 8.4　自然地理二（气候部分）综合性评价的构成

成绩类型	完成频率	权重	考核内容	考核目的
作　业	2 次	20%	气候基础知识的综合运用	巩固基础知识，培养综合能力
讨　论	2 次（8 学时）		热点及前沿问题	促进课外自学，培养学生收集资料能力，激发创新精神
实　习	3 次（10 学时）		大气要素的观测及要素资料的统计	培养学生动手能力，加深对地理学的理解
口　试	期中考核	20%	教学重点问题，理论知识的实际运用问题	整理思路，产生创新，培养学生口头说理和表达能力
笔　试	期末考试	60%	学科知识的综合运用	加强对学科的全面理解与思索，提高综合分析能力

（资料来源：海南师范大学教学改革研究项目成果汇编 2006）

2. 评价方式多样化

海师资旅学院改变单纯笔试，闭卷考试为主的评价方式，采用纸笔测验、访谈评价、问卷、小论文、成长记录、档案袋表现性评价等相结合进行评价，按照一定的权重进行组合，有利于充分挖掘学生潜力，促进其全面发展，调动其主观能动性，促使学生更有效地学习。

五、加强师范生地理高考教育素质训练

为更好地适应中学地理教学，响应新课程改革和新高考的要求，海师资旅学院加强了师范生地理高考教育素质的训练。注重更新师范生的育人理念，加强素质教育意识的形成，更新人才观、考试观；强化学生综合素质、基本素质的提高。增强有关新课程理念、基础教育改革等知识和课程，强化师范生的素质教育意识、高考意识和育人意识。

注重知识和学科的拓展，加强中学地理高考、中学教材分析、中学地理教学方法等知识和学科的教学，加强与中学重点难点知识以及中学选修课程相关的知识和能力的传授和培养，适应中学教学的需要。

重视学科教学论人才的培养，开展有关中学教学的课题研究，强化教师教育课程的建设和完善，增强师范生的从教能力和教学研究能力，培养师范生的教育改革意识。改革高师地理教学实习和中学教师培训的机制，创新高校与中学教育结合的模式，使高师教育与基础教育互相延伸，相得益彰。

近年来，海师资旅学院为了提高学生应对中学地理高考的教学要求，增设了地理高考研究理论课程和地理高考试题解析的实践课程。请校外中学特级教师专家授课。学生普遍感觉对中学高考增强了信心，提前与中学地理教学接轨，进入业前培训，缩短了教师成为熟练工

的周期。毕业生在海南地理高考教学中发挥了重要作用，取得了较好的高考教学效益和效果。

六、结 语

高师地理教育是培养未来中学教师的摇篮，是高等地理教育与基础教育的结合点和联系纽带。高师地理教育要为基础教育提供知识支撑和理论指导；为基础教育服务，反映基础教育改革的要求。新课程和新高考强调学生的主体地位、重视学习过程、注重学生的情感、价值态度的生成，对教师的课程观、能力素质、教师的角色、教学方法、评价模式均提出了挑战。高师地理教育必须调整课程内容，整合课程设置，改变人才培养模式，改革教学方法和评价体系，强化师范技能和教学能力、地理高考研究技能的培养，提高学生应对新时期高考教学的素质要求。

第二节 新课程、新高考下农村中学地理教师继续教育研究

一、我国农村中学教师继续教育进展

新课程、新高考理念的实现需要教师拥有全新的教学理念、扎实的信息处理能力和教育技术，拥有开拓精神、创新意识和终生学习的习惯，教师教育是新课程、新高考实施的关键。除加强师范教育改革外，对已有中学师资尤其是农村中学教师进行面向新课程、新高考的培训，对提高农村中学教育师资水平、提升教育公平、践行新课程、新高考理念、提升教学效益具有现实意义和可操作性。

由于地缘和历史的原因，我国农村地区中学教学设施落后，师资缺乏，尤其是偏远落后的少数民族地区尤其严重。随着我国义务教育的普及、教育公平理念的落实、素质教育新课程改革和高考改革的实施、农村工作的深入以及新农村建设的开展，农村基础教育的发展成为各级政府和教育主管部门面临的关系国民素质和民生的重大问题。新形势下，改善农村办学条件、改善农村教学效益、对农村教师进行继续教育提高农村教师业务素质的呼声越来越强烈。农村中学教师不断提高自身的素质和业务水平成为广大教师的内在要求，同时也是教育全民化、信息化、终身化、学习化的重要环节。国家相继出台了关于教师培训的相关法律法规，国家及地方各级教育行政主管部门在不同阶段和不同教育改革形势下依托各级教育科研部门、国家和地方师范院校先后发起了针对部分教师、针对教师专项技能或教师全员全项技能培训的项目。2010 年，中央财政投入 5.5 亿元启动的“国培计划”通过“中小学教师示范性培训项目”和“中西部农村骨干教师培训项目”两项内容和农村中小学教师置换脱产研

修、农村中小学教师短期集中培训、农村中小学教师远程培训等培训途径对中西部农村义务教育教师进行有针对性的培训，同时，引导地方完善教师培训体系，加大农村教师培训力度，提高农村教师的教学能力和专业水平。确定了包含北京师范大学、华东师范大学、华南师范大学、陕西师范大学、福建师范大学和北京大学等18家机构的教育部推荐的"国培计划"教师远程培训机构。"国培计划"作为一项普惠性的培训项目，破解了农村教师"充电"难题，解决了农村教师培训的工学矛盾，切实帮助包括广西、新疆、西藏等少数民族地区和边远落后地区农村教师解决了在课程教学中遇到的实际问题，为农村教师队伍专业化水平的提高起到重要作用。

二、农村中学教师继续教育现状及存在的问题

农村中学教师的培训从中央到地方都在如火如荼地展开，可谓轰轰烈烈，名目众多。但农村中学教师培训在其表面繁荣的背后存在培训方和被训者缺乏驱动力和激励机制、对师范生的管理关心和专业指导不到位、相关各方没有沟通平台、培训内容跟不上需要、缺乏对培训者的准入条件和规范等诸多问题。下面以海南省为例进行剖析。

1. 海南农村中学教师继续教育现状

海南由于地理和历史的原因，经济不够发达，农村基础教育落后。经过建省办特区和国际旅游岛的建设，义务教育阶段基础教育状况有了很大的改善，但仍然存在经费严重不足、教师整体素质不高、队伍不稳定、教育观念陈旧、教学效益低等诸多问题。尤其是少数民族地区更为严重，教师培训任务十分艰巨。海南省委、省政府一直高度重视基础教育工作，坚定不移地实施科教兴琼和人才强省战略，加强教师队伍建设，加强教师培训工作。目前，海南省已全面组织开展以培训中小学全体教师为目标、骨干教师为重点的全员培训和继续教育，组织开展中小学教师计算机全员培训。但由于培训经费严重不足，除国家级、省级骨干教师的培训外，市县一级的中小学教师全员培训和骨干教师培训还没有普遍展开，制约着全省中小学教师整体的教学、科研和运用现代化教育技术手段能力的提高。

1）举行了省级骨干教师培训、全员岗位培训工作和计算机全员培训项目

出台《海南省人民政府关于加强教师队伍建设的若干意见》，加强中小学教师师德和职业道德建设与现代教育技术、新技能培训教育。启动了以师德为首，以能力为本，以新课程为主要内容的新一轮培训。推进中学教师全员岗位培训工作和计算机全员培训，举办中学地理、历史、生物、体育、音乐、美术和计算机7个学科省级骨干教师培训班，免费为民族、贫困市县培训中学教师。

2）启动了"播种希望"工程

为提高提高农村教师整体素质和农村基础教育水平和师范生实践能力，海南省政府利用

海南师范大学的教师培养平台，启动了历时 5 年的包括“少数民族和贫困地区中小学教师脱产提高培训”、“面向少数民族和贫困地区顶岗支教师资培训”和“周末流动师资培训学院”等项目的“播种希望”工程。

（1）“顶岗实习”与师资培训行动：从 2006 年起，每年从海南师范大学选派 500 名优秀师范生到海南省保亭等 11 个少数民族和贫困地区市县的乡镇中学顶岗实习任教。同时，从上述地区学校置换选派 500 名在职教师离岗到我校进行为期两个月的集中培训。

（2）少数民族和贫困地区中小学教师脱产提高培训行动：从 2006 年起，每年从保亭等 11 个少数民族和贫困地区县市的乡镇中小学选派 80 名在职教师到海南师范大学脱产培训一年。

（3）“周末流动师资培训学院”行动：面向保亭等 11 个少数民族和贫困地区县市，海南师范大学举办“周末流动师资培训学院”活动，以“立足课堂、服务学科、培养骨干、辐射全员”的培训定位，整合全省优质教育资源，利用周末双休日的时间，送教上门，开展课堂教学临床诊断研究，为农村学校培养研究型的骨干教师。

以上三项行动既是一个整体，又各有侧重，顶岗实习与师资培训行动侧重于师范生教师专业情意和实践能力的培养；脱产培训行动，侧重于提升在职教师的专业水平；“周末流动师资培训学院”行动侧重于整合优质资源，培养和造就能引领基础教育的教师队伍。整个行动旨在促进职前教师培养与在职教师培训的互促并进，整体提高海南省农村师资队伍的质量和水平。同时，以此为契机，海南师范大学深入开展教育科研，反哺、促进行动计划的有效推进，先后成立了“基础教育研究所”、“海南省基础教育课程与教学研究基地”、“教师教育研究中心”等机构，多学科、多领域、多视角地展开研究，并把研究成果应用于教师培训和指导中小学校改革之中。

“播种希望”工程开辟了师资培训的新途径，从根本上解决了农村教师的工学矛盾，为农村中小学输送了先进的教育理念，为加强基础教育师资队伍建设，提高教育教学质量和水平，推进教育公平提供了强大的人才智力支持；同时，还很好地构建了教师教育一体化的“大实践”平台，创新了师范生的培养模式，推动了海南师范大学教师队伍的转型和成长。

3）海南省国培计划工程

2010 年，在“播种希望”工程结束之年，海南省将希望工程全面铺开，启动了中学教师远程培训、中小学骨干教师研修项目、中小学体育艺术骨干教师培训项目、农村义务教育学校教师远程培训项目，启动了第二轮顶岗支教与师资培训活动，即海南省 2010—2015“双五百人才工程”项目，进一步加强海南中西部市县农村教师队伍建设，提高当地基础教育质量和水平，促进基础教育均衡发展，帮助中西部市县学校提高教师业务素质、教学和科研水平，打造一支适应实施素质教育和基础教育课程改革需要的教师队伍。

2. 农村中学教师继续教育存在的问题

1）功利性强，顶岗师范生安排缺乏激励机制

顶岗的地区老少边穷、学习条件差、教学设备缺乏、交通不方便、信息闭塞、经济落后。高年级师范生面临毕业、就业和升学等多重压力，加之平时较少艰苦条件的磨炼，在选择时多从个人利益出发，挑三拣四，愿意留在高校附近，方便学习、生活和找工作。高校在选拔顶岗生时，为不影响学生考研和应聘工作，一般较少选拔最好的学生下去最偏远的地方支教。

2）安排不科学，农村教师缺乏驱动力

少数民族地方学校一方面专业教师缺乏，另一方面出于眼前利益，对教师继续教育重视不够，由于经费缺乏学员外出培训或听示范课、购买培训资料在请假或经费报销方面较难得到支持。在学员选拔时往往急功近利，没有充分考虑教师的专业发展或学科发展的需要，选派不怎么受重视的，上最差的班级或上不怎么重要的课程的老师来参加培训，真正需要培训的教师却没有机会参与。加之农村中学缺乏人才流动机制、业绩激励机制、培训考评机制和跟踪管理机制，教师通过培训提高教学效益的内驱力不足。在海南少数民族地区，地理教师缺乏，地理课多由中文、数学，乃至体育专业、美术、音乐专业等专业顶替，部分培训学员参加地理学科培训仅为了完成学校的任务或想趁此机会在城里休闲交友和办事或为了得一个继续教育的学分用于评职称时加分，没有认识继续教育培训的重要性。

3）考虑不周，对师范生的管理关心和专业指导不到位

由于顶岗支教面大量广，点多且分散加之交通不便，组织管理存在困难。由于专业教师教学科研任务较重，高校一般安排没有教学任务和教学经验的办公室人员下到中心镇或县城驻点，对这个县或片区所有专业的实习生进行至多保姆型或管理员、联络员型管理。大学教师和中学老师难以在实际教学环境中从备课、课堂处理、课后辅导、班主任工作等阶段对实习生进行示范、和指导。师范生在顶岗的学校必须把被替教师的全部课程接下来，甚至需上非专业课程或完全上非专业课程，课程量大，备课工作复杂，力不从心，为完成课程任务，实习生多摈弃素质教育用传统的填鸭应试教学方式。部分少数民族地区乡镇治安条件和经济条件较差，实习生安全、生活问题不好解决，学习、考研和教学实习不好兼顾。

4）缺乏合作，师范生、大学专业教师与被顶教师及教研机构、教育管理部门没有沟通平台

师范生下到中学，没有一个过度和了解学生、熟悉教材的阶段；与被顶教师之间缺乏沟通，缺乏责任和义务的界定，新老之间没有承上启下的交流互帮的过程；大学教师主要精力放在指导培训学员或本科生教学或科研上，较少跟踪指导实习师范生；培训学员与大学专业教师之间也基本上是单向传输，没有互动反馈和完善的沟通平台；大学院系与地方教研部门、学校教研组、中心研究组、地方教育行政部门缺乏必要的沟通，没有形成合力。

5）新瓶装旧酒，培训内容跟不上地方教学和时代的需要

在内容安排上没有充分考虑当地的实际需要和区域差异和教师的专业发展的需要。高校缺乏相关的技术人才和科研力量，对于如何设置课程、如何铺开和如何提高顶岗支教的效益缺乏

研究。课程设置缺乏科学性，结构老化，内容陈旧，重理论，轻实践，没有体现新课程改革对教师的要求。部分培训者缺乏对中学教学实际的调查分析和了解，较少针对被培训者实际工作中存在的问题，如中学教师缺乏对高考形势的把握和对高考试题的研究，在继续教育培训中，很少涉及这方面内容。培训者只是结合自己的学术和科研所言非是或照本宣科。安排同课异构或观摩课时，授课内容也没有较好地结合中学进度实际，导致作课教师与农村学生之间无法互动。

6）多头管理，培训缺乏激励机制

教育局、教研室、进修学校存在多头管理，在经费和人员安排方面出现管理和衔接上的一些问题。各种活动，政出多门，没有系统统一规划和安排所有这些培训项目，项目之间缺乏逻辑联系和结构关系。没有机构对培训者和被培训者的选拔、培训过程的跟踪管理和考评完全负责，培训机构、地方学校、高校单位等相关各方缺乏激励机制和责任制度。没有制订培训的统一要求和培训的规范。以至于培训中出现散、乱和低效率状况。由于学校没有财权在接待安排等方面颇费周折，部分地方或学校甚至不怎么热情和重视。

7）制度不完善，缺乏对培训者的准入条件和规范

对培训者的资质要求、培训、考评、激励、监督指导和管理的研究缺位导致培训者素质参差不齐和官员型、管理员型、关系型的培训者的出现，培训成为部分人拉关系、抛头露面或混课时津贴或捞政治资本的场所。高校对献课的中学老师的选拔也存在一些不规范的问题，往往选拔熟悉的老师或自己的毕业生，没有起到很好的示范作用。对培训内容和程序缺乏规范，培训活动随意性过强，培训内容没有一定的标准，往往脱离培训的初衷和中学实际，降低了培训的效率和质量。

三、我国农村中学教师继续教育的对策探讨

1. 深入调研，改革课程结构体系

深入调查研究，分析农村教师的需要，设计不同模块：理论\理念模块（传统经典教育理论、国内外教育理论、素质教育理论、教育家、教育史、地理高考史），实践模块（野外实习组织技能、学科在实践中的应用、课外活动组织技能、室内观测、模拟实验技能、实习计划、报告写作技能），技术模块（信息技术、教学技能），校本模块（乡土教材编著、校本课程开发、校本活动实施、兴趣活动组织），专业模块（专业基础课模块、专业选修课模块、专业前沿动态、高考前沿动态），科研模块（专业科研和教学科研、地理高考研究），让教师根据自己的兴趣和需要选择，核算学时，达到一定学分，发给结业证书。

2. 严格准入，打造培训师资队伍

根据课程设置，确定培训者的准入条件，严格选拔。根据课程需要，“不拘一格”从高校

内部、中学和社会各界公开选拔考评一批具有良好信誉和道德及敬业精神的有资质或有能力的人，并进行系统培训，合格后发给上岗证，打造一支专业化强的责任心高的年龄、学历、性别结构合理、专职和兼职结合的、流动和相对稳定结合、正式和候补结合的师资队伍；并明确责任和义务，并与奖惩和职称评、年终考核定等挂钩，引入竞争激励机制。

3. 精心选拔，塑造培训学员骨干

采用限额申报，由学员提出申请，经教育部门初审，高校把关，选拔培训学员，把具有强烈培训内驱力和真实紧迫需要培训的教师优先选入，对不合格或只是想混学时或其他急功近利的人员拒之门外，切实提供培训的效益。

4. 细化管理，建立激励竞争机制

确定一个部门全权负责，设置学员能上能下的竞争机制，多级培训。高校或省级培训机构只对省级骨干学员负责，省级骨干学员再培训县级学员，县级再培养下面的学员。每年选拔一定比例的下层骨干进入上层骨干中。已经获得某级骨干的学员根据其在上级骨干层培训的情况和其培训下级骨干或学员的效果决定其能否晋升为更高级别的骨干。各级骨干结业之后，发给证书、享受不同级别的待遇或以记学时等进行不同的鼓励，或与学历提高、职称评审、职务晋升和工作调动挂钩。

5. 加大投入，形成培训网络平台

国家或地方政府要整合各项培训项目，投入大量的科研经费和项目建设经费，对农村教师培训中出现的各种问题设立招标或自选课题进行研究，对培训前、中、后各个阶段需要的软硬件进行开发、配备和建设。加强远程教育和网络平台的建设，改善农村中学教师教学工作条件。开发各种模块的教材体系和教学信息资源系统、智能化查询系统、专家支持咨询系统、人机交互式远程学习答疑系统、远程培训考试系统、学员互动系统。让教师能得到正规的、科学的、以人为本的、灵活机动的培训，切实提高培训的质量。

6. 改革模式，提高教师培训效率

根据学员情况，与学员共同商定培训方式。可以是集中培训与个别辅导结合、理论讲解与实际操作结合、同课异构与典型课例剖析结合、导师制或师徒制（导师可以是高校老师、教育行业专家或资深中学教师，一个学员可以选 1 ~ 2 个导师，一个理论的一个实践的）与学员制结合、教学竞赛与教学观摩相结合、脱产学习与短期培训和在职研修相结合、教师培训与学历补偿教育相结合、跟踪指导与集中培训相结合、问题研讨与行动研究相结合、专题讲座与反思交流相结合、笔试与论文写作考核相结合、必修与选修相结合等多种方式，切实提供教师培训的效率。

7. 总结经验，深化顶岗支教形式

保留原有集中定点实习指导的方式，让所有学生对能达到一定的标准的师范素质和技能的培训和实习，在此基础上通过学生自由申报和高校考核选拔优秀学生充实到顶岗支教的队伍，建议实习提前到大学 3 年级下期，实习期限缩短为 2 个月，高校对这些学期师范生课程进行调整。由两位师范生轮流顶替一位中学教师来学校脱产学习。师范生到中学去与被顶老师有一周（5 天）时间的交接过渡时间，以便中学教师对师范生的工作进行指导和生活上做出安排。在师范生顶岗期间高校专业教师和当地现教研部门或联合教研组要对师范生的实习进行指导和考核，并记录评语，进入对该生的成绩考核、推荐工作、入党、推研、评优的考评体系中。

8. 整合资源，形成继续教育的合力

少数民族地区培训师资缺乏、科研力量薄弱、培训经费缺乏、培训相关设施软硬件不完善、培训机制不够科学，必须以系统论的理念统筹安排，整合各方力量，形成合力，共同完成这项艰巨的任务。省级师范大学、各级教育学院、各级地方师范学院、师范学校、省市县重点中学、各级教学研究机构、中心教研组等结构要通力合作、发挥各自特长，各级教育行政主管部门、地方学校、高校、培训机构要通力合作。

9. 加强农村中学教师地理高考素养的养成和高考研究能力的提升

我国农村中学是地理高考研究薄弱的区域，广大农村中学地理教师急需了解地理高考的基本理论、经验，提高地理高考教学效益。要加强地理高考素养的培训、历年地理高考试题赏析，加强综合教研组的作用、加强校级交流，发挥中心研究室和县教科所地理教研员的专业指导技能。加强对农村中学地理教师高考教学的引导，及时发布和交流地理高考最新信息。继续教育的内容要落到实处，对中学教师要具有实用性和指导性。增加中学地理教师继续教育培训地理高考教学的内容。加强地理高考教学示范校和传帮带工程的建设和地理高考教学网站的建设。建立交流平台。

思 考 题

1. 小论文：结合当地实际阐述新课程、新高考下基础教育和高师地理教育如何改革。
2. 小论文：结合当地实际阐述新课程、新高考下如何加强农村中学地理教师的继续教育。

附 录

高考地理疑难试题点津

疑难试题 1：（2007 全国卷 1）图 1 所示区域在北半球。弧线 a 为纬线，Q、P 两点的经度差为 90°；弧线 b 为晨昏线，M 点为 b 线的纬度最高点。回答 6～8 题。

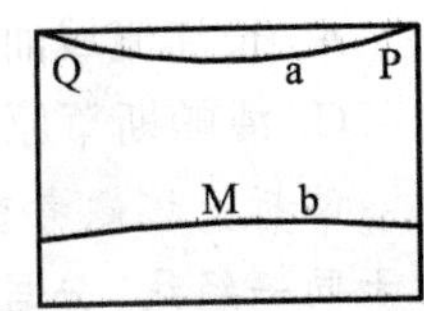

图 1

6. 若此时南极附近是极昼，P 点所在经线的地方时（　　）。

A. 5 时　　B. 15 时　　C. 9 时　　D. 19 时

解析：该题考察极昼极夜和昼夜变化的规律。有相当难度，要有很强的空间想象能力。由题可知 b 为晨昏线，看上去顶部跟纬线平行，则只能是此线以北为极昼区或极夜区。M 点为 b 线的纬度最高点，说明 M 点为白昼区或黑夜区的中央经线，也就是太阳直射经线或与其相对的经线，地方时为 12 时或 0 时。6 题南极附近是极昼，表明太阳直射南半球，此时北极附近为极夜，那么 b 线以北为极夜区，M 点是晨昏线的北部顶点，位于白昼区的中央经线，是太阳直射的经线，也就是地方时 12 时，那么 P 就是 15 时了。答案：6B。

疑难试题 2：（2007 全国卷 2）图 2 表示北半球某区域。a 为纬线，b 为晨昏线。b 线中 M 点纬度值最大，N、P 两点纬度值相等。回答下题。

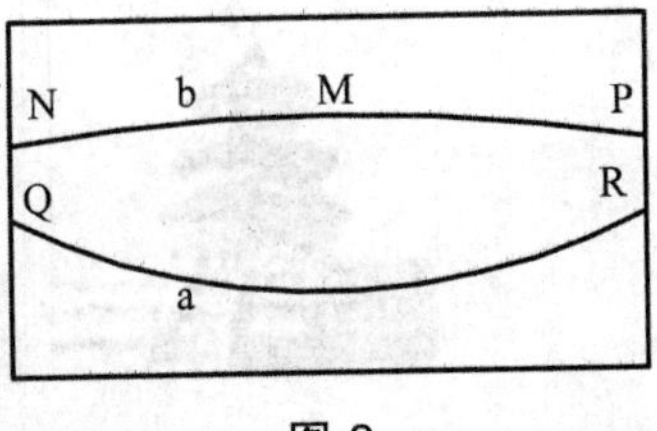

3. 若 Q、R 两点相距 60 个经度，且 R 点为 30°E，图示区域为下半年。此时北京时间为（　　）。

A. 6 时　　B. 8 时

C. 18 时　　D. 20 时

图 2

4. M 点的纬度最低为（　　）。

A. 71.5°N　　B. 66.5°N

C. 61.5°N　　D. 56.5°N

解析：该题考察极圈附近昼夜变化规律。与 07 全国卷一的 6—8 题极其相似。要有很强的空间想象能力。有相当难度。10 题由题可知 b 为晨昏线，看上去顶部跟纬线平行，则只能是此线以北为极昼区或极夜区。M 点为 b 线的纬度最高点，说明 M 点为白昼区或黑夜区的中央经线，也就是太阳直射经线或与其相对的经线，地方时为 12 时或 0 时。11 题图示区域为下半年如果太阳直射南半球。南极附近是极昼，此时北极附近为极夜，那么 b 线以北为极夜区，M 点相对的经线是白昼区的中央经线，是太阳直射的经线，也就是地方时 12 时，已知 R 点为 30°E，推知 M 点位 0 度，那么北京就是 8 时了。北半球出现极昼极夜的最低纬度是：66.5°N。答案：3B4B。

疑难试题 3:（2008 海南卷 13）图 3 中 a 为纬线，P、Q 两地经度相同，相距 800 千米。完成下题。

若 Q 地 5 时 30 分日出，a 的纬度为 15°，这时的月份可能是（　　）。

A. 12 月　　B. 2 月　　C. 6 月　　D. 10 月

若 P 地 19 时太阳已落，Q 地仍夕阳西下，这一季节（　　）。

A. 长江流域油菜花盛开　　B. 美国大平原麦翻金浪

C. 潘帕斯草原绿野千里　　D. 尼罗河进入丰水期

P
a
Q

图 3

解析：该题考查不同纬度昼夜变化的规律和不同地区地理特征的季节变化。P、Q 两地位于同一经线，分居 15° 纬线两侧，相距 800 km。可知 Q 点的位置介于两个区间里：北纬（15, 15-800/110）和南纬（15, 15 + 800/110）由题知 Q 地 5 时 30 分日出，则只能是位于南纬那个区间。因为北纬那个区间纬度太低，昼夜变化不明显。14 题中 P 地 19 时太阳已落，Q 地仍夕阳西下说明 Q 地纬度比 P 地高应该在南半球而且是接近南至的时期，此时南半球潘帕斯草原绿野千里。此题具有地方色彩，海南正好处于北半球的类似纬度的热带地区，考生平时如对昼夜变化节律有深刻体会，容易联系生活进行解答。答案：13A14C。

疑难试题 4:（2006 天津卷）我国科学家从 a 地出发到 b、c、d 三地考察（图中标注的是经纬度位置和抵达时的北京时间）。读图 1 回答 1～2 题。

a

1° N, 104° E
b（11月29日6时）

c（12月6日9时）

d（12月18日12时）

图 4

1. 科学家抵达下列各地时，符合实际的现象是（　　）。

A. b 地………太阳已经升起　　B. c 地………为正午

C. d 地………太阳位于地平线以下　　D. d 地………当地日期为 19 日

2. 在 d 地观察太阳，观察时间（当地时间）与太阳所在方向组合正确的是（　　）。

A. 3：00 东北方　　　　　　　　B. 8：00 西南方

C. 15：00 西北方　　　　　　　　D.19：00 东南方

解析：该题考察地方时和日出方位。1 题 b 地 11 月 19 日 26 时，北半球昼短夜长，日出晚于 6 时，北京时间 12 月 6 日 9 时时 c 地为同日 11 时，d 地在北京时间 12 月 18 日 12 时时，处于 0 时，这里没有极昼，太阳位于地平线以下，d 地在北京时间 12 月 18 日 12 时时是 12 月 18 日 0 时。2 题 3：00 时，d 地太阳在东北方，但尚未日出；6～18 时 d 地的太阳都应在偏北方向，因而 B 选项被排除；正午以后太阳都偏西，D 项被排除。15：00 时，d 地太阳位于西北方，此时太阳已经偏西。该题有一定难度，学生必须懂得太阳在不同时刻地平上的方位，懂得南半球日出的规律和昼夜长短的变化，会计算不同经度区时和估算日出时间。答案：1C2C。

疑难试题 5：（2006 全国 1 卷）据报道，哈尔滨地区 2004 年 10 月 14 日出现的日偏食开始于 9 时 20 分，结束于 10 时 57 分。当哈尔滨日食结束时，美国阿拉斯加州某地为 13 日 16 时 57 分。那里人们看到的日偏食开始于 13 日 17 时 55 分，结束于 13 日 18 时 46 分。读图 5，完成 9～11 题。

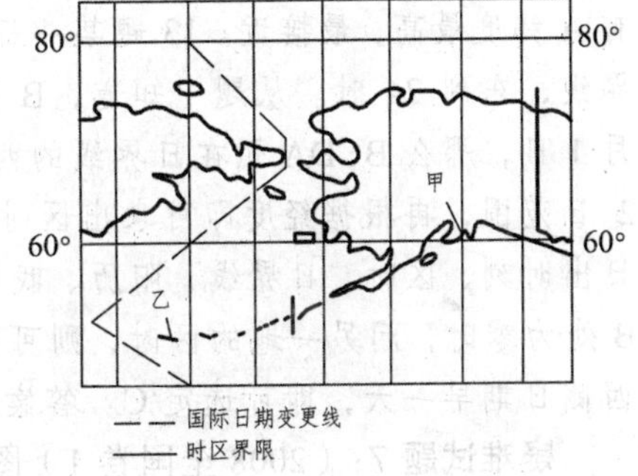

图 5

9. 图中阿拉斯加州的甲地和乙地（　　）。

A. 能够同时看到这次日偏食的全过程

B. 乙地先看到日偏食，甲地后看到日偏食

C. 乙地能看到日偏食，甲地看不到日偏食

D. 乙地只能看到日偏食开始，甲地只能看到日偏食的结束

10. 报道中的阿拉斯加地区使用的时间是（　　）。

A. 地方时　　　　　　　　B. 西 10 区的区时

C. 西 9 区的区时　　　　　D. 西 8 区的区时

11. 阿拉斯加州能看到这次日偏食结束的地区，其使用的区时与地方时相差约（　　）。

A. 0 小时　　B. 1 小时　　C. 2 小时　　D. 3 小时

解析：该题考察日食发生的顺序和观食地区。从图中可以看出，阿拉斯加州地跨东 11 区、东西 12 区、西 11 区、西 10 区和西 9 区。西部看到日食早于东部，因为月影从西往东扫过地球。阿拉斯加位于高纬地区，在 10 月 14 日，北半球各地昼短夜长，能看到日偏食全过程的地区在阿拉斯加偏南偏西的地区。甲地由于位于北纬 60 度，17 时 55 分日食开始时已经进入黑夜，无法看到日食。在报道中的阿拉斯加地区使用的时间应该是西 10 区的区时。其使用的区时与看到这次日偏食结束的地区的地方时相差约 2 小时。该题有一定难度，需要计算地方时和区时，懂得日食移动的规律和昼夜长短的变化规律。答案：9C10B11C。

疑难试题 6：（2006 广东地理）读图 6，完成 11～13 题。

11. 若 AB 弧表示夜弧，则 D 点的日出时刻是（　　）。

A. 21 时 30 分　　　　B. 2 时 30 分

C. 8 时 00 分　　　　D. 3 时 30 分

12. 下列哪座城市昼夜长短的状况与图示情况最接近(　)。

A. 大庆　B. 海口　C. 岳阳　D. 长春

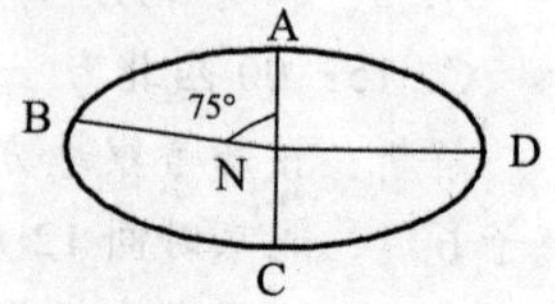

图 6

13. 若AB弧表示2006年3月1日的范围,其余为另一日期。设B点为零时，则100°E的区时为(　)。

A. 2月28日13时40分　　　　B. 2月29日13时40分

C. 3月2日14日00分　　　　D. 2月28日14时00分

解析：该题考察昼夜长短和区时计算。(1)11题，同一纬线夜长相等。AB弧表示夜弧说明该纬线地区夜长为5小时，夜长以0时对称，那么日出时间是地方时2.30。(2)12题只有A纬度最高，最接近。13题某一日的范围是指西起该日0时所在地，东到日界线或西起日界线，东到24时。从题中知道，B处为零时，那A处就一定是日界线了，而且AB弧为3月1日，那么BCDA弧在日界线的西侧应为3月2日。题中要求的100E位于BCDA弧3月2日范围，再根据经度即可求出区时来。该题综合性强，具有相当难度，融合了昼夜划分、日出时刻、区时、日界线、阳历、我国城市经纬度等知识。(3)解13题可以巧解，题中告知B处为零时，问另一地的区时，则可以肯定为整点数，即可框定C和D选项，再根据日界线西侧日期早一天，即可选定C。答案：11B12A13C。

疑难试题7：(2008全国卷1)图7中a是经线，Q点为晨昏线与该经线的交点。完成26～29题。

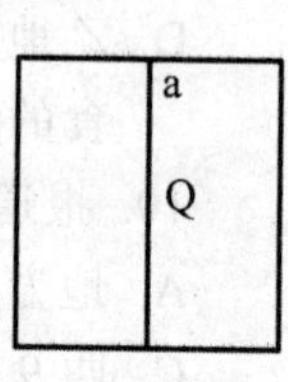

图 7

26. 若Q地的地方时为5时30分,则Q地所处位置和月份可能是(　)。

A. 北半球、10月　　　　B. 南半球、5月

C. 北半球、5月　　　　D. 南半球、8月

27. 若Q地的地方时为2时30分，则Q地的纬度可能为(　)。

A. 30°～40°　　B. 45°～55°　　C. 5°～15°　　D. 60°～70°

28. 当Q地位于北半球低纬时，可能的月份及时刻是(　　)。

A. 12月、17时30分　　　　B. 9月、17时

C. 6月、4时30分　　　　D. 4月、5时

29. 一年之内每天同一时刻(6时、18时除外)，Q点在该经线上(　)。

A. 密集分布于南北回归线之间　　　　B. 均匀分布于整条经线

C. 密集分布于南北极圈之间　　　　D. 集中分布于南北两个区间

解析：该题考察经线上晨昏线的变化，具有相当的难度，学生要有太阳直射点移动的规律和昼夜更替的知识，要有空间想象力，要能画出相关光照示意图。26题Q方时为5时30分说明Q地此时天明，白昼长晚上短，处于夏季，因而只能是北半球、5月，其他不符。

27 题 Q 地的地方时为 2 时 30 分，表明该地白昼时间特长达到 19 小时，则 Q 地的纬度可能 D。28 题当 Q 地位于北半球低纬时，由于低纬度地区昼夜变化小，因而可能的月份及时刻是 12 月、17 时 30 分。29 题晨昏圈与太阳光线垂直，晨昏圈与某一经线圈的交点，呈以地心对称，以赤道对称。答案：26C27D28A29D。

疑难试题 8：（2007 重庆文综）读图 8，回答 6～8 题。

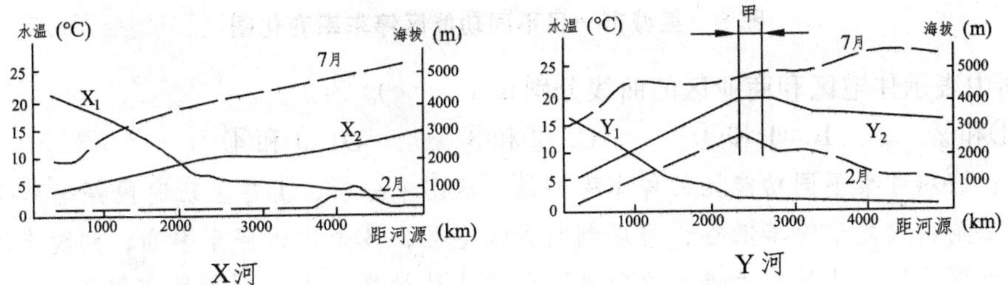

图 8　中国最长两条河流部分河段沿程水温变化图

6. 图示黄河段沿程年平均水温线是（　　）。

A. X_1　　B. Y_1　　C. X_2　　D. Y_2

7. 两河海拔 2 000～1 000 米河段水温变化幅度（　）。

A. 2 月长江大于黄河　　B. 2 月长江小于黄河

C. 7 月长江大于黄河　　D. 7 月长江与黄河相近

8. 河流水温变化与其流经地区的气候相关，Y 河甲河段冬夏水温差异小，因其穿行在（　　）。

A. 横断山区　　B. 四川盆地　　C. 黄土高原　　D. 太行山区

解析：该题考察长江和黄河两大河流的水温变化及其原因。由图 4 可以看出 X1、Y1 是高度变化曲线，X2Y2 为年平均温度变化曲线。再从高度曲线可以判断 X 河为黄河，Y 河为长江。海拔 2 000～1 000 米河段，黄河流经黄土高原、内蒙古高原等地形区，高度变化缓和，长江流经横断山区，高度变化剧烈。夏季 7 月，长江海拔 2 000～1 000 米河段温度变化幅度小于黄河，2 月大于黄河。因为夏季南方普遍炎热，气温变化小，而黄河段海拔高度对温度影响更大。2 月北方地区普遍寒冷，温度变化幅度小。而南方，长江流入四川盆地，温度升高很快，温度变化幅度大。此题 7 题，有个技巧。A 和 B 选项是完全相反的，那么其中肯定有一个是正确的，因为是单选选择，那么直接排除 CD 选项，只从 AB 中选择就可。该题具有一定综合性，有一定难度，要会看图，把 2 000～1 000 高度段与相应的温度段对应，还要能目测数据，懂得黄河与长江流经的地形区及流经地区的地形特征、气候特征。答案：6C7A8B。

疑难试题 9：（2007 北京卷）城市地域有住宅、商业、办公和文化等功能分区。读图 9，完成第 8 题。

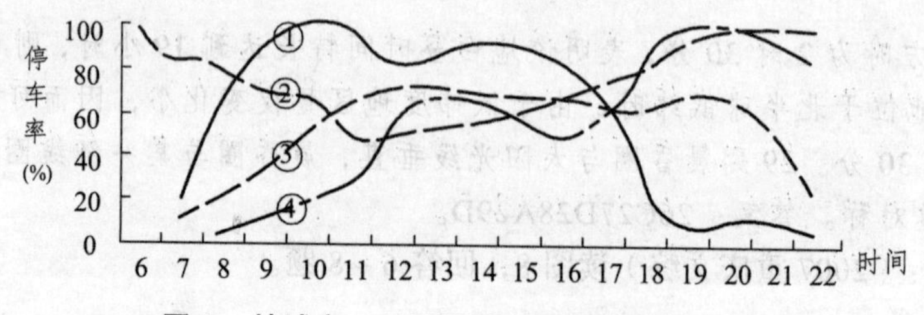

图9 某城市一日不同功能区停车率变化图

8. 图中表示住宅区和商业区的曲线分别是（　　）。

A. ①和②　　B. ①和④　　C. ②和③　　D. ③和④

解析：该题考察不同功能区的停车率问题。从图中分析，①在上班时段停车率高，应该是办公区，②是白天处于停车低谷，可以判断是住宅区，③是白天停车率高，到晚上逐步消退，可以判断是商业区。④是白天停车率升高，到晚上达最高，可以判断是文化区。答案：C。

疑难试题 10：（2007 广东卷）20°W 和 160°E 经线是东、西半球分界线。图 10 中甲、丙在晨线上，此时地球位于远日点附近。回答 22 ~ 24 题（双项选择题）。

22. 该时刻太阳直射点的位置在（　　）。

A. 南半球　　B. 北半球

C. 东半球　　D. 西半球

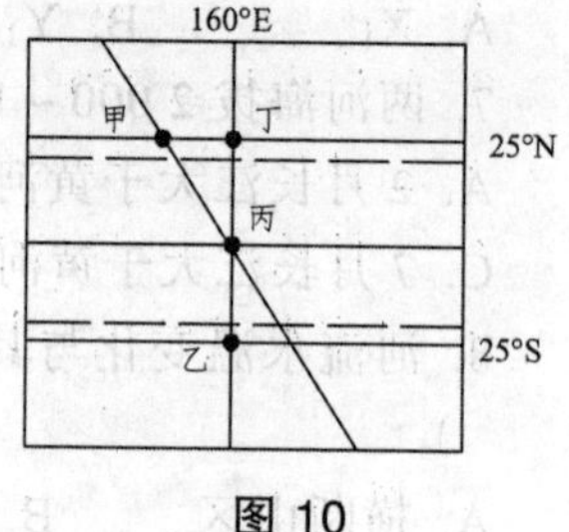

图10

23. 对图中此时甲、乙、丙、丁各地情况叙述正确的是(　　)。

A. 甲地白昼时间比乙地长

B. 甲地正午太阳高度角可达 90°

C. 各地夜长乙 > 丙 > 丁

D. 各地日出的先后顺序是甲、乙、丙

24. 此时，下列各地情况可信的是（　　）

A. 郑州市（约 35°N，114°E）的中学生正在上学路上

B. 南京市正处于一年中的高温季节

C. 雅库茨克（约 62°N，130°E）已是白昼

D. 澳大利亚某地房屋朝北窗户阳光射入室内面积接近一年中最小值

解析：该题考察太阳直射点的有关问题。从题可知，地球位于远日点，即 7 月，从图中晨昏线的位置和倾斜的方向可以判断太阳直射北半球、西半球。23 题甲地白昼时间比乙地长，因为太阳直射北半球，也可以从图中直观地观察昼弧和夜弧的长短。甲地正午太阳高度角不可能达 90°，因为它在北回归线以外。各地夜长乙 > 丙 > 丁，可以从图中直观看出。各地日出的先后顺序是甲、丙、乙。甲丙都在同一晨线日出时间相同。乙在该晨线西面，日出时间比它们晚。24 题郑州市（约 35°N，114°E）此时正处于夜半球，中学生不可能在上学路上。南京市正处于一年中的高温季节，因为地球位于远日点附近，太阳直射北球。雅库茨克（约

62°N，130°E）已是白昼，因为是高纬，白昼时间长，日出早。加之该地离图中晨线所经过的160°E不远。澳大利亚某地房屋朝北窗户阳光射入室内面积接近一年中最大值，因为此时斜射南半球。该题学生需懂得地球运动（自转和公转）的规律，懂得太阳直射点的移动规律、不同纬度、昼夜变化、不同半球季节变化的规律。答案：22BD23AC24BC。

疑难试题 11：（2009 全国卷 2）图 11 示意某区域某月一条海平面等压线，图中 N 地气压高于P地。读图11，完成3～5题。

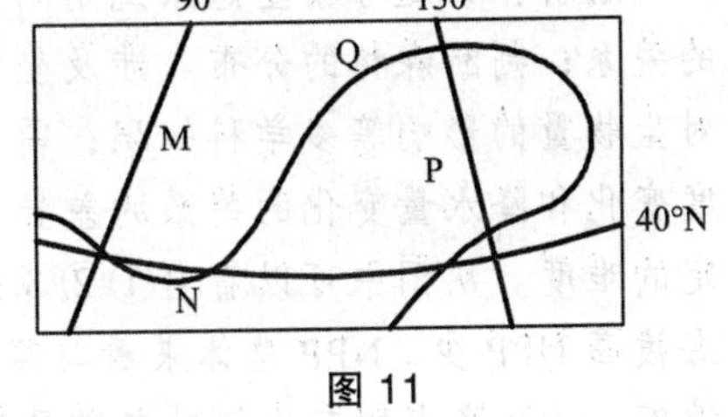

图 11

3. N地风向为（　　）。

A. 东北风　　B. 东南风

C. 西北风　　D. 西南风

4. M、N、P、Q四地中，阴雨天气最有可能出现在（　　）。

A. M地　B. N地　C. P地　D. Q地

5. 当M地月平均气压为全年最高的月份，可能出现的地理现象是（　　）。

A. 巴西高原处于干季　　B. 尼罗河进入丰水期

C. 美国大平原麦收正忙　　D. 我国东北地区寒冷干燥

解析：3 题，从图中可以看出是我国北方冬季的气压图，M 地为蒙古高压，P 地为阿留申低压区，N 地位于我国内蒙古，冬季应吹东北风。四地中可能出现阴雨天气的是 P 地。5 题当M地为全年最高气压时，应为1月，则南半球此时为夏季，巴西处于雨季、美国处于夏季、尼罗河还没有进入丰水期，因为要在夏秋以后才进入丰水期，则只有D中国东北地区干燥寒冷正确。该题通过经纬线和气压轮廓图考查学生对中国地理气压场的熟悉程度，考查处于不同的区域的风向和天气状况，考查南北半球不同地方的季节变化特征和区域地理特征，具有较强的综合性。答案：3A4C5D。

疑难试题 12：（2008 海南卷）某山共分布三类原生森林。图 12 显示三类森林每年每平方米净增的有机物质干重（NPP）与温度变化，降水量变化的关系。据此完成 10～12 题。

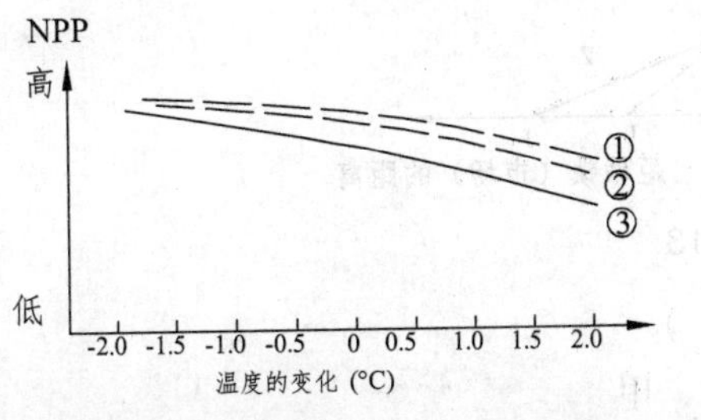

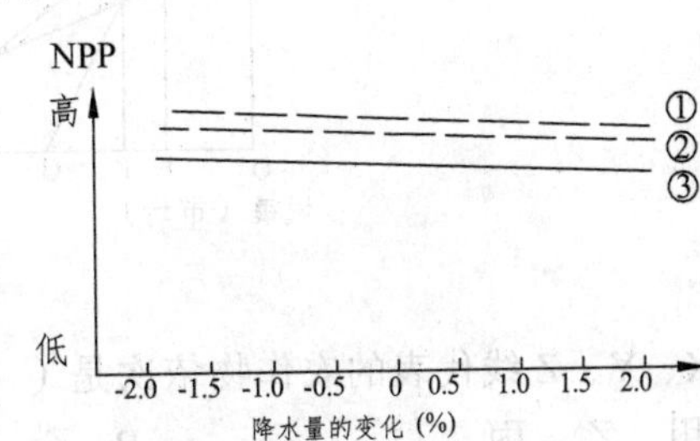

图 12

10. 图 12 信息显示，三类森林中（　　）。

A. ②的 NPP 对温度的变化最不敏感　　B. NPP 与温度变化都成正相关

C. ②的 NPP 对降水的变化最敏感　　　　D. NPP 对降水的变化都很敏感

（2008 海南卷）11. 三类森林分布的海拔自低至高依次是（　　）。

A. ③①②　　　B. ③②①　　　C. ①②③　　　D. ①③②

（2008 海南卷）12.若①为针阔叶混交林，则该山可能位于（　　）。

A. 河南省　　　B. 吉林省　　　C. 安徽省　　　D. 福建省

解析：该题考察生态系统生物量、森林分布规律。从曲线图分析比较生物量与温度降水的关系；判断森林的分布。涉及坐标图判读、NPP 生态学知识、森林的地带分布、海拔高低对生物量的影响等多学科知识；需要对坐标图进行分析比较，找出不同森林初级生产力与温度变化和降水量变化的关系的差异，根据生产力来判断不同森林生长的相对高低，该题有一定的难度。从图中可以看出①②③的 NPP 总量在依次减少，可以判断海拔高度在依次增加，海拔高 NPP 少。NPP 总体来看与温度变化成负相关，斜率为负值。对温度变化比对降水变化敏感。②对降水的变化相对来说是最不敏感的。10 解答有个技巧，两项中均出现了②的 NPP 相关内容，可以判断答案应从这两项中产生。12 题告知①为针阔混交林，也就是告知了最下部基层的地带性植被为针阔混交林，由此可以判断吉林省符合。答案：10A11C12B。

疑难试题 13：（2005 全国卷 2）假定城镇是唯一市场，城镇周围是条件均一的平原，种植农作物的收益只与市场价格、生产成本和运费有关，其关系表达式为：收益 = 市场价格 − 生产成本 − 运费。单位面积甲、乙、丙农作物，其市场价格分别为 600 元、1 000 元、1 400 元，生产成本分别为 200 元、400 元、600 元，运费与距离成正比。图 13 是这三种农作物收益随距城镇（市场）的距离变化示意图。据此回答 9 ~ 11 题。

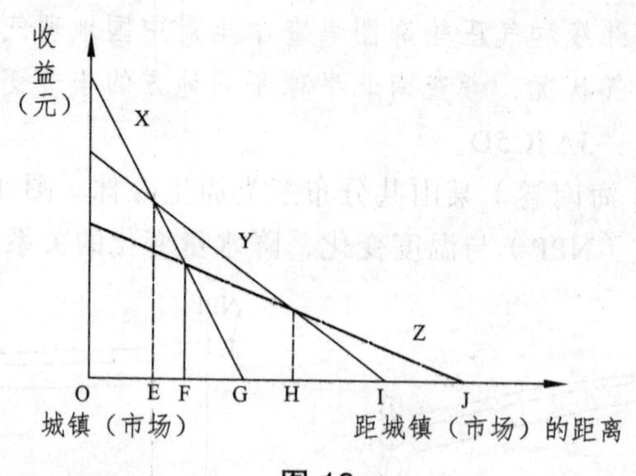

图 13

9. X、Y、Z 线代表的农作物依次是（　　）。

A. 甲、乙、丙　　　　B. 乙、丙、甲

C. 丙、甲、乙　　　　D. 丙、乙、甲

10. 在距城镇 OJ 范围内，为取得最佳综合经济效益，种植这三种农作物的界线应该是（　　）。

A. E、F　　B. F、G　　C. E、H　　D. F、H

11. 与其他两作物相比较，单位面积作物 Z（　　）。

A. 单位距离运费最低　　B. 单位距离运费最高

C. 随距城镇距离增大收益递减最快　　D. 总是收益最低

解析：该题考察三种农作物的区位分布，是古典农业区位论的内容，考查成本收益曲线的判读。由图中可以看出，X 在近郊适合种植，这里运费低，收益好，但随着距离增加，收益迅速减少。Z 在近郊则没有优势，但随着距离的增加，其优势显现出来。Y 则处于中间。由此可以得知，X 对运费很敏感，Z 对运费最不敏感。9 题假定都在市中心生产，则甲乙丙丁收益分别是 400、600 和 800 元。可以判断甲乙丙分别是 ZYX 曲线。10 题在距城镇 OJ 范围内，为取得最佳综合经济效益，以三条线为斜边的与横轴为直边三个梯形（EHY、XEG、ZEH）面积和要最大。答案：9D10C11A。

疑难试题 14：（2009 四川卷）图 14 是亚热带欧亚大陆东部某地等高线分布图，读图回答：

2. 下列四地的农业生产活动，合理的是

A. 甲——育用材林　　B. 乙——培育橡胶

C. 丙——种植棉花　　D. 丁——发展茶园

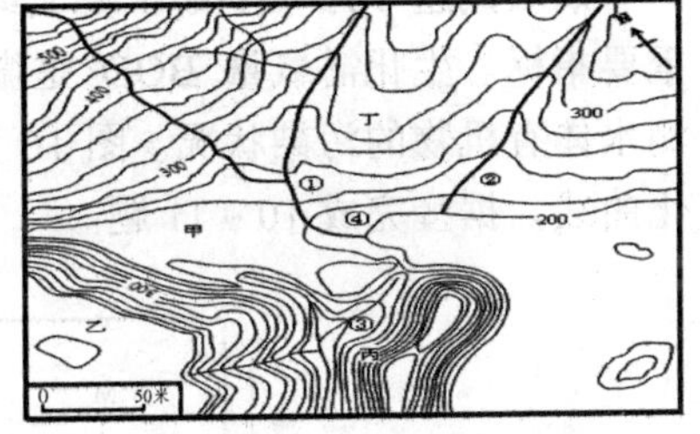

图 14

解析：该题通过等高线图考察农业生产活动。从图中可以看出该地属于扇状的水系，形成湖泊。四地中甲乙丙丁分别位于山谷、山顶、陡山坡、缓山坡。甲山谷地带适合农业生产，乙山顶地带不适合橡胶生产，丙陡坡地区不适合开荒种植，是退耕还林地区，丁缓坡山腰地区更适合建设茶园。该题学生要有判断等高线的能力，要有在地图上判断方向的能力，要有山地合理利用的知识。该题具有较大的综合性。答案：D。

疑难试题 15：（2007 四川卷）图 15 为某区域模式图，读图回答 8 ~ 11 题。

8. 图 15 中所示区域的数码代号与文化景观描述连线正确的是（　　）。

A. ①——梯田层层稻花香

B. ②——草原茫茫牧牛羊

C. ③——翠竹青青有人家

D. ④——山歌阵阵采茶忙

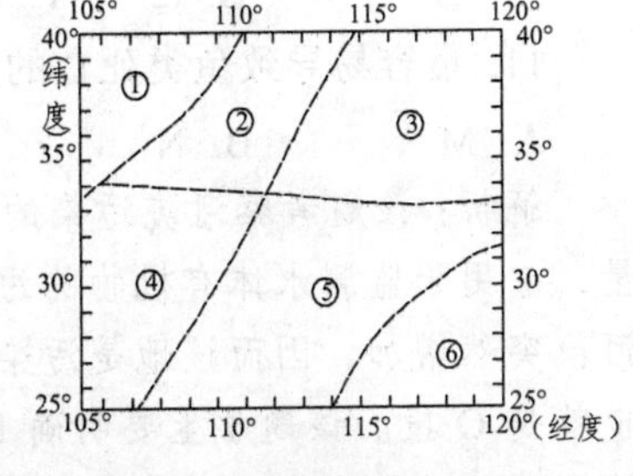

图 15

9. 关于图 3 中各区域突出环境问题的叙述，正确的是（　　）。

A. ①区常绿阔叶林破坏严重　　B. ②区水土流失面积广大

C. ③区泥石流、滑坡灾害频发　　D. ⑤区土壤盐渍化普遍

10. 关于图 3 中各河流水文特征的叙述，正确的是（　　）。

A. ①区河流水位季节变化小　　B. ②区河流春汛长于夏汛

C. ③区河流含沙量大，有结冰期　　D. ⑥区河流汛期短，径流量熏蒸变化小

11. 深秋季节，一旅游者从图 15 某区域乘火车外出旅游。出发时落叶纷飞，满目金黄，穿越重重隧道后，蓦然树木葱郁，山清水秀。火车经过的区域是（　）。

A. 从①到②　　B. 从②到④　　C. 从③到⑤　　D. 从⑤到⑥

解析：该题考察中国的几大自然区的地理特征。梯田层层稻花香、草原茫茫牧牛羊、翠竹青青有人家、山歌阵阵采茶忙分别描述的是我国东南丘陵、蒙古高原、华南地区、西南地区的景象。从图中可知，①②③④⑤⑥分别是新疆、西北、华北、西南、华南、东南地区。①区河流水位季节变化大，集中于夏季，②区河流夏汛为主，③区河流含沙量大，有结冰期⑥区河流汛期长。11 题中穿过的隧道应是秦岭隧道。也就是从西北陕西进入西南四川的地方。答案：8D9B10C11B。

疑难试题 16：（2008 宁夏文综）溶解氧 DO 是指溶解于水中的氧的含量，是衡量水质的重要指标。生化需氧量 BOD 是微生物分解水中的有机物体时需要消耗氧的数量，它用于监测水体有机物的污染状况。图 16 为某河由 M 河段至 Q 河段水中溶解氧和生化需氧量浓度变化曲线。据些完成 10 ~ 11 题。

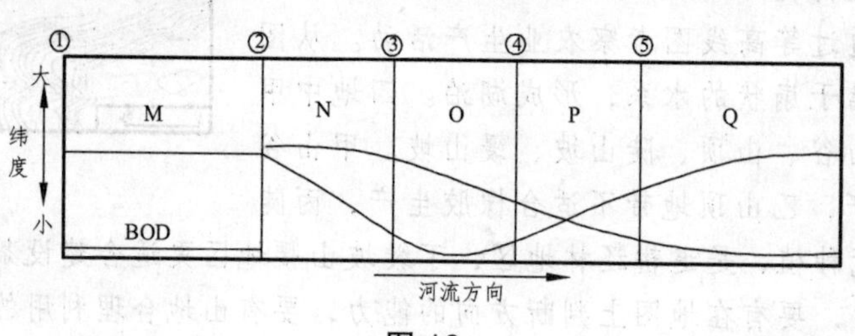

图 16

10. 图 16 中有机污染源在（　）。

A. ①　　B. ②　　C. ③　　D. ④

11. 最容易导致鱼类死亡的河段是（　　）。

A. M　　B. N　　C. O　　D. P

解析：该题考察河流污染的情况。BOD 是微生物分解水中的有机物体时需要消耗氧的数量，它用于监测水体有机物的污染状况，由图中可以看出，①河段基本没有有机污染，到②河段突然增加，因而该地是污染源。最容易导致鱼类死亡的河段是溶解氧 DO 最少的河道，也就是 O 段。该题学生要明确 BOD 和 DO 所表征的环境污染状况及其对水生生物的影响。该题的 MNOPQ 表示和①②③④河段的表示有些重复多余，容易误导学生。答案：10B11C。

参考文献

[1] 何化万，高考取消地理、生物和理科政治科目是对素质教育的冲击[J]. 地理教育，1996，（4）：38.

[2] 王树声，陈国新. 对部分省市试行取消地理高考的意见[J]. 中学地理教学参考，1993，（4）：43.

[3] 褚亚平，等. 高考取消地理、生物科目不符合国家意志，不利于中学教学[J]. 中学地理教学参考，1995，（9）：6-7.

[4] 王秀敏，刘晓宁. 高考取消地理值得商榷[J]. 中学地理教学考，1995（Z1）.

[5] 冉学权. 地理高考怎能取消[J]. 中学地理教学参考，1994，（11）.

[6] 许汉光，屈景学. 高考取消地理科目的负效应之二——使国民素质大幅度下降[J]. 1995，（12）.

[7] 丁德潜，潘仲达. 高考改革引发的负效应不容忽视——高考取消地理科目对地理教学冲击的调查报告[J]. 中学地理教学参考，1994，（9）.

[8] 汪新庄，许汉光，解良田，等. 高考取消地理科目的负效应之一——阻塞了地理学人才输送培养渠道[J]. 中学地理教学参考，1995，（11）.

[9] 褚亚平，等. 高考取消地理、生物科目不符合国家意志，不利于中学教学[J]. 中学地理教学参考，1995，（9）.

[10] 李京子，李承男. 近两年地理高考试题的对比分析及备考建议[J]. 延边教育学院学报，2012，（01）：37-38.

[11] 陆芹. 从高考命题角度谈地理阅读能力和语言表达能力的培养[J]. 教学与管理，2012，（10）：84-85.

[12] 郭长春. 地理高考简答题答题方法探究[J]. 科技创新导报，2012，（06）：185.

[13] 陈香珠. 巧用对称性规律妙解地球运动知识[J]. 读与写（教育教学刊），2011，（01）：174-176.

黄勤雁. 新课程地理高考试卷的特点分析及复习建议[J]. 教育探索，2011,（04）: 33-34.

廖克槐. 解析课标区地理高考试题与课标、教材的关系——以 2010 年湖南高考地理试题卷为例[J]. 当代教育论坛（教学研究），2011，（04）：105-106.

[16] 刘忠英. 地理有效性复习的思考[J]. 科学咨询（教育科研），2011，（05）：87-88.

[17] 刘媚娟. 浅淡高考区域地理复习策略[J]. 知识经济，2011，（13）：170-171.

[18] 彭佳讯. 告别浮躁静心备考——谈地理高考复习中存在的问题[J]. 科学咨询（教育科研），2011，（06）：88.

[19] 邱扬. 新课改背景下地理高考复习策略思考[J]. 西南大学学报（社会科学版），2011，（S1）：103-104.

[20] 叶跃泉. 福建省 2011 年地理高考命题规律探究及备考建议[J]. 教育教学论坛，2011，（36）：218-219.

[21] 邹志刚. 浅谈教师在地理高考复习中的作用[J]. 成功（教育），2011，（12）：53-54.

[22] 苏以颖. 图解示意—突破等值线教学难点的尝试[J]. 广西师范学院学报（自然科学版），2010，（S1）：133-136.

[23] 牟丹. 区域地理高效复习策略[J]. 教育教学论坛，2010，（10）：172-174.

[24] 王君芳. 理清“五点一线”提升解题能力——浅谈地理高考备考策略[J]. 才智，2010，（27）：133.

[25] 古丽群. 提高地理高考复习有效性的几个关键环节[J]. 广西师范学院学报（自然科学版），2009，（S1）：132-134.

[26] 刘立勇，刘朝晖. 高考文综地理区域综合题题型攻略[J]. 当代教育论坛（下半月刊），2009，（01）：127-128.

[27] 周英. 如何进行地理高考第二轮复习[J]. 当代教育论坛（下半月刊），2009，（03）：81-82.

[28] 庄平. 针对高考地理热点试题的备考策略分析[J]. 新课程研究（基础教育），2009，（05）：170-171.

[29] 刘艳. 地理高考命题回归生活世界对中学教学的影响及对策——以湖南省中学地理教师的调查为例[J]. 教育探索，2008，（12）：46-47.

[30] 王刚. 现行地理高考大纲修改建议[J]. 教学与管理，2008，（07）：62-63.

[31] 陈海波. 高中地理高考复习的策略[J]. 新课程研究（基础教育），2008，（09）：183-184.

[32] 张德举. 地理高考“区域地理”复习策略[J]. 池州学院学报，2008，（04）：152-154.

[33] 王福海. 地理高考高分策略[J]. 中国校外教育（理论），2007，（01）：118.

[34] 付景保. 试论我国地理高考改革及目前地理高考命题的特点[J]. 钦州师范高等专科学校学报，2006，（04）：94-97.

[35] 张小文. 从高考命题分析“日照图与时区”专题的教学与训练[J]. 科技创业月刊，2004，（09）：88-90.

[36] 项爱明. 文综下的地理高考复习策略研究[J]. 浙江师范大学学报，2003,（S1）：153-155.
[37] 徐晓玲. 高三地理复习中的能力培养[J]. 福建地理，2003，（02）：52-54.
[38] 钟有长. 点击典型高考试题，链接地理学科内综合方法[J]. 福建教育学院学报，2002，（06）：119-120.
[39] 金梓乔. 近十年高考人文地理试题的文本研究[D]. 北京：首都师范大学，2009.
[40] 张绍明. 中学生地理高考答题主要问题探究[D]. 南昌：江西师范大学，2006.
[41] 管延良. 2000 年以来地理高考读图题的分析及其对地理教学的启示[D]. 长春：东北师范大学，2007.
[42] 吴祺. 我国 1996～2007 年地理科高考"区域地理"试题的命题研究[D]. 上海：华东师范大学，2008.
[43] 付景保. 中学地理课程改革对高考地理命题变化的影响研究[D]. 北京：首都师范大学，2004.
[44] 刘艳. 近 6 年地理高考命题变化对中学地理教师教学的影响及对策研究[D]. 湘潭：湖南科技大学，2007.
[45] 王小菊. 新课程背景下高考文科综合地理试题研究[D]. 重庆：重庆师范大学，2008.
[46] 孟丽. 北京市自主命题以来地理科高考"区域地理"试题的命题研究[D]. 北京：首都师范大学，2011.
[47] 杜丹丹. 近十年来上海市地理高考试题研究[D]. 上海：华东师范大学，2011.
[48] 吴新建. "小综合"高考模式下学案教学在高三地理复习教学中的应用[D]. 上海：华东师范大学，2011.
[49] 党永辉. 谈中学地理教师成长规律[J]. 教育教学论坛，2011，（13）：191-245
[50] 廖小春. 新课程实施中地理教师专业化成长的思考——我与新课程同成长[J]. 福建教育学院学报，2004，（12）：31-32.
[51] 刘宏友. 名优地理教师成长规律与自我发展[J]. 地理教育，2008，（01）：8-9.
[52] 张继武，李家清. 论专家型地理教师的成长途径[J]. 地理教育，2008，（02）：64-65.
[53] 宋华君. 基础教育课程改革与中学地理教师素质研究[D]. 武汉：华中师范大学，2004.
[54] 陈俊玲. 基于地理素质教育的教师素质结构与对策[J]. 成都教育学院学报，2005,（05）：100-101.
[55] 陈桂芳. 新课程背景下对中学地理教师素质的要求[J]. 现代教育科学，2008，（12）：39-40.
[56] 陈新建. 中学地理科研的层次探究[J]. 开封教育学院学报，2003，（02）：54-56.
[57] 陈新建，王志红. 论中学地理科研的地位和作用[J]. 开封教育学院学报，2001，（3）：64-66.
[58] 熊远国. 农村中学地理教研活动存在问题及解决途径[J]. 地理教学，2001,（02）：31-37.

[83] 刘西国. 大气运动、天气与气候专题复习[J]. 中学政史地（高中文综），2010，（09）：42-52.
[84] 骆福权. 提升气候专题复习有效性的策略[J]. 地理教学，2012，（02）：50-52.
[85] 玉霞. 高中地理第五单元《人类的生产活动与地理环境》5.6“工业的区位选择”教学设计[J]. 中学地理教学参考，2004.
[86] 余晶，施平，沈石雯，等. 新课标教材高中《地理》（鲁教版·必修第二册）第三单元《产业活动与地理环境》第二节“工业生产与地理环境”（同课异构）教学设计与点评[J]. 中学地理教学参考，2012，（04）：37-45.
[87] 高峰，李现军. “城市内部空间结构”剖析[J]. 地理教育，2009，（01）：23.
[88] 范建国. “城市内部空间结构”疑难解析[J]. 地理教育，2012，（03）：14-15.
[89] 关克勇. 新课标教材《地理》（中图版·必修 2）第二章《城市的空间结构与城市化》第一节“城市空间结构”（第一课时）教学设计[J]. 中学地理教学参考，2010，（03）：33-35.
[90] 曾裕尧.“城市与城市化”教学技巧——从“城市化与经济发展的互动关系”入手[J]. 考试周刊，2009，（24）：229.
[91] 薛承军. 高中地理城市部分教学的一些经验[J]. 新课程（教研版），2008，（12）：29.
[92] 刘绍春，李岳樵. “人口增长模式”教学设计（湘教版）[J]. 地理教育，2010，（Z1）：39-41.
[93] 孟志三.《人口、城市化、交通布局》专题复习点拨[J]. 新高考（政治历史地理），2010，（02）：43-46.
[94] 刘玉岳. “人口、旅游与环境问题”专题复习[J]. 地理教育，2010，（04）：31-36.
[95] 敖晓玲. “人口、城市与环境”专题复习[J].地理教育，2011，（Z1）：54-60.
[96] 李慎中，鲁爱华. “人口、城市与城市化”复习[J]. 地理教学，2011，（19）：31-36.
[97] 李淑霞. 自然资源和自然灾害专题复习[J]. 考试（教研版），2007，（08）：27-28.
[98] 侯志坚.“自然资源与自然灾害”专题复习[J]. 地理教育，2010，（03）：27-31.
[99] 霍勇，中国优秀地理网站现状综述[J]. 中学地理教学参考，2001，（7）：103-104.
[100] 雷鸣，中学地理教学网站概述[J]. 中学地理教学参考，2001，（3）：51-52.
[101] 韩英，我国中学地理教学网站调查研究[J]. 中小学信息技术教育，2004，（1）：25-27.